一个大马年轻人，
行骗华尔街与好莱坞的真实故事

鲸 $ 吞 $ 亿 $ 万

BY

TOM WRIGHT

&

BRADLEY HOPE

FINANCIAL TIMES BEST BOOK OF THE YEAR

BILLION DOLLAR WHALE

THE MAN WHO FOOLED WALL STREET, HOLLYWOOD, AND THE WORLD

汤姆·莱特 & 布莱利·霍普————————著

林旭英————————译

非常好看的一本书，太惊人了！

————比尔·盖兹

如果你喜欢看金融犯罪、有钱人的荒淫，这本书正适合你阅读。

————*The New Yorker*

书中有好莱坞明星如里奥纳度、Jamie Foxx，有沙特王子及一笔又一笔巨款在世界各地空壳公司洗来洗去，怎么能不爱这本书？

————Yahoo！Finance

一本现代金融诈欺教科书。

————*The New York Times*

就像《老千骗局》与《恶血》，本书将会是一部经典。

————*Financial Times*

真实故事，读起来像一部好莱坞电影。

————Ben Mezrich

一本必读的书。

————The Edge

强力推荐这本书!

————FORTUNE

研究深入、资料丰富……一本必读的书!

————Booklist

一个关于贪婪的惊人故事……非常好看，充满娱乐性。

————Library Journal

一起不可思议的金融弊案调查……一个世界级白领犯罪经典故事!

————Publishers Weekly

非常不可思议的故事!

————Knowledge@Wharton

作者序

刘特佐是谁？

　　我们在二〇一五年开始，报导一家马来西亚主权基金的消息，根据传闻，这家公司已经债台高筑，暗藏不可告人的交易。这个故事太奇特。协助这家基金募资的高盛，赚进了大把大把钞票，但随之而来的丑闻却导致马来西亚首相被推翻。

　　但这不是一般开发中国家常见的那种贪污丑闻。根据媒体报导——以及我们即将采访的对象——首相身边一位没没无闻、名叫刘特佐（Jho Low）的二十七岁年轻人，不但窃取了数十亿美元，而且还用这笔钱在好莱坞开了一家电影公司、打造了世界上超豪华游艇之一、在全球各地疯狂砸钱办派对。如果一切都是真的，这将名列史上规模最大的金融窃盗案之一。

　　刘特佐是谁？他如何从一个名不见经传的年轻人，成为这起号称数十亿美元诈骗案的幕后主使者？于是我们展开调查，想要揭开刘特佐的真实身分，结果我们发现了一个惊人的故事。外型平庸、举止温和的刘特佐，是个看穿世界运作方式的大说谎家。他的朋友很多，但除了知道他出手阔绰，多数人对他一

无所知。

这不仅是一个关于华尔街银行家、名人、骗子的疯狂故事。刘特佐之所以能一再得逞，原因来自于二十一世纪全球经济的失败。他可以骗取如此庞大金额，可以蒙骗华尔街银行家、会计师与政府官员，可以用偷来的财富结交世界知名的演员与名模，可以让身边的人对他不起疑心，这一切，正显示了我们的社会多么容易被财富与名位迷惑。

刘特佐的人生故事太奇特，我们希望写这本书，告诉读者他如何布局这一切、为了什么原因，以及为什么多年来能一再得逞。

本书中所引用的素材，来自我们花了四年的研究。我们访问了全球十几个国家——从加勒比海南端库拉索（Curacao）岛上的小镇威廉史塔（Willemstad），到中国大陆的上海——超过一百位受访者，其中有少部分人士婉拒我们的采访与引述，但绝大多数都同意直接受访，或是允许我们使用法律档案上的内容。很多消息来源为了避免不必要的困扰，希望我们不要提起他们的名字。

书中提到的每一个事件，都是依据多个消息来源的描述，有些事件还有照片、影片或其他档案佐证。我们总共浏览上万笔档案，包括法院公开资料、机密调查档案、财务报告，以及在调查过程中提供给执法单位的数十万封电子邮件。我们也仰赖美国司法部的正式起诉档案、前司法部官员的访谈、新加坡的法院纪录以及瑞士的官方报告。

就在我们为新修订版写下这段文字的二〇一九年四月，美国与马来西亚已经正式起诉刘特佐，马来西亚前首相纳吉・拉萨（Najib Razak）涉入洗钱等弊案的官司，也在这个月开庭审理。高盛银行家提姆・莱斯纳（Tim Leissner）已向美国认罪，承认洗钱与贿赂外国官员。在新加坡，已经有数名银行家入狱，美国司法部正在对刘特佐与相关涉案人展开大规模侦办。与此同时，马来西亚、新加坡、瑞士等国家的调查也仍在进行中。

书中提到的多位主角（包括刘特佐与纳吉）都否认对他们的指控，声称一切交易皆合法进行。然而，目前为止他们都尚未针对他们的所作所为提出完整解释。至于读者即将读到的其他角色——包括一家「沙特石油国际公司」（PetroSaudi International, 简称PSI）的两名主管帕特里克・玛浩尼（Patrick Mahony）与塔列・欧霸（Tarek Obaid），也同样透过律师表示他们是清白的。书中若有疏漏之处，务请海涵。

目次

第二部

第三部

第四部

第五部

鯨 ⑤ 吞 ⑤ 億 ⑤ 萬

前言

那一夜，在拉斯維加斯

拉斯維加斯，2012 年 11 月 3~4 日

那是温暖、晴朗的十一月。傍晚六点，知名饶舌歌手普瑞斯（Pras Michél）走向帕拉佐皇宫饭店（Plazzo Hotel）五楼的总裁套房。

普瑞斯敲了敲门，房门打开后走出一位穿着黑色燕尾服、面带笑容的肥胖男子。男子脸上泛着油光，微微冒汗，大家都叫他 Jho Low，中文名字叫刘特佐。他以马来西亚人都很熟悉的腔调轻声说：「啊，你终于到了！」接着轻轻抱了一下普瑞斯。

▌看样子，他一定很有钱⋯⋯

总裁套房一个晚上要价两万五千美元，是帕拉佐皇宫饭店最奢华的房间，有视野良好的泳池露台、充满现代感的白色装潢，还有一间 KTV 房。不过，租下这个房间的人不打算花太多时间在里头。

因为，这场为自己举办的生日派对，刘特佐另有更惊人的安排。这会儿聚在饭店里，只是让来自世界各地的亲密好友暖身而已。

随着愈来愈多人抵达，套房里也更为热闹。知名制作人、歌手艾莉西亚·凯斯（Alicia Keys）的老公史威兹·毕兹（Swizz Beatz）跟刘特佐交头接耳地聊着；有一度里奥纳度·狄卡皮欧（Leonardo DiCaprio）和影帝班尼西欧·狄奥·託罗（Benicio Del Toro），双双趋前与刘特佐讨论拍新片的构想。

对许多宾客们而言，这位男主人带着某种神秘色彩。他来自马来西亚——一个很多西方人完全陌生的东南亚小国，圆圆的脸蛋看起来很孩子气。戴着眼镜、两颊泛红、几乎没半根胡子的刘特佐，与人交谈时总是不太自然，似乎很紧张，围绕在他身边的美女们说，他是个内向害羞的人。他虽然彬彬有礼，却似乎总是很忙，常聊到一半就转身接电话（他至少有五、六支手机）。

私底下，大伙儿都觉得他一定很有钱，应该是个亿万富豪。宾客之间窃窃私语，听说几个月前刘特佐的公司买下EMI音乐出版部门，据说里奥纳度当时正在拍的电影《华尔街之狼》，他也是幕后金主。

外表看起来腼腆的刘特佐，骨子里有着罕见的旺盛企图心。仔细观察，你会发现他其实一直在精心算计，冀图从人与人互动中，发现有什么他能提供的协助，并交换他所需的好处。刘特佐年纪轻轻，却长袖善舞，周旋于华尔街银行家与好莱坞

巨星之间。他长期经营人脉，与地表上最有钱、最有势力的人打交道，也让他有办法在帕拉佐这家顶级饭店，奢华地招待客人。

帕拉佐饭店的那一晚，标志着刘特佐人生的巅峰。他的宾客中，有好莱坞明星、有高盛的银行家、有中东的皇室权贵。当时美国金融风暴余波荡漾，这些人都有求于他。自从 Fugees 乐团解散之后，失去了舞台的普瑞斯想要转型为私募基金投资家，而刘特佐承诺会给他一笔钱。他对名人也很大方，往往只要答应出席他所邀请的场合，就会给对方大把大把的钞票，难怪大家都想讨好他。

就在这时，史威兹·毕兹站起来要大家安静，接着拿出准备好送给刘特佐的生日礼物——一组昂贵的音响设备。看见音响上镶着一只熊猫，全场哄堂大笑，因为「熊猫」正是好友们给刘特佐取的绰号。刘特佐超爱看《功夫熊猫》，跟朋友赌博时还会一起扮演《功夫熊猫》里的角色。

▌众星齐聚，却没有人清楚他的来历……

虽然普瑞斯、毕兹这些巨星们从刘特佐身上赚了很多钱，或是跟他有过生意往来，但其实大家都不怎么了解这个马来西亚年轻人的来历。

回到当时，如果你 google「刘特佐」或「Jho Low」，会发现有关于他的信息很少，有人说他是做亚洲军火生意的，也

有人说他是马来西亚首相身边的人，还有人猜他可能继承了庞大遗产。在西方赌场或夜店，人们常把最阔绰、最挥金如土的客人戏称为「大鱼」或「巨鲸」（whale），无论刘特佐来历如何，大家可以确定的是：他绝对是纽约、拉斯維加斯赌场里最花钱不眨眼的一头「巨鲸」。

几个小时之后，时间刚过九点，宾客们准备出发参加当晚的重头戏。

为了避开狗仔队偷拍，他安排大伙儿走「员工专用」通道，穿过厨房与狭长地道，抵达饭店停车场。一整排豪华礼车已经等在那儿，也只有像刘特佐这种最顶级的大顾客，才能让帕拉佐饭店如此破例安排。

一路上，每一位工作人员都训练有素，他们面带亲切的微笑引路，也能精准抓到最理想的开车门时间。原本宾客们以为，车子会往沙漠方向开，没想到车子却开到一座看起来像是停机棚的地方。即便是跟刘特佐很熟的朋友，此刻也不清楚他葫芦里卖的是什么药。只见一台又一台车子先后穿过安全检查岗哨后，停在一道铺着红地毯的入口处，周围有穿着黑色西装的安全人员、有穿着红色礼服的模特儿——她们有的负责端饮料与食物给宾客，有些（说得不好听一点）则充当「背景」。

不过，只有「超级贵宾」才以这种方式抵达现场，其他三百多位宾客则是在稍早就先抵达帕拉佐饭店的 LAVO 夜店，并且在那里签了一份保密协议，不得对外透露关于这场生日派对的一切。他们搭乘事先安排好的交通车前往目的地，上车前

也同意交出手机给主办单位保管。宾客中包括曾主持知名电视节目《富豪与名人生活》（Lifestyles of the Rich and Famous）的罗宾・李奇（Robin Leach）。李奇曾报导过饶舌歌手、好莱坞明星与老一辈有钱人的生活，但那是早在一九八○与九○年代的事了。对他而言，那一晚所发生的一切简直不可思议。当时他为《拉斯维加斯太阳报》写八卦专栏。「独家：布兰妮（Britney Spears）明天将飞往拉斯维加斯，举办一场不对外公开的神秘演唱会，那是史上最大手笔的私人演唱会！」他在推特写道。

李奇受邀出席这场生日派对，必须承诺奇特的条件：他可以报导这场生日派对，但不能提到主人的名字。过去他见过太多炫富的人，这会儿他心想：为什么这位老兄砸这么多钱，却不想让外界知道呢？身为资深夜店咖，李奇还是大大被眼前的奢华景象震慑了，他仔细观察这个占地面积极大的会场，加上灯光与烟火特效，怎么看都不像是一场私人生日派对，而是大型演唱会的规格。

李奇估计，至少要花好几百万美元。他看到热恋中的黑人饶舌歌手肯伊・威斯特（Kanye West，又名 Yeezy 或 Ye）和美国实境秀女星金・卡塔尔夏（Kim Kardashian）形影不离；芭莉丝・希尔顿（Paris Hilton）与大帅哥男模瑞佛・维普利（River Viiperi）在吧台低声私语；还有当时正在拍《醉后大丈夫 3》的影星布莱德利・库柏（Bradley Cooper）和查克・葛里芬纳奇（Zach Galifianakis）也趁空档赶来了。除了大型颁奖典

礼，通常很难得见到这么多大牌演员和歌手聚集一堂。「拉斯维加斯的奢华派对我们见多了，但从没见过这么奢华的。」李奇说。

宾客们交谈的同时，有类似「太阳马戏团」的艺人踩着高跷穿梭人群中、有杂技团员在空中荡来荡去，还有约二十位侏儒打扮成《巧克力冒险工厂》中的奥柏伦柏人（Oompa - Loompas）。至于在只有顶级贵宾才能进入的角落，引人侧目的是刘特佐与正在拍摄《华尔街之狼》的导演马丁·史柯西斯（Martin Scorsese）和男主角里奥纳度。稍晚，愈来愈多宾客抵达，包括劳勃·狄尼洛（Robert De Niro）、演过蜘蛛人的陶比·麦奎尔（Tobey Maguire）以及奥运游泳金牌选手、有「飞鱼」之称的麦可·菲尔普斯（Michael Phelps）。

当天晚上，并不是所有出席生日派对的都是名人，刘特佐非常周到地邀请了其他朋友以及重要的政商人脉，包括提姆·莱斯纳（Tim Leissner，出生于德国，高盛在亚洲的当红人物）、阿末·巴达维（Mohamed Badawy Al Husseiny，阿布扎比主权基金的执行长），华尔街的银行圈都在议论高盛替马来西亚发行债券，海捞了一大票。另外，还有他的哥儿们，例如「胖子 Eric」（Tan Kim Loong，音译为陈金隆，绰号 Fat Eric）、堂哥 Howie 与哥哥刘特升。

从江南大叔到布兰妮，从超跑到烟火秀

　　女服务生们为大家端上插着吸管的迷你瓶装香槟，调酒师在二十四尺长的吧台后方忙着为宾客们准备好酒。当杰米·福克斯（Jamie Foxx）为当晚的节目掀开序幕时，众人已经玩得很嗨了。

　　节目一开始，墙上大银幕播放一部影片，你可以看到世界各地的朋友们为了替刘特佐祝寿，特别跳了一小段「江南Style」，例如刘特佐在香港的投资银行员工在会议室里跳、阿末·巴达维在飞机上跳等等。这部影片号称是朋友们「主动」为刘特佐准备的「惊喜」，实际上，是刘特佐自己的点子。就像那晚的每一个细节——从鲜花的颜色到吧台上的酒——也都是按照刘特佐的想法安排的。看着这分「惊喜」礼物，刘特佐只是面带微笑。

　　影片一结束，紧接着是「江南大叔」PSY（朴载相）登场，全场为之沸腾。接下来的一个半小时，上台演出的有电音嘻哈红星雷德福（Redfoo）、巴斯达韵（Busta Rhymes，也译作布斯塔·莱姆斯）、Q-Tip、菲瑞·威廉斯（Pharrell Williams），还有史威兹·毕兹、路达克里斯（Ludacris）与唱红「天天都生日」的克里斯小子（Chris Brown）。Q-Tip 唱到一半时，已经喝茫了的里奥纳度还跑到台上一起唱。

　　就在这时，只见一座巨大蛋糕被推到台上，然后穿着金色紧身衣的布兰妮，突然破「糕」而出，与舞群们合唱「祝你生

日快乐」。

女服务生们鱼贯穿梭，为宾客们递送巧克力蛋糕。每一位参与演出的艺人，都拿到非常丰厚的金额，据说布兰妮登场短短几分钟就赚进了「六位数」的报酬。

接下来，是生日礼物时间。协助安排这场生日派对的两位夜店大亨——诺亚·泰珀贝格（Noah Tepperberg）与杰森·史特劳斯（Jason Strauss），暂停了音乐，手上拿着麦克风。金融风暴重创美国的这几年，刘特佐在他们两人所经营的知名夜店如 Marquee、TAO 与 LAVO，砸了数千万美元。为了不让这位头号大顾客被别的夜店抢走，他们使出浑身解数。两人走上台没多久，只见一部红色兰博基尼缓缓驶到台上——那是他们送给刘特佐的生日礼物。接着，有人送的礼物不是一台、而是三台 Ducati 重型机车。最后登场的，是刘特升送给弟弟的 Bugatti Veyron 超跑，要价两百五十万美元。

其他不算名贵的礼物，也很有看头。例如电影制作人左伊·麦克法兰（Joey McFarland）送的礼物是一瓶红酒，木盒子上有只功夫熊猫，并刻上「珍藏 1981」、「马来西亚制造」字样。装在盒子里的，是一九八一年（也就是刘特佐出生那一年）的 Petrus 红酒，一瓶要价一千美元。

凌晨十二点二十分左右，缤纷绚丽的烟火秀接棒，另一轮演出登场。参与演出的包括阿瑟小子（Usher）、电音巨星 DJ Chuckie 与肯伊·威斯特等人。接着在名人与朋友的簇拥下，刘特佐坐上他的豪华礼车，再度回到帕拉佐饭店。他待在赌场

里，一直赌到隔天中午。

这，是一个刘特佐精心打造的世界。

到底，这一切是怎么开始的？

「就在你睡觉的这段时间，一个中国亿万富豪正在举行一场年度最夸张派对！」两天后，一家地方电台ＫＲＯＱ的网站上有一篇文章写道。不过，这篇文章搞错了刘特佐的国籍，英文名字也误植为「Jay Low」。这不是刘特佐的名字第一次出现在八卦媒体、与豪门盛宴扯上边（当然也不是最后一次），但拉斯维加斯那一晚的生日派对，标志着他奇特人生的巅峰。

很多与刘特佐打过交道的人，都认为他应该是一个来自亚洲巨富之家的孩子，一个「疯狂亚洲富豪」（*Crazy Rich Asians*）」世界里的豪门出身。但没有人进一步打听他的来历，就算有人想弄清楚，往往也只能打听到关于他的零散讯息。然而，实际上刘特佐并不是来自什么巨富之家——他爸爸很有钱没错，但并没有富裕到有办法找来这么多名人齐聚一堂的程度。关于他财富的来源，有些说法非常夸张，很可能是捏造出来的。直到此刻，他究竟如何搞出这么大的局面，仍然令人费解。

刘特佐虽然来自马来西亚，玩的却是全球最厉害的计谋。他的同伙们若不是来自世界各地最有钱的〇・一％，就是那种想要跻身「富豪中的富豪」的人——年轻的美国人、欧洲人、亚洲人，他们一起念 MBA，一起投身金融业，一起在纽约、

拉斯維加斯、伦敦、香港泡夜店。

手上掌握庞大流动现金的刘特佐，成功融入美国权力核心，他模糊的身世以及多数人对马来西亚一知半解，都成了他的助力。如果他说自己是来自马来西亚的王子，大家通常不会怀疑；他说自己是亿万遗产的继承人，人家也会相信。

从头到尾，没有人想问个清楚。里奥纳度、马丁·史柯西斯没想问，毕竟刘特佐承诺要给他们一大笔拍戏资金；芭莉丝·希尔顿、杰米·福克斯与众多影歌星光靠出席刘特佐所安排的活动就赚进大把钞票，他们也没问；诺亚·泰珀贝格与杰森·史特劳斯的夜店王国需要刘特佐，他们没问；收了刘特佐昂贵珠宝的超级名模、靠着刘特佐赚惊人奖金的华尔街银行家，全都没问；当然，马来西亚前首相纳吉也不会问。

刘特佐的故事里，有企业并购，有全球知名人物，有与超级美女之间的绯闻，甚至还曾到白宫一游，当然最重要的，是有着精心操弄全球金融的诈骗计谋。

就在我们写这本书的同时，美国联邦调查局仍在试图弄清楚整起诈骗案的来龙去脉。马来西亚政府透过高盛募来的数十亿美元，消失在无数的银行账户、岸外空壳公司与复杂金融商品之间。当东窗事发，马来西亚前首相试图断尾求生，而刘特佐也行踪成谜。

这个故事，要从槟城说起。

PART 1

一

真豪宅，假照片

槟城，1999 年夏天

停靠在槟城码头、全长一百六十呎长的豪华游艇「东方公主号」上，刘特佐鬼鬼祟祟地左顾右盼，确定周围没有人在看他。

他口袋里放着一叠与家人的照片，照片上有他爸爸刘福平（一位成功致富的商人）、他妈妈吴玉幼（一手把孩子带大的家庭主妇）以及他的两个哥哥。他翻找出游艇主人（一位亿万富豪）挂在墙上的所有照片，然后把照片从相框里拆下，一一换上自己与家人的照片。

后来，他向另一位亿万富豪借用升旗山（槟城知名景点）上的一栋豪宅，也同样把人家挂在屋子里的照片拆下，换上自己与家人的照片。

从覆盖着热带雨林的升旗山上俯瞰，可以看到槟城首府乔治市，往更远处看，是将槟城与亚洲大陆隔开的海峡。位于马六甲海峡入口处的槟城，长久以来吸引了一波又一波的探险家，从英国政府、中国商人到各式各样的单帮客都有。这里的主要

居民是华人，他们常在路边摊享用美食、在海边散步。

刘特佐的爷爷在一九六〇年代从中国大陆经泰国来到这里，并经商致富。刘福平不久前出脱成衣公司的持股，总值约一千五百万美元，这个数字，对于东南亚许多月薪才一千美元左右的人而言，可是非常惊人的一笔财富。无论你从任何角度看，刘家都是非常非常有钱的家族。

但后来，刘特佐就读英国知名贵族寄宿学校哈罗公学（Harrow）之后，才发现他同学们的家族财富，往往动辄以亿万美元起跳。刘特佐在一九九八年到哈罗公学就读高中，并结识了汶莱与科威特皇室成员，他家在槟城的豪宅已经非常令人称羡（甚至有中央空调系统），但仍远远无法与同学所住的皇宫相提并论。

小小脑袋瓜，到底想什么

再过几天，刘特佐的同学将来到槟城，因为他邀请大家到马来西亚过暑假。他想让自己有面子，却觉得自己的家不够气派。于是去借了游艇和豪宅，还自称是「马来西亚王子」。

但实际上，该国华人——包括刘家在内——其实是十九、二十世纪来自中国大陆的移民后代，跟马来皇室一点关系都没有。马来西亚三千万人口中，信奉回教的马来人占了大部分，在他们眼中，华人无论在那里住了多少代，都是比他们晚到的「新移民」。当地华人渐渐发现，刘特佐这个孩子行径古怪，

关于他如何把人家房子与船上的照片偷天换日、自称皇室成员的事，也在华人社群间传了开来，大家都在笑：这傢伙脑袋瓜里到底在想什么啊？

回到一九六〇年代，槟城风雨飘摇。拥有丰富锡矿、盛产棕油的马来西亚，于一九五七年脱离英国殖民宣布独立之后，旋即面临共产党游击战的威胁。刘特佐的爷爷刘明达在一九四〇年代从广东辗转来到泰国南部，靠着投资铁砂矿赚了一点钱，娶了当地一位华裔老婆之后，于一九六〇年代迁居槟城，落脚于乔治市。许多华人都是在殖民时期来到这里做锡矿、鸦片买卖（殖民时期鸦片被英国人垄断经营，独立后才成为非法生意）。因此坊间也有传言，说刘明达是靠着在马泰边界走私鸦片发财的。

关于刘家的历史，长期以来版本很多。多年之后，刘特佐也创造了一个他自己的版本，根据他的说法，他爷爷是因为「投资矿业、烈酒买卖与房地产」致富的。问题是，当时马来西亚无论是企业界或银行界，根本没几个人听过这家族的名号。这个家族比较为人所知，其实是从刘特佐的父亲刘福平开始的。

刘福平于一九五二年生于泰国，童年时期移居槟城，先后就读伦敦政经学院与加州大学洛杉矶分校（取得 MBA 学位）。学成返马后，继承父亲的生意。虽然他学历很好，但投资经验不足，一九八〇年代曾经因投资可可园失败，差点赔光了一切。后来他用仅剩的一点钱，买下一家成衣公司的部分股权，才靠着出口服饰到欧美市场大赚一笔。

▌爸爸的秘密账户……

一九九〇年代，是马来西亚股市狂飙的年代。继台湾、韩国、新加坡与香港这「四小龙」于一九六〇年代起飞之后，如今轮到其他东南亚国家快速崛起。受惠于出口棕油等原物料，以及成衣、电脑芯片、电子设备等产品，马来西亚经济每年成长超过五％。垂涎于该国经济高成长的外资，纷纷涌入股市与债市。但由于人谋不臧，「有门路」的人往往在很短时间内就捞取庞大财富，一般小股东只能默默吃闷亏。

与刘福平共事过的人，都说他是个很有魅力、很会谈生意的人，而且很爱混夜店喝酒。一九九〇年代，刘福平所投资（只是小股东之一）的「MWE」公司，想要併购一家加拿大科技公司，由他负责执行。他刻意高估被併购公司的价格，然后把差额汇入自己所设立的岸外银行账户。他的孩子们也因此知道，原来金融业有这么一个不为一般人所知的神秘世界。刘特佐的姊姊后来成了律师，专长正是岸外金融。

后来东窗事发，MWE 的老闆发现刘福平中饱私囊之后非常愤怒，过没多久刘福平也退出了这家公司，把股权出脱。拜股市大好所赐，卖了股票的刘福平也成功致富。

满口袋钞票的刘福平，当时才四十几岁，过着夜夜笙歌的日子。有一次他在一艘游艇上开派对，还特地安排瑞典名模飞来槟城——没想到多年之后，他的儿子也有样学样。他们家族如今成了槟城这个小岛上的大人物，刘福平开着昂贵的 Lexus

车，加入槟城俱乐部（Penang Club，一个英国人在一八六八年创办的高档运动俱乐部，成员都是当地有头有脸的人物）会员，刘特佐当时是游泳好手，常在周日到俱乐部游泳。

然而，刘福平并不满足于这样的生活，他还想进一步提升自己与家人的社会地位。因此一九九四年，他安排当时年仅十四岁的刘特佐，转学到槟城 Uplands 国际学校就读。许多槟城上层家庭把孩子送到该所学校，都是为了准备把孩子送去英国寄宿学校。在马来西亚，不少精英分子是受英语教育的，直到今天英国仍是马来西亚人出国深造的主要国家之一。

刘福平也开始在英国寻找落脚处。正好，当时来自英国肯辛顿区高档房地产业者在马来西亚大打广告，多位马来西亚政要也都在高级小区「绿色肯辛顿」置产。于是，脑筋动得快的刘福平决定在同一个小区买一栋公寓，三不五时带着家人去度假，好让年轻的刘特佐有机会认识这些马来西亚政要的第二代。

没多久，刘特佐果然与当时正在念大学、同住在「绿色肯辛顿」的里扎·阿兹（Riza Aziz）成了好朋友，里扎的继父，正是当时传闻即将接掌首相的国防部长纳吉，稍长刘特佐几岁的里扎，后来也成了刘特佐打入马来西亚政要圈的关键人物。

而刘福平自己，则在乔治市附近的山上，买了一栋漂亮豪宅。

刘福平设法挤进上流社会的同时，十来岁的刘特佐正忙着探索网络世界。他常坐在电脑前，一待就是几个小时，享受当匿名线民的乐趣。他曾加入一个以模特儿为主的聊天室，还谎

称自己是男模，形容自己是「身材匀称的肌肉男」，可以在「世界上任何地方」接案，不过从来没有人找他合作。根据一张一九九四年的照片，刘特佐穿着白色衬衫与蓝色短裤，顶着一头整齐但一点也不时尚的发型。刘特佐似乎渴望被视为一个走在时代尖端的酷哥，他会在网络聊天室里询问诸如「哪种发型较受欢迎」、「有哪些电音曲目可推荐」之类的问题。

虽然刘特佐平常比较常去英国度假，但实际上他和其他大马年轻人一样，反而比较受美国文化吸引。他最喜欢的影集之一是《X档案》，平常还会在网络上与其他同好交流两位主角「穆德与史卡莉」的照片。

自从出脱 MWE 持股之后，刘福平开始大举投入房地产与股票投资，而刘特佐对此也展现浓厚兴趣。他爱死了类似《华尔街》这类讲述内线交易、企业之间强取豪夺的电影；就读槟城 Uplands 国际学校时，他甚至与同学集资买股票，当时的他才十五岁。认识他的长辈回忆，小时候的刘特佐虽然温和腼腆，但已经懂得耍心机。他会向刘福平的朋友（多数是有钱的商人）借点小钱，但从来不曾归还。

伪造汶莱外交部公函，与纳吉继子搭上线……

数十年来，坐落于伦敦西北方的哈罗公学，曾教出包括邱吉尔在内的多位首相。到了一九九〇年代，更吸引许多来自亚洲与中东的资金。看在当时马来西亚上流阶级眼中，这所学校

不仅能帮孩子进入牛津、剑桥等名校，打造重要人脉，更重要的是：入学门坎比另一所知名寄宿学校伊顿公学（Eton College）低得多。

一九九八年，十六岁的刘特佐来到历史悠久的哈罗公学。原本在槟城 Uplands 国际学校，制服只是简单的短袖与宽松的裤子，但来到哈罗公学，制服可讲究多了，得穿着西装外套、打领带，外加一顶米色绅士帽。学费也非常昂贵，一年要超过两万美元；不过，对刘福平来说，这笔投资是必要的。

大约七十名哈罗学生，住在共十二栋的 Newlands 宿舍。这批完工于一八〇〇年代的四层楼红砖建筑里，住着包括来自欧洲巨富罗斯柴尔德家族（Rothschild family）成员的各国学生。没多久，刘特佐成功打入了一个来自中东与亚洲皇室的圈子，见识到这群同学雄厚的财力。学期结束时，来接这群同学（例如汶莱苏丹的儿子）回家的，是开着劳斯莱斯的司机。

交上这群新朋友后，刘特佐渐渐展现他个性中爱冒险的一面。例如，他会带着一群同学，潜入哈罗图书馆赌钱；还有一次他不知道如何取得汶莱大使馆的信纸，伪造了一封信写给皮卡登利圆环区（Piccadilly Circus）的知名夜店 Chinawhite，声称要为汶莱皇室订位，没想到夜店信以为真，于是他成功带着几个同学混进 Chinawhite，与去店里消费的足球明星、名模们同欢。

这也让刘特佐体悟到：权与贵，走到哪儿都无往不利。在朋友圈中，刘特佐定位自己为「能搞定事情的人」。他通常负

责订位、向大伙儿收钱，然后去结账。钱，其实是大家合出的，但店家往往以为是刘特佐自己掏腰包。

　　放假期间，他会住到「绿色肯辛顿」，跟里扎一起混。他很清楚，里扎的继父虽然位高权重，但其实马来西亚公务员的收入并不高，不可能买得起这栋豪华公寓。大家都听说过马来西亚当时的执政党巫统，私底下会向有所图的企业（有的想要开赌场，有的想争取公共工程）索讨回扣。在刘特佐看来，既然大家都在暗中分一杯羹，他当然也可以。

　　从哈罗公学毕业后，刘特佐前往美国念大学。他想做生意，因此觉得牛津与剑桥都不适合他。接下来的日子，他在一所知名常春藤大学，展开人生蜕变的下一个阶段。

二

听说，他是亚洲盖茨比……

费城，2001 年 11 月

站在费城最夯的夜店 Shampoo 里，刘特佐环顾四周。为了庆祝自己二十岁生日，他花四万美元，包下整间店。

正在就读大二的他，用好几个星期时间翻遍宾州大学（University of Pennsylvania）通讯簿，确保自己没有漏邀校园里的重要人物；他也力邀该校姊妹会成员出席，让当晚的夜店里挤满美女。那场生日派对，跟一般的大学生聚会完全不一样，吧台上塞满了足够所有人喝上一整晚的香槟。

随着隆隆舞曲声摇晃身体的刘特佐，在舞池里走来走去，突兀地对女宾客低声说话，问对方是否玩得开心，他似乎很急切地让在场每一个人都感到满意。有一度，一整排模特儿穿着用生菜叶做成的比基尼泳装，缓缓穿过舞池走到吧台边，接着躺到台子上，然后工作人员在她们近乎全裸的身体上一一铺上寿司，再让宾客们用筷子夹起来吃。同时，一位妆扮成玛莉莲梦露的女生，以性感的嗓音唱〈生日快乐歌〉。看着宾客们边大笑边吃，刘特佐脸上露出满意的微笑。

当晚，有人称刘特佐是「亚洲盖茨比」（Asian Great Gatsby）。就像费兹杰罗（Francis Scott Key Fitzgerald）笔下的盖茨比，刘特佐的身世也同样是个谜。参加这场生日派对的人都觉得礼貌上应该找他聊聊天，但往往讲没几句话就接不下去了。他看起来人很好没错，但跟他谈话却很乏味，只会反复地询问大家玩得开不开心——你喜欢今晚的香槟吗？你喜欢今晚的寿司吗？不像一般男同学开趴时总是想把妹，他完全没有任何把妹的意图。

你是去读书，还是去交朋友

宾州大学「华顿商学院」声望卓著，可说是大投资家的摇篮，知名校友中就包含了巴菲特与特朗普。刘特佐就读的经济系，一年的学费要两万五千美元。他的同学当中，大多来自全球各地的有钱家庭，都希望将来能到华尔街工作。刘特佐主修的不是枯燥的总体经济学，而是金融，但他也不打算毕业后从事传统金融业。刚到华顿的第一年，他非常用功念书，但很快的，他就发现华顿真是个培养人脉的绝佳机会。

无论是 Shampoo 的那天晚上，或是接下来十五年间，他在世界各地夜店、赌场所办的派对，都有一个相同目的，就是：让出席者对他另眼相看。当然，他喜欢热闹，也喜欢被众多美女环绕，但办这些派对的最主要原因，是为了「投资」，为了让大家都认为他是个很成功、很厉害的人。

这也正是为什么，在 Shampoo 的生日派对举行之前，他要夜店制作文宣时，一定要在海报上印他的英文名字「JHO LOW」。他所发出的邀请函有两种，一是「标准卡」，一是「贵宾卡」；收到贵宾卡的人可以免费无限享用吧台供应的一切，外加交通车接送。他似乎很本能地知道，人人都喜欢被重视、喜欢被奉为上宾，他完全掌握了这种心理，他直接在邀请卡上写着：「请穿正式服装，牛仔裤与拖鞋恕不欢迎」。

没错，刘家财力雄厚，刘特佐三不五时都会收到家里汇来的巨款。这些巨款，是来自一个望子成龙的父亲，想让自己的孩子能在权贵子弟圈中有一席立足之地。但即便如此，仍不足以支应刘特佐那一晚在 Shampoo 的开销。出席那场生日派对的同学们都不知道，其实他只付了夜店老闆一笔订金，剩下的费用是后来花了好几个月分期付款，而且老闆降价才还清的。

刘特佐也常邀约姊妹会的女生，与他的中东与亚洲朋友们一起去赌场玩乐。他安排加长型礼车，把大伙儿载到离校园约一个小时车程的大西洋城。他们通常是在特朗普旗下的赌场玩，赌一把少说也是数百美元。刘特佐甚至还曾写信给特朗普的女儿伊凡卡（当时也同样就读于华顿），邀请她一起玩。刘特佐后来跟他的伙伴说，伊凡卡不肯来，因为她「才不想踏进她爸爸的鸟赌场」。

这群人去了好几趟大西洋城，刘特佐一度大赢了二十万美元，却在二〇〇二年的某个晚上输个精光。见他输了这么多钱仍面不改色，大家心想：这傢伙一定很有钱。

选股高手？抄袭来的啦！

除此之外，刘特佐也透过别的方法，打响自己的名号，例如写文章投稿到该校刊物《华顿期刊》（*Wharton Journal*）。其中一篇刊登在二〇〇〇年十一月六日出版的那一期，他在文章中指出，透过操作大宗商品市场，安隆公司已经从传统保守的天然气业者，转型为一家成功的金融公司。后来我们都知道，就在这篇文章发表一年后，安隆暴发丑闻倒闭，高阶经理人锒铛入狱。

不过，重点并不在于刘特佐的分析错了，因为当时整个世界都被安隆骗了，重点是：刘特佐这篇文章，根本是抄袭的，他一字不漏地转贴花旗所罗门美邦公司的研究报告！

这还只是其中一篇，他所发表的其他论文几乎都是直接复制自华尔街的分析报告。至于为什么期刊主编没有发现他的文章是抄袭的？我们不得而知。总之，毫无市场分析经验的刘特佐，因为发表了这些文章，在朋友圈中居然被视为「投资高手」。

他从不放过任何机会，彰显自己财力雄厚的形象。在校园里，他开的是 Lexus SC-430 红色敞篷车，他告诉朋友，这台车是他买的，但其实是他租来的。当听到有人叫他「马来西亚王子」时，他也刻意不否认（这话若被其他马来西亚同学听到，都会大笑不已）。他之所以这么做，不完全是为了面子，而是他有心要挤入一个极上流的阶层。他找出校园里最有钱的同学，

包括科威特能源与营建大亨的儿子哈玛·阿勒瓦赞（Hamad Al Wazzan），以及来自中东权贵家族的学生，然后千方百计与他们交往。

与此同时，刘特佐其实还有另外一个社交圈子，他会与这群朋友一起窝在宿舍里吃肯德基炸鸡、看从马来西亚带来的盗版 DVD。这群朋友当中，有一位是来自新加坡、靠奖学金来念华顿商学院的薛力仁（Seet Li Lin，音译），跟这帮人在一起时，刘特佐不需装模作样，可以很邋遢地与他们一起看摔角、去舞厅看脱衣舞、或是流连校园里的小酒吧。有一度，刘特佐交了一位舞娘女友，他常常大手笔送礼物给她。他也幻想自己有一天能和像芭莉丝·希尔顿、布兰妮这样的金发美女交往。希尔顿主演的《恐怖蜡像馆》，他反复看了很多遍（次数多到身边哥儿们都对他翻白眼）。

对于说话总是轻声细语的刘特佐，你往往很难拒绝他的请求。二〇〇三年，他拜託几位来自阿拉伯的同学为他安排一趟中东之旅，介绍他结识了中东最有钱的家族、势力最庞大的企业。他休学一学期，跟着哈玛·阿勒瓦赞去了一趟科威特，拜访了当地的政商家族。

接着，他去了一趟阿布扎比，认识了一个从此改变他一生的关键人物。

一趟改变人生的中东之旅

阿布扎比，2003 年秋天

在俯瞰波斯湾的高楼层海鲜餐厅里，二十一岁的刘特佐与阿拉伯联合酋长国当时的外交新秀欧泰巴（Yousef Al Otaiba）共进午餐。

这场午宴，是刘特佐央求一位朋友特别安排的。用餐时，他不断问欧泰巴问题。欧泰巴也很快发现，眼前这位来自马来西亚的年轻人，不是一般来旅游的大学生，而是专程来打探阿联电力产业消息的——哪几位王储的影响力大？哪些人掌握的资金最多？刘特佐认为，欧泰巴是一个能为他牵线的关键人物。

阿布扎比，这个位于波斯湾上、阿拉伯半岛边的小岛，当时还算不上什么很吸引人的地方。但阿联经济正在起飞，油价飙涨，阿布扎比皇室正在改造这个城市。距离餐厅不远处，就是耗资三十亿美元、当时还在兴建中的超豪华「酋长皇宫饭店」（Emirates Palace）。

外形帅气的欧泰巴三十岁时的成就，很多人就算奋斗一辈子都难以望其项背。然而，他对权力与金钱，仍然有着强烈的

野心。他父亲是阿布扎比前石油部长，有好几个老婆，至少生了一打孩子。欧泰巴的母亲是埃及人，所以后来欧泰巴被送到埃及的「开罗美国学校」就读，毕业后远赴美国，先后就读于乔治城大学（他在那里待了四年，但没有毕业）与华盛顿的「国防大学」（National Defense University）。他口才好，魅力十足，回国后，二十六岁的他成为阿布扎比莫哈默皇太子（Mohammed Bin Zayed Al Nahyan）的顾问，并且担任王室与外国政府之间的桥梁。

一趟中东之旅，在他心中播下一颗种子

欧泰巴说一口标准美语，总是穿着最顶级西装，因此华盛顿的官员常会忘了他是来自中东的外国人，也让他深受小布什政府的信任。他认为，美国应该对伊朗、伊斯兰极端分子（两者都是阿布扎比当局的心头大患）采取强硬立场。当小布什发动伊拉克战争，他协助美国争取阿拉伯世界的支持，也因此奠定了他在华盛顿的影响力。

他也经常受邀上电视节目，表现沉稳，亲和力高，和私底下的强势作风、对部属不苟言笑截然不同。在一封写给太平洋投资管理公司（PIMCO）执行长莫哈默·伊尔艾朗（Mohamed El-Erian，另一位同样来自阿拉伯世界、全球最顶尖的金融家）的电子邮件中，欧泰巴很直白地写：「等你真正了解我，就会知道我是个直话直说不给面子的人！」

不过，欧泰巴并不像皇室成员那么富有。他父亲靠着房地产与金融业赚了不少钱，但欧泰巴只是众多孩子之一，财力完全无法跟那些有豪宅、游艇的皇室子弟相比。他的生活开销很大，想跟皇室王子们打交道，他必须更努力赚钱才行。因此，从无商场经验的他，暗中加入朋友开的营建公司，利用自己的人脉，投资中东各地的发展计划，只是外界并不知道他的角色。

而他，正是刘特佐所需要的那种人脉——有门路、很想赚大钱、人生正要起飞、对做生意外行、不介意与一个完全不认识的马来西亚年轻人见面。一边用餐，刘特佐一边大谈中东与东南亚（尤其是马来西亚）的投资机会；不过，大多是刘特佐瞎掰的，因为在这之前除了搞派对，他完全没有做过生意，除了跟马来西亚朋友借钱，在马来西亚商界没半点特殊门路，但他照掰不误。

欧巴泰被眼前这位马来西亚年轻人说服了，决定引领他进入阿布扎比。

那次午餐之后没多久，欧泰巴介绍刘特佐认识哈尔敦（Khaldoon Khalifa Al Mubarak）。哈尔敦也是一位野心勃勃的年轻人，负责管理一家名叫「穆巴达拉」（Mubadala）的主权基金。他的父亲曾是一名外交官，一九八四年遭巴勒斯坦恐怖组织在巴黎街头杀害。五官深邃、带着无框眼镜的哈尔敦谈吐温和，脸上常挂着微笑，与欧泰巴一样，他也是莫哈默皇太子身边的亲信。

和在华顿的象牙塔里不同，刘特佐在阿布扎比学到的是真

实世界运作的方式。为了减少国家经济对石油的倚赖，阿布扎
比政府在二〇〇二年成立穆巴达拉基金，打算透过这家公司到
国际上募资，在阿布扎比投入房地产、半导体等产业。刘特佐
目睹了还不到三十岁就掌握国家庞大资源的哈尔敦，如何筹划
这一切。

穆巴达拉基金只是当时许多国家进军全球金融市场的例子
之一。早在一九五〇年代，沙特阿拉伯与科威特就曾经成立
「主权基金」，替它们卖石油所赚来的大笔财富，找到良好的
长期投资机会。这个做法后来被愈来愈多国家效法，刘特佐造
访中东时，全球主权基金掌握的资产共高达三兆五千亿美元，
比欧洲绝大多数国家一整年的国民所得（GDP）还高。

不过，穆巴达拉基金与其他主权基金最大的不同，在于它
不是拿卖石油赚来的钱投资，而是从国际金融市场上募资，回
头投资自己的国家，协助经济转型。

阿布扎比之行的所见所闻，在刘特佐心中播下一颗种子。

大学还没毕业，就到免税天堂开公司

马来西亚也有一个主权基金，叫做「国库控股」（Khazanah
Nasional），不过跟穆巴达拉基金完全不能相提并论，刘特佐
短期内也不可能有任何机会坐上类似哈尔敦的位子。然而，眼
前倒是有一件可能达成的目标，就是：利用他的新人脉，找到
赚钱机会。

　　回到华顿商学院，刘特佐就读最后一学期时，在英属维尔京群岛设立了人生中第一家公司「赢吨集团」（Wynton Group，也有媒体译为「温顿集团」），他跟朋友说，取这名字的意思是要「赢」好多「吨」财富（"win tons" of money）。通常，常春藤名校的学生到了大四，就要开始争取华尔街（例如高盛）或大型企管顾问公司（例如麦肯锡）的工作机会，刘特佐的哥哥刘特升在剑桥大学毕业后，就是直接进入高盛。

　　但刘特佐对于走这条路没什么兴趣，他觉得上班赚不了大钱。相反地，他想要说服中东的金主，透过「赢吨」投资马来西亚。刚开始，公司的资金不多，主要来自科威特等国家的朋友，平常也只是小规模交易股票。二〇〇五年从华顿毕业后，他决定利用他在华顿与哈罗公学打下的人脉，回到马来西亚创业。

　　尽管他野心勃勃，但他还需要更强大的靠山才行。多亏了他爸爸多年前在伦敦买对了房子，刘特佐找到了一个大靠山，也就是：势力庞大的纳吉家族。

四

我们需要一辆面包车！

香港，2007 年 12 月

华丽的香港香格里拉饭店大厅，发生了一阵小骚动。马来西亚副首相纳吉与妻子罗斯玛正准备乘车前往机场，但出了点状况。一身珠光宝气的罗斯玛，显得很不耐烦。

过去这两天，纳吉忙着与瑞士信贷的基金经理人会面，欧美金融业者非常看好天然资源丰富的马来西亚。至于罗斯玛，则是趁纳吉开会期间，在香港各大奢华品牌专卖店采购。

问题来了——她所买的东西太多，车子根本放不下。最后，她身边的人另外安排了一辆面包车，才顺利把全部行李载到机场。当时，马来西亚政府专机已经在赤鱲角机场等候，但由于装载的行李实在太多了，一直拖到过了午夜才顺利起飞。

纳吉出身马来西亚政治世家，父亲与姨丈都当过首相，夫妻俩早就习惯了被随从们无微不至地照顾生活起居。五十几岁的纳吉，脸上总是挂着一种傻呼呼的笑容，是那种典型的政治权贵。他的父亲敦阿都·拉萨（Tun Abdul Razak），曾经教导纳吉与他的四个弟弟，要有老派的政治道德。例如，当孩子们

希望在首相府里盖一座游泳池时，阿都·拉萨严词训诫了孩子们一顿：身为公务员，绝不可以挪用公款、公器私用。

可惜阿都·拉萨很早就过世，当时才二十二岁的纳吉从此把父亲的谆谆教诲抛诸脑后。从那时候开始，这五兄弟（特别是纳吉）就一直在执政党巫统（UMNO）的呵护下成长。先后就读英国「墨尔文寄宿学校」（Malvern College）与诺丁汉大学（University of Nottingham）的纳吉，比较想过的是英国人的生活，而不是马来人。他学英国绅士抽昂贵雪茄、看《Yes Minister》这类英国电视节目。由于父亲的庇荫，纳吉官运亨通，才二十几岁就当上副部长，身边的人也总是顺着他。

跟政府打交道，直接找夫人就对了

至于罗斯玛，则是来自平民家庭。她的双亲都是老师，且与苏丹关系密切，因此罗斯玛从小就与皇室有所往来。这也让她很早就目睹了豪门生活，也对自己的出身耿耿于怀，一位她身边的人说，她非常没有安全感。据说与纳吉交往之前，她曾经想办法要嫁入汶莱皇室。

与纳吉结婚（两人都是再婚）之后，她第一次搭政府专机，见识了当官的排场。从此以后她刻意穿着高级质料的衣服、以珠宝装饰自己。她有时候很亲切，有时候很凶，对随从大声斥责，甚至与女儿断绝关系。那些想要与政府打交道的外国商人，会先找她，然后再由她安排与纳吉见面。

到了二〇〇五年左右，罗斯玛的奢华行径变本加厉到离谱的程度。传闻说她曾经走进爱玛仕（Hermès）专卖店，告诉秘书哪几件东西她「不」喜欢，然后指示秘书把店里其他所有商品「每样买一件」。

为了满足奢华生活，罗斯玛开始动国库的歪脑筋。一位马来西亚商人很清楚地揭露她的其中一种手法：这位商人先向国营企业以低价买下土地，然后转手以高价卖给另一家国营企业，最后与罗斯玛一起赚取中间的差价。马来西亚人民对她印象很坏，将她比喻为现代版的伊美黛·马可仕（Imelda Marcos）。以纳吉在政府所领的薪水，绝对无法负担她花在柏金包等奢侈品的惊人开销。

这些上百万美元的珠宝，罗斯玛也不能公然穿戴四处张扬，于是她常会在家中将珠宝从保险库里拿出来，「她会把珠宝擦亮、戴上、欣赏。」罗斯玛一位家人说：「感觉就像电影《魔戒》里的『我的宝贝』（my precious）。」

二〇〇六年底，一位蒙古籍女模遭人枪击致死，接着尸体还被人绑上 C4 炸药，炸个粉身碎骨。就在同一时间，这名蒙古女郎的男友，也就是纳吉在国防部的一位助理被控贪污，收受法国潜水艇公司一亿美元贿款。接着马来西亚法院判定两名警察谋杀蒙古女郎罪名确定，而这两名警察，其实就是纳吉的私人保镖。纳吉否认知情，但已引来举国哗然。

二〇〇七年，纳吉正在争取首相大位，夫妻俩需要有力的好帮手。而这位适时出现的帮手，正是夫妻俩在伦敦见过、罗

斯玛儿子的同学：刘特佐。

用漂亮的词句，包装空洞的内容

刘特佐在二〇〇五年从华顿毕业后返马，在吉隆坡双子星大楼十七楼为他的「赢吨集团」租下一层办公室。双子星大楼在一九九〇年代末至二〇〇〇年间，曾是世界最高大楼，也是全马最顶级商办，只有最知名的马来西亚企业，才负担得起这栋大楼的租金，例如马来西亚国家石油公司。

才刚大学毕业的刘特佐，根本租不起这栋大楼，但他不知道用了什么方法向银行借了一笔贷款，再用这笔钱装潢办公室。新办公室里有一间非常气派的大型会议室，轻轻按一按开关，原本的透明玻璃会立刻变成雾状。墙上挂着高科技白板，在白板上写的任何东西，都可以直接打印出来。厕所里的马桶，会自动依你的身高调整高度。如果觉得累，这里还有一个泡脚池。在当时的马来西亚，这一切不只是新科技而已，而是全国最顶级、最奢华的设备。

尽管手上根本没几个投资案，但刘特佐对员工仍很大方。他最早的员工之一，是他在华顿的新加坡同学薛力仁。薛力仁的专长是金融，被刘特佐挖角来赢吨之前曾就职于新加坡中央银行。外形非常孩子气、常带着笑容的薛力仁，成了刘特佐的得力助手，刘特佐谈好的生意通常交给薛力仁执行。和刘特佐一样，薛力仁也是急功近利型的人，他曾说自己能在华顿混得

不错，是因为他写作业时懂得用漂亮的词句，包装空洞的内容。

外号「胖子 Eric」的陈金隆，后来也成了刘特佐的左右手之一。他的英语有浓厚的马来西亚腔，刘特佐非常信任他，只要是陈金隆拿给他的档案，他二话不说都会签。两人在马来西亚一家夜店认识，如今从工作到度假，经常形影不离。

一切就绪之后，刘特佐需要的是：生意。他想要找有钱的中东人来投资马来西亚，然后从中赚取佣金。为了跟潜在客户博感情，刘特佐会寄鲜花、巧克力给对方，或是帮对方搞定生活难题（例如预约很难约的医生）。他知道自己身为华人，需要一个马来人当他的生意伙伴才可能成功，而他心中的理想人选，就是他在伦敦认识的里扎。

刘特佐当时还无法直接与时任副首相的纳吉搭上线，不过有人介绍他认识了纳吉的三弟尼詹·拉萨（Nizam Razak），刘特佐不但让他免费使用赢吨的办公室，还邀他投资双子星大楼附近的一项豪华公寓发展计划。

问题是：刘特佐还欠银行一屁股债，根本没钱可投资。最后付不出豪华公寓的订金时，还是靠纳吉家族派人来搞定。这也让刘特佐陷入低潮，紧接着他连续几个月付不出双子星大楼的租金，被扫地出门。别说接近纳吉家族，这下子过去一切努力全付诸流水了。

「纳吉家人当时非常看不起他。」一位纳吉身边的助理说。

但刘特佐韧性强，也很有办法，总是能将每一次的失败变为转机。豪华公寓投资案虽然灰头土脸，却也让他在过程中结

识了当时投资同一个案子的「科威特金融公司」（Kuwait Finance House，一家伊斯兰银行）。二〇〇七年，他试图仲介「科威特金融公司」併购一家马来西亚银行，后来虽然没成功，但与科威特金融公司的关系更进一步。他总是有办法穿梭于重要人物之间，与他们一起开会——尽管他半点相关经验都没有。

依斯干达经济特区，机会来了！

二〇〇七年，他听说国库控股打算找人合伙，一起投资柔佛州（位于马来西亚南部、邻近新加坡）的大型土地发展计划，也就是著名的「依斯干达经济特区」（Iskandar Development Region）。马来西亚希望把这块地发展为足以和新加坡抗衡的金融中心。

刘特佐看到了机会。他曾在阿布扎比目睹政府的主权基金手上掌握庞大资金，如果能仲介成功，就能赚到大笔佣金。自从他那趟中东之旅后，哈尔敦又更上层楼了。随着国际油价飙涨，穆巴达拉基金的规模不断膨胀，投资范围也愈广，包括了法拉利、超威半导体等国际知名企业，换言之，如今哈尔敦手上掌握的是一个规模高达数百亿美元的庞大帝国。

欧泰巴仍是刘特佐在中东的重要人脉，二〇〇七年六月十七日，刘特佐写了一封电子邮件给欧泰巴，详细介绍了「依斯干达经济特区」计划，建议穆巴达拉基金可考虑投资。接着，他安排国库控股的主管飞到阿布扎比，与欧泰巴等人见面。

「在阿布扎比，你只需要一个人的名片，这个人就是欧泰巴。」刘特佐如此向国库控股的主管引介欧泰巴。

穆巴达拉基金的出现，让刘特佐的事业自豪华公寓事件之后起死回生。他抓紧机会，透过引荐穆巴达拉基金，累积自己的政治人脉。他本来就认识纳吉的弟弟与继子，下一步就是找机会搭上纳吉本人。二〇〇七年，他为纳吉夫妻设立了一个岸外户头，并以这个户头的钱来支付他们女儿在美国乔治城大学的开销。

替「依斯干达经济特区」计划引进中东资金之后，刘特佐让外界看到他存在的价值。但他把一切归功于纳吉，因为这项位于新加坡隔壁的计划如果成功，纳吉会被视为有能力的领导者，能够吸引外资，带领马来西亚跃升为已开发国家。

大家都说感谢他，但他还是没赚到钱

罗斯玛拿起麦克风，环顾她的宾客。穿着传统马来服饰的她，心情很好。客人们手上拿着饮料，四处走动，参观她与纳吉的豪华官邸。而官邸里有一个人也四处走动，确定在场每个人都能尽兴而归，这个人，就是刘特佐。

那是二〇〇七年八月某一个晚上，这场派对是为了庆祝穆巴达拉基金与科威特金融公司同意投资「依斯干达经济特区」。「我要特别感谢刘特佐，把中东的资金引进马来西亚。」罗斯玛向宾客们宣布。说完，现场乐团开始演奏，罗斯玛唱了几首

民谣，让来自阿布扎比的宾客们印象深刻。接着，纳吉为在场所有人士介绍穆巴达拉基金执行长、远道而来的哈尔敦。哈尔敦穿着传统回教服饰，自信地一一向大家回礼。他为自己所管辖的金融帝国增加了一项重大投资，也同样要感谢刘特佐。隔天一早，两国代表正式签约，穆巴达拉基金投资五亿美元，协助柔佛州打造五星级饭店、顶级住宅与高尔夫球村。

对刘特佐而言，这起投资案的成功是关键转折点，他向纳吉夫妇证明自己的确有办法从中东找到资金。与此同时，他也很用心地透过别的方式，确保自己能牢牢抓住纳吉这家人。几个星期前，他特别飞往伦敦参加纳吉与罗斯玛的女儿诺雅娜（Nooryana Najib）的毕业舞会，诺雅娜即将离开「七橡学校」（Sevenoaks School），到美国的乔治城大学。

问题是，刘特佐原本预期能从这笔投资案中，分到一大笔钱。没想到当他向国库控股索讨佣金时，却遭到拒绝。国库控股由专业团队经营，完全没有半点让刘特佐上下其手的机会。

看来，他得找到一笔能让他自由动用的资金才行。于是，他打算好好利用岸外金融⋯⋯

五

买台法拉利，如何？

华盛顿，2008 年 8 月

　　二〇〇八年秋天，欧泰巴收到一封来自他的生意搭档阿瓦塔尼（Shaher Awartani，约旦人）的电子邮件，捎来好消息：刘特佐在马来西亚引介的生意，让他们俩赚了约一千万美元。在这之前，欧泰巴也许是不想直接与刘特佐打交道，几乎都是透过阿瓦塔尼与刘特佐联系。现在看起来，这位马来西亚朋友似乎真有两下子。

　　「太棒了！看到我们的努力开花结果，真是开心！」欧泰巴回复。

　　「我觉得我们应该买台车子好好犒赏自己，你觉得怎样？买台法拉利 458 ITALIA 如何？」阿瓦塔尼在电子邮件上写道。但欧泰巴不赞成，认为这么招摇的车在阿布扎比会「引来不必要的麻烦」。

　　欧泰巴知道，他与刘特佐之间的交易必须很低调。因为几个月前，他被任命为阿联驻美国大使，现在是华盛顿最抢眼的新外交官。阿联驻美大使官邸，坐落于波多美河（Potomac

River）岸边，欧泰巴在官邸办的宴会，是由像沃夫冈·帕克（Wolfgang Puck）这种等级的名厨掌厨，出席的是白宫官员、国会议员、知名主播等名流。有时候，欧泰巴还会邀请客人到他的「男人窟」（他家的地下室，有个大型平板电视）里看篮球赛转播。他也经常上电视受访，并且在美艳妻子艾碧儿（Abeer，一位出生于埃及的土木工程师）陪同下，出席华盛顿举办的社交宴会，非常受欢迎。

然而，当时才三十几岁的欧泰巴除了外交官身分，还有一个隐藏的角色：生意人。与刘特佐交往看来是押对宝了，他与马来西亚的合作将会为他赚很多钱。

至于刘特佐，在「依斯干达经济特区」案子上拿不到佣金后，他开始找别的赚钱门路。结果，他想出了一个非常复杂，但绝顶高明的计谋。

一场绝顶聪明的布局……

当时，整个马来西亚都在关注「依斯干达特区」计划，根据发展蓝图，这一区将会有很多新公路、房子、购物中心与工业区的发展计划，发展商们都在摩拳擦掌想要分一杯羹。就在此时，刘特佐听说有两家发展商打算脱手，于是他心想：何不低价买下这两家公司，然后再用这两家公司来争取「依斯干达特区」的发展计划？

不过，买这两家公司要好几百万美元，他得向银行借更多

钱才行。但看在银行眼中，他什么咖也不是，只是一个信用纪录不良的小老闆。于是，他想到一招妙计。

首先，他在英属维尔京群岛注册了一家「阿布扎比科威特大马投资公司」（Abu Dhabi-Kuwait-Malaysia Investment Corporation，简称 ADKMIC），然后送干股给欧泰巴、科威特与马来西亚的官员。这么做，是要让外界以为，这家投资公司大有来头。

安排妥当后，他去向银行贷款，果然轻易贷到数百万美元以上的资金。他除了用部分贷款买下两家发展商，同时透过赢吨公司借了一笔钱，买下「依斯干达特区」、紧邻穆巴达拉基金的发展计划旁的一块地。这下子，他不只是个赚佣金的买办，而是「共同投资者」了。

接着，他想让外界误以为这两家发展商的股东，有来自中东的大金主，因为这能让他招揽到更多资金。于是，他想到了岸外金融中心。很多亚洲有钱人都会把公司注册在英属维尔京群岛或开曼群岛等免税天堂，有时是因为自己国家政治不稳定，有时是为了避税，刘特佐的爸爸刘福平就有很多岸外账户。最新的估计显示，一九七〇年代以来岸外金融中心的存款金额高达三十二兆美元，相当于美国与中国大陆的经济规模总和，数百亿税收因此蒸发。

当年才二十六岁的刘特佐，已经非常熟悉岸外金融的运作。他很清楚，由于很多美国银行与避险基金都把分行设在开曼群岛，因此开曼群岛如今必须提供美国政府更多开户者资料，但

位于加勒比海的英属维尔京群岛，对于前来设公司的人採取
「能不问就不问」的态度（刘特佐的赢吨公司正是设立于此）。
至于印度洋上的塞席尔（Seychelles），更是完全不管登记在该
岛上的企业背后老闆是谁。

　　更重要的是，刘特佐很清楚：设立一家岸外公司多么容易。
只需几千美元，就能找到像 Trident Trust（总部在美国）、
Mossack Fonseca（总部在巴拿马）这类业者替你搞定一切，无
论你想开银行账户、注册公司，交给他们办理即可。要不是有
岸外金融，刘特佐的计谋也不可能成功得逞。

▌不记名股票、鱼目混珠的空壳公司，以及猎物……

　　他的下一步，是在塞席尔注册两家空壳公司，一家叫
ADIA 投资公司，另一家叫 KIA 投资公司，乍看之下，你会以
为这两家公司与全球两大主权基金——阿布扎比投资管理局
（Abu Dhabi Investment Authority，简称同样是 ADIA）与科威
特投资管理局（Kuwait Investment Authority，简称同样是
KIA）——有关。但事实上，这两家公司只是刘特佐登记成立
的空壳公司，跟两大主权基金一点关系也没有。

　　设立 ADIA 时，刘特佐还用了一巧门：该公司总共只发行
一张实体股票，价格是一美元，这张实体股票在谁手上，谁就
拥有这家公司。这种「不记名股票」在很多国家被禁止，包括
英国和美国（内华达与怀俄明州在二〇〇七年取消「不记名股

票」之后，这种股票已经在美国绝迹）。二〇〇〇年以来，美国也向岸外金融中心施压，要求提供银行账户与企业股东的相关资料，后来包括开曼群岛在内，也被迫跟着取消「不记名股票」。不过，刘特佐发现，在塞席尔设立空壳公司，仍可发行不记名股票。

接着，刘特佐将这两家看起来跟中东主权基金有关的投资公司，列为他马来西亚发展公司股东。这一来，在不知情的外人眼中，包括科威特皇室、马来西亚高官、阿联大使欧泰巴，以及两大主权基金，全都成了刘特佐的生意伙伴。

完成这个精心布局之后，刘特佐开始找猎物。他要找的，是那种非常有钱、但对金融操作不熟悉、愿意出高价向他买土地或公司的人。

果然很快被他找到一位：当时的砂拉越首席部长、七十一岁的泰益·玛末（Taib Mahmud）。个子矮小、一头白发的泰益，靠着伐木业、油棕业，成了马来西亚最有钱的人之一。政商两栖、长袖善舞的泰益，喜欢穿白色西装，开白色劳斯莱斯，有一台白色钢琴——这台钢琴原本属于美国钢琴家李伯拉斯（Liberace）。

刘特佐放出风声，说穆巴达拉基金在投资「依斯干达特区」之后，正在马来西亚物色其他机会，这话后来传到泰益耳中，并且与刘特佐见了面。泰益一直想找人投资砂拉越的油棕提炼厂与其他能源发展计划，于是刘特佐以「未来中东投资者也许会想投资砂拉越」为饵，说服泰益先买下他的发展公司以

及「依斯干达特区」的土地。

几个月后，刘特佐的赢吨公司正式将名下持有的土地，转让给泰益旗下的 UBG 控股公司，UBG 支付他现金与股票。他曾告诉朋友，这笔交易让他大赚了一亿一千万美元，并且还成了 UBG 最大股东。这是他第一次在商场上高奏凯歌，他把原本的 E class 奔驰房车卖掉，换成了一台黑色法拉利。

但刘特佐太高调了，后来泰益发现自己当了冤大头，暴跳如雷。这事也传到欧泰巴耳中，他也非常不爽，怀疑刘特佐自己吃肉，却给他喝汤。毕竟，要不是有欧泰巴背书，刘特佐未必能完成这桩买卖。

「我们的朋友刘特佐在依斯干达特区的案子，很可能摆了我们一道，」阿塔瓦尼在一封给欧泰巴的电子邮件上写道：「我认为他只是在安抚我们，给我们一点点甜头。」

别看欧泰巴在电视上为美国观众侃侃而谈，私底下的他也会不假辞色，尤其当他认为自己被刘特佐要了。没错，对他而言，刘特佐是个好用的人脉，能帮他在马来西亚找到赚钱好机会；但说到底，刘特佐更需要欧泰巴，以及欧泰巴在阿布扎比的高层人脉。

「要让他『非常』清楚，不能背着我们乱搞。」欧泰巴回信给阿塔瓦尼，要他直接去找刘特佐讲清楚。「我觉得直接找他最好，这样才能吓吓他。」

其实，就连刘特佐身边的工作伙伴，也已经开始不信任他。不过，当时的刘特佐已经口袋满满，他才二十七岁，大学毕业

才三年，他大部分华顿商学院的同学，正在二〇〇八年那场金融风暴中挣扎浮沉，而他已经赚进同学们一辈子梦寐以求的财富。他没有为世界带来半点实质产出，却具备一种周旋于权贵之间，以「高报酬」为饵、说服投资者掏钱的特殊能力。他帮欧泰巴等重要人物赚钱，也让他的人脉更加强大。虽然大部分的钱都不是从他自己口袋掏出来（而且他现在得想办法弄出一笔钱还给泰益），不过大家渐渐相信，他真有完成交易的本事。

刘特佐现在是号人物了，吉隆坡精英社交圈常可见到他，也让华尔街最具规模、最有野心的银行家注意到他的存在……

六

所谓的莱斯纳博士

万里长城，2006 年 6 月

服务生在餐桌之间忙碌地奔走。这场在北京市郊、万里长城边上、搭着帐棚举行的盛宴，是为了欢迎一位非常特殊的贵宾。

没多久，刚接掌高盛执行长的洛伊德・贝兰克梵（Lloyd Blankfein），在两位美国与中国银行家的陪同下抵达现场。贝兰克梵是华尔街新霸主，而高盛特别选在万里长城，高调召开董事会，凸显中国大陆（以及亚洲）的重要性。

高盛前一任执行长汉克・鲍尔森（Hank Paulson）在数周前卸任，接掌小布什政府的财政部长。鲍尔森在任内大举扩张在中国大陆的版图，协助中国共产党私有化国企，也让高盛成为第一家在中国大陆成立合资银行的外资金融业者。

贝兰克梵也同样想把营运重点放在亚洲。包括高盛在内的许多华尔街银行，目前主要的获利来源仍是美国，他们协助企业募资、执行并购案、销售衍生性金融商品，同时也拿自己的钱投入市场。大约二〇〇五年、金融风暴发生前，亚洲大约只

占华尔街银行整体获利的一〇％，其中大部分来自中国大陆。

到了二〇〇六年，风向开始转了。高盛选在万里长城边上开董事会，当然是个象征性的安排，从这里遥望北京城，大伙儿都对亚洲的未来充满乐观。

全球都在关注亚洲市场，特别是生产大量玩具、成衣、机械等产品到美国与欧洲，年年以两位数字成长的中国大陆。至于邻近的东南亚国家如马来西亚，则靠着供应大量原物料给中国大陆，经济规模也是年年成长超过五％。高盛告诉员工，如果愿意请调到亚洲，将来升职的机会更高，希望鼓励更多人愿意举家从纽约与伦敦，搬到香港或新加坡。

默默布局，放长线钓大鱼

二〇〇九年初，在吉隆坡的国家皇宫，高盛亚洲的明日之星提姆·莱斯纳从座车中下来。这位三十九岁、身高六尺三的德国人，负责高盛在东南亚投资部门，过去十年为高盛带来庞大生意。不过，一个洋人出现在这栋金色屋顶的传统建筑里，其实有点突兀。

但这回不同。从香港抵达马来西亚后，他先去买了顶马来宋谷帽（songkok），这是马来人晋见马来西亚最高元首时必备的服装礼仪。莱斯纳即将晋见的，是当时担任最高元首（马来西亚最高元首由九州苏丹轮流担任）的登嘉楼州苏丹米占·再纳·阿比丁（Mizan Zainal Abidin）。平常，米占接见宾客

时都是穿着传统服饰，不过这一天，他穿着西装。

莱斯纳的工作，是靠着与高层政商人脉维持良好关系，争取生意。相较于中国大陆，马来西亚经济规模小得多，但近年来高盛却在这个国家捞得风生水起。莱斯纳在这里已经布局了十年，有时候为了与重要人物搭上线，会付钱聘请有门路的中间人引荐，这在亚洲是很常见的手法。而今天这场会面，是透过年仅二十七岁、却已经掌握关键人脉的刘特佐安排的。

介绍莱斯纳认识刘特佐的人，是高盛在马来西亚另一位员工吴崇华（Roger Ng）。不过，刚开始莱斯纳对刘特佐的第一印象并不好，他曾跟朋友说他觉得刘特佐「不可靠」。但莱斯纳渴望做大生意，而刘特佐似乎真有门路。刘特佐告诉他，登嘉楼苏丹打算成立一个主权基金，负责管理该州因石油与天然气赚来的钱；刘特佐还说，苏丹想要与高盛合作。

口才便捷的莱斯纳，知道如何投苏丹所好，那天会面结束时，顺利拿下替苏丹成立新主权基金的顾问合约，这个基金就是「登嘉楼投资机构」（Terengganu Investment Authority，简称 TIA）。有意思的是，高盛收取的顾问费，只有区区三十万美元，从华尔街的标准来看，这笔钱少得可笑。但莱斯纳知道自己在放长线钓大鱼，这份顾问合约只是小试牛刀，接下来一连串的生意，为高盛赚进大把大把钞票。马来西亚曾经一度是高盛眼中没什么搞头的国家，后来却成了高盛在全球最重要的获利来源。

一个讲交情的银行家……

莱斯纳出生于德国北方、邻近汉诺威的小镇沃斯伯格（Wolfsburg），成长过程非常顺遂。父亲是福斯汽车（Volkswagen）高阶主管，他从十岁起就迷上网球，每年夏天他的父母还送他到欧洲与美国受训，与葛拉芙（Steffi Graf）等知名球星一起打球。十七岁那年，他以交换学生的身分，到纽约的私立学校 Millbrook School 待了一年。刚开始，他的住宿家庭觉得他很保守谨慎（也就是大家印象中的典型德国人），但很快地，他便完全融入美国生活，网球之外，他也参加篮球与美式足球，当地报章形容他「天赋异禀」，「自信、聪明、帅气、有钱、全身上下是运动细胞」，他的教练赞扬他是最棒的运动员，「总是知道自己该扮演什么角色」。他异性缘极佳，可以不费力气就交女朋友，后来与一位网球女选手交往。

这段经验，让莱斯纳体验到离家出国生活的乐趣。在德国念完大学后，他到美国康乃迪克州的哈福特大学（University of Hartford）念 MBA。他班上有很多来自世界各地的学生，也因此认识了一位伊朗裔的法国女孩。毕业后，他们搬到伦敦，并在那里结婚。莱斯纳加入摩根大通银行（J. P. Morgan），从最基层做起。

他渴望成功，一边在摩根大通上班，一边在萨默塞特大学（University of Somerset）拿了一个管理博士学位。虽然几年后，该大学被踢爆贩卖假学历丑闻而狼狈倒闭，但莱斯纳照样给自

己挂上「博士」头衔，没多久，他被擢升为摩根大通副总裁。

在伦敦期间，他曾经负责一个与印度尼西亚发电厂相关的计划，因此对亚洲产生了兴趣。后来他离婚，并在一九九七年前往香港的雷曼兄弟上班。当时，香港这七百万人的小岛正快速变迁中，也是外国金融业者的天堂。包括泰国、韩国等亚洲国家经济持续成长，银行家们在这里平常疯狂工作、流连夜店，假日则搭着私人游艇到附近海岛度假。

不过，到了一九九七年，先是香港回归中国大陆，紧接着亚洲金融危机爆发，形势出现逆转。不过，对莱斯纳这些金融业者来说，危机往往也是转机。因为这些年来，亚洲已经成了华尔街银行家在职场上更上层楼的跳板。一来，香港与新加坡的金融业，不像美国那么竞争激烈；二来，亚洲的操盘手往往空间比较大（一九九五年英国霸菱银行交易员李森，因此毁了整家银行）。而莱斯纳到香港时，亚洲资本市场在危机爆发后急冻，各国政府都在想办法筹钱，于是雷曼开始辅导政府将国营企业私营化。

香港银行家通常马不停蹄地在亚洲各国间穿梭兜生意，莱斯纳也不例外。有一度，他与高盛公司合作，辅导泰国一家国营石油公司释股，他们每天工作十八小时，半夜两点下班后，一起泡夜店，隔天再继续奋战。高盛对莱斯纳的冲劲非常欣赏，于是邀请他加入，他也欣然跳槽到高盛。

莱斯纳加入没多久，高盛将亚洲总部迁入当时刚落成的长江集团大楼。这栋超高大楼视野极佳，同时饱览维多丽亚港及

壮丽山景。后来他与同在高盛担任分析师的陈芳相恋，陈芳是印度尼西亚华人，家族做煤矿生意发达。他们的婚礼在香港豪华饭店举行，婚后育有两个女儿，但莱斯纳平常很少在家，身为企业并购部门的主管，他的人生几乎都在出差中，到处找寻可做生意的机会。

苦了几年之后，亚洲终于走出风暴，莱斯纳也苦尽甘来。二〇〇二年，高盛为大马富豪阿南达·克里斯南（Ananda Krishman）旗下一家电信公司办理挂牌上市，这个高达八亿美元、同一年度亚洲最大规模的 IPO 完成后，莱斯纳被拔擢为董事经理。次年，他又承揽克里斯南旗下的 Astro 媒体公司的 IPO。二〇〇六年，莱斯纳打败所有竞争对手，拿下马来西亚史上规模最大的企业并购案的顾问合约，这起高达二十亿美元的电力公司并购案，让高盛大赚九百万美元。

高盛同事发现，莱斯纳有一种深获客户信任的本事。他不是那种就事论事型的人，满口精算出来的数字、推销复杂的衍生性商品；他是「讲交情的银行家」（relationship banker），靠着掌握人心致胜。

落脚亚洲以来，莱斯纳的人脉愈扎愈深，尤其是在马来西亚。他为人风趣，操一口德国腔的英语，懂得讨好每一个人。开会时，他总喜欢坐在客户身旁，而不是隔着大会议桌面对面。有一次参加婚宴，据说他整个晚上没坐在自己的位子上，而是满场穿梭交际。

「他真心喜欢客户，喜欢谈生意。」曾经与他在高盛共事

的乔·史蒂文斯（Joe Stevens）说。

既然你这么会赚钱，公司就睁一只眼闭一只眼吧

由于鲍尔森与贝兰克梵双双把重点放在亚洲，莱斯纳的身价也水涨船高。二〇〇六年十月，他被拔擢为合伙人（partner）。那一年，共有一百一十五人晋升这个职位。在高盛全球约三万名全职员工中，只有数百人（约二％）能获此殊荣。获得这个职务，不仅贝兰克梵会一一接见，而且基本年薪以一百万美元起跳、红利也更高。当年晋升合伙人的员工当中，超过五分之一来自亚洲，显然贝兰克梵看见高盛在亚洲的商机，未来无可限量。

与此同时，关于莱斯纳的耳语始终没有间断。有高盛同事对他的学历嗤之以鼻，酸他是「所谓的莱斯纳博士」，也有人不满他老是劈腿，包括与客户上床。在同事眼中，这是非常违背专业伦理的。例如，在为 Astro 办理 IPO 的那段期间，他居然和 Astro 的财务长交往，这段公开的恋情不仅让对手跑去向 Astro 执行长告状，也引起同仁不满；高盛展开内部调查，但莱斯纳坚称没这回事，高盛的调查不了了之。

另外，他常常不按牌理出牌。「他常会先答应客户的要求，再回头请示主管，而主管会容忍他这么做，是因为他总是能拉到生意。」一位与他共事过的高盛同事说。有一次，他自作主张白纸黑字向马来亚银行（Maybank）执行长承诺，高盛将以

自有资金吃下该银行发行的十亿美元股票。这种承诺对高盛而言风险极高，他却完全没有知会香港总部。还有一次，莱斯纳对外发布未经授权的消息，被高盛以减薪处分。照理说，这些事件都是管理上的警讯，但莱斯纳一直帮高盛赚钱，高盛对这些行为睁一只眼闭一只眼。

莱斯纳丝毫不在意别人怎么看他，毕竟这里是亚洲、是资本主义的新疆域，只要继续有钱赚，天高皇帝远的高盛总部才不管这么多。二〇〇九年，刘特佐出现了。

大方送干股给苏丹

二〇〇九年初，在「依斯干达经济特区」海捞一票之后的刘特佐，正在找寻下一个机会。他亲眼目睹掌管数以百亿美元基金的哈尔敦，享有如此庞大的权力与地位，心想：何不自己也在马来西亚成立一个主权基金？问题是：钱要从哪来？

一般主权基金的资金来源，通常是靠卖石油赚来的钱。于是他把脑筋动到外海有丰富油田与天然气的登嘉楼州。

除了民选政府之外，马来西亚有九个州仍由九位苏丹主政，这些苏丹权力很大，有些甚至能左右该州预算，常有人从中谋取贪污舞弊的机会。刘特佐擅长的，正是利用这样的机会，完成一笔又一笔的交易。

登嘉楼州的米占苏丹来自保守的回教家庭，不过受的是英国教育。很多皇室子弟因生活无忧，平日无所事事，但米占不

一样，大家都认为他非常厉害。刘特佐是先认识米占在发展公司担任董事的姊姊，接着透过这层关系，将 ADKMIC 的干股送给米占。

接下来，刘特佐向米占苏丹提一个新点子：成立一个主权基金，就像穆巴达拉基金那样，不必自己拿钱出来，而是以该州的石油资产为担保，到金融市场上募资。刘特佐说，他认识高盛的银行家，可以透过高盛募得大笔资金。

为了让自己的提议更有说服力，所以他找上莱斯纳。虽然莱斯纳对刘特佐没什么好感，但却也想染指这个赚钱机会。刘特佐带着莱斯纳与吴崇华这两位高盛银行家，到吉隆坡晋见米占苏丹。

经过几个月的讨论，刘特佐在电子邮件中开始与两位高盛银行家称兄道弟，而且为这个案子取了个代号，就叫「冠冕计划」。登嘉楼「TIA」基金在二〇〇九年二月正式运作，表面上，刘特佐的职称是顾问，但实际上，他才是幕后操盘的人。

莱斯纳与吴崇华知道，高盛法遵部门一定会对刘特佐隐晦的「仲介」角色有意见，因此高盛内部只有少数几个人知道刘特佐的真正角色。何况刘特佐也主动请他们避免在高盛内部提到他的身分，莱斯纳与吴崇华自然乐得答应他这样的请求。

刘特佐原本说服米占，以该州未来的石油收入为抵押，发行十四亿美元「伊斯兰债券」，但就在定案之前，二〇〇九年五月间，米占突然改变了心意。他认为，TIA 连管理团队都尚未就定位，没必要这么急着发行债券。他所指派的董事会代表

正式提出计划暂缓，但刘特佐不理会，照样执行发行计划。

由于米占不愿意赌上该州石油收入，于是他警告刘特佐，若不收手，将连 TIA 也撤销。就在这时，金融圈开始盛传，因为发现刘特佐密谋私吞公款，米占决定先下手为强。眼看着努力即将化为乌有，刘特佐必须尽快想办法解决这个难关。

就在这时，他遇到了人生最幸运的一次转折。

多年来，纳吉一直准备在政坛更上层楼。以他家族的名望、他多年来的公务生涯，很多马来西亚人也认为他有一天接掌首相大位。当时，他所属的马来人政党巫统面临危机，与其他政党联合执政的「国阵」在二〇〇八年的大选中因华人与印度人纷纷倒向反对党，差点丢了政权。为了挽回颓势，巫统希望借重纳吉家族的声望，二〇〇九年四月，纳吉正式接任首相。

这意味着刘特佐长期在纳吉夫妇身上的投资有了回报，他成了能直达天听的人。这时候的纳吉正急需一大笔资金争取选民支持，也给了刘特佐可乘之机。

七

王子，很高兴见到你

Alfa Nero 号，2009 年 8 月

搭乘超级游艇「Alfa Nero 号」在地中海蔚蓝海岸航行时，纳吉原本以为，这艘超级游艇的主人是沙特国王阿布都拉的其中一位儿子图尔基（Turki Bin Abdullah）。这艘造价一亿九千万美元、二百六十九呎长的豪华游艇上，有戏院，还有一个大型游泳池。

纳吉正坐在可以望着地中海的沙发上，戴着棒球帽、留着浓密胡子、当时才三十七岁的图尔基，走上前来与纳吉握手寒暄。图尔基曾经担任过沙特阿拉伯空军飞行员，目前转而从商。

穿着白色短袖衬衫的纳吉，微笑递给图尔基一份装在绿色盒子里的礼物。穿着黑白相间豹纹上衣的罗斯玛，也与主人谈笑风生。与沙特皇室成员如此近距离相处，让罗斯玛非常雀跃。众人喝着果汁，纳吉与图尔基一边聊着如何加强两国经济合作，一边让摄影师为大家留下合影。

此刻在旁边的，是穿着绿色 polo 衫的刘特佐。也只有他，最清楚这场会面的真正目的。

这个年轻人，是马来西亚投资部长吗？

就任首相以来，纳吉与刘特佐往来密切。刘特佐说服纳吉，应该把重点放在中东，纳吉夫妇也相信，刘特佐手上掌握了取得中东资金的钥匙。

纳吉上任后前几周，刘特佐俨然是纳吉身边的非官方助理，负责替他安排中东之行。纳吉宣称要在数年之内让马来西亚跻身已开发国家，因此此刻需要庞大资金奥援。于是，在刘特佐的随同下，纳吉夫妻造访中东，拜访了沙特阿拉伯阿布都拉国王以及阿布扎比的阿勒纳哈杨王子。在旁观者眼中，刘特佐似乎是纳吉的代理人，有人甚至以为刘特佐是马来西亚的投资部长。

在与阿勒纳哈杨王子晚宴结束后，纳吉随即在阿布扎比宣布，将成立一家全新的马来西亚主权基金，取名为「一个马来西亚发展有限公司」（1 Malaysia Development Berhad，简称一马公司或 1MDB）。一马公司当时唯一的资金，就是来自登嘉楼的 TIA。TIA 不久前才在刘特佐的操作下，发行了十四亿美元的伊斯兰债券，这笔钱现在全数转入联邦政府手中。也就是说，偿还这笔债券的责任，将落到一马公司头上，登嘉楼的米占苏丹全身而退。

照理说，一马公司的资金应用于投资绿能与旅游产业，与全体「马」来西亚人——无论是马来人、华人或印度人——「一」起创造高阶就业机会，这也正是取名为「一马」的初衷。

刘特佐向纳吉保证，未来将吸引中东资金投入，也会到国际募资。他还提出另一个让纳吉心动的点子：利用这个基金，来募集政治献金。换言之，纳吉可以用这笔基金来回馈政治上的盟友与选民。例如，一马公司将以「企业社会责任」的名义，在巫统需要选票的地区提供奖学金、盖房子。刘特佐说，中东国家把马来西亚视为它们在亚洲的盟友，愿意投资一马公司，也会以政治献金支持纳吉政府。

问题是，这位刚从学校毕业没多久、资历如此之浅的年轻人，真的能说服中东金主来投资马来西亚吗？他看起来的确人脉关系不错，但这些掌握庞大资金的人，真会因为刘特佐一句话，而大手笔投资一马公司吗？

纳吉夫妇并不知道，这回与图尔基王子见面，其实是刘特佐的精心布局，目的就是要让这对夫妻上钩，以为与中东皇室搭上了线。刘特佐运气不错，因为纳吉在政坛平步青云，习惯了接受人家以礼车、游艇款待，根本不疑有他。

表面上具备皇室身分，但骨子里非常需要钱

事实上，图尔基与刘特佐才认识没多久，也压根儿不是什么中东皇室派来的使者。很多人都以为，只要是阿拉伯国家的王子一定很有钱，但其实图尔基对自己的未来也很忐忑。他的父亲、阿布都拉国王已经近九十岁高龄，有二十个孩子，有一天当父亲过世，他还能不能与继任的兄弟维持良好关系仍在未

定之天。退伍后，他试着从商，但没什么斩获。他曾在二
〇〇〇年成立一家石油探勘公司「沙特石油国际」（PetroSaudi
International，简称 PSI），希望能利用他的「王子」身分，到
别的国家争取石油探勘权。

　　但其实这家公司只是个空壳子，根本没做几笔象样的生意，
他与公司执行长、三十三岁的塔列·欧霸（Tarek Obaid）都不
是积极做生意的料。浓眉圆脸、留着大胡子的欧霸，父亲是沙
特阿拉伯银行家，后来举家迁往日内瓦，曾经与沙特皇室一起
做生意，一度大赚，但后来惨赔。欧霸就读日内瓦国际学校，
后来到美国乔治城大学念书，除了阿拉伯语之外，还能说流利
英语与法语。毕业后，他一直在金融业工作，包括瑞士一家小
银行（据他在那家银行的同事说，他工作很混）。PSI 的办公
室设在日内瓦，欧霸刻意让身边的人误以为他来自沙特皇室，
大家尊称他「亲王」，身为平民的他竟也欣然接受。他喜欢流
连于夜店，看起来比实际年龄苍老。

　　刘特佐想找的，正是像图尔基这样的人——表面上具备皇
室身分，但骨子里非常需要钱。刘特佐是透过一位三十九岁、
名叫绍尔·贺布瑞休斯（Sahle Ghebreyesus）的厄立特里亚（一
个东非小国）裔美国人，结识图尔基与欧霸。贺布瑞休斯原本
经营曼哈顿一家高档非洲餐厅 Lamu，后来生意不好倒闭，他
转而替先前餐厅的有钱客人跑腿——安排私人飞机、代顾客到
高档餐厅订席等等。

　　他很快找到一条新门路：替中东富豪安排到欧美旅游的行

程。除了预定旅馆、游艇、餐厅，还会安排名模、名酒相伴。他也因为做了这门生意，认识了图尔基王子与刘特佐。二〇〇九年八月，刘特佐请欧霸替纳吉一家人（纳吉、罗斯玛与他们的孩子），安排一趟搭乘超级豪华游艇「RM Elegant 号」之旅。

与此同时，图尔基王子与随从也以一周五十万美元的代价，租下 Alfa Nero 号。刘特佐的计划，是让纳吉与图尔基见面，而且要让纳吉误以为他与图尔基是非常好的哥儿们。一切安排就绪，纳吉在 Alfa Nero 号上与图尔基见面了。

在船舱里，图尔基与纳吉讨论 PSI 与一马公司合作的可能性。刘特佐与欧霸随即打铁趁热，立即拟了一份合作备忘录。几天之后，图尔基用沙特阿拉伯官方信笺，写了一封信给纳吉，正式提出双方共同投资方案。这份于八月二十八日发出的信件，附上一份欧霸所拟的提案：PSI 将以名下资产——也就是该公司声称在土库曼与阿根廷油田开发权，总值二十五亿美元——与一马公司共同投资。而一马公司，则相对投入十亿美元。

八

发达了！挖到金矿了！

纽约，2009 年 9 月

纽约东方文华饭店三十五楼的大厅，有着视野极佳的落地玻璃与米色大理石装潢，帕特里克·玛浩尼（Patrick Mahony）望着绿草如茵的中央公园。除了在一家英国的 Ashmore 投资公司上班，玛浩尼同时也担任 PSI 投资长，是这里的常客。

对喜欢亚洲美食的刘特佐而言，东方文华是他熟悉的地盘。他约了玛浩尼在这饭店的酒吧见面，讨论如何往下进行纳吉与图尔基先前同意合作的计划。

帅气的玛浩尼曾经在高盛工作，大家都说这位三十二岁的年轻人很能干，企图心旺盛，常传电子邮件与银行业的朋友分享关于昂贵名表的信息。看到侄女玩牌的时候作弊，他还会开玩笑地说这一定是家族的基因。他与欧霸说话，有时说英语（他的英语带着浓浓的欧洲腔），有时说法语。

玛浩尼与欧霸是在日内瓦国际学校念书时的旧识，欧霸于二〇〇九年邀请玛浩尼加入 PSI，希望他能为公司拉抬业绩。

他也很快就挖角曾担任 BP 石油公司资深主管、后来接掌万事达卡董事长的理查德·哈託思韦特（Richard Haythornthwaite），负责石油与天然气业务。

在东方文华饭店见面之前，玛浩尼对刘特佐所知不多，但这项计划的金额实在太诱人了，玛浩尼决定来见见刘特佐。从外人看来，两家公司打算透过这项合资案，联手到世界各地探勘石油；但刘特佐看到的，却是一次能让他大捞一票的机会。他后来在一封给家人的电子邮件中写道：「我刚刚跟 PSI 谈定了！看来我们挖到金矿了！」

所有电子邮件，读毕立即删除

既然十亿美元的合资案已经谈定，接下来当然是要招兵买马、安排职务了。首先，纳吉出任顾问团主席，拥有任命董事会成员与决策权。接着，他任命曾任职埃森哲顾问公司（Accenture）的沙鲁·哈米（Shahrol Halmi）担任执行长。另外，还有担任执行董事的唐敬志（Casey Tang）、法律顾问卢爱璇（Jasmine Loo）。

不过，公司组织结构上少了一个名字：刘特佐。他是实际上的决策者，却决定不在这家新公司挂任何正式头衔。纳吉对刘特佐充分授权，而刘特佐也找了多位自己的人马进驻，例如唐敬志与卢爱璇，就是他从华顿返马后认识的朋友。对于刘特佐的决定，沙鲁·哈米虽然贵为执行长，却也很识相地照单全

收、不多加过问。

在东方文华见了玛浩尼后，刘特佐传了一封电子邮件给玛浩尼、欧霸与薛力仁等人，要他们「动作快一点」。数天后，这几人聚在日内瓦市中心一起吃早餐。吃完早餐，刘特佐拿出他的黑莓机，介绍欧霸与沙鲁·哈米相互认识。至此为止，欧霸与沙鲁·哈米从未谋面，但都知道刘特佐才是真正做决定的人，只是不愿公开自己的身分。

「接下来你们两位可以直接互动，不必再同时寄附件给我。」刘特佐写道。他同时要求所有与他关系最密切的人，所有电子邮件看完立即删除。

沙鲁·哈米回信给刘特佐，询问更多关于 PSI 的资料。不过，回复他的人不是刘特佐，而是玛浩尼。「我们是非常低调的企业，几乎不会对外透露我们的投资专案，这也是各国政府喜欢与我们合作的主要原因。」玛浩尼如此写道，他还提供了一个附件，并且说「这个档案应该有助于你认识我们公司。」但对于 PSI 到底规模多大、有多少资金，他提也没提。

日内瓦那顿早餐结束后，众人把握时间分头进行。玛浩尼写信给瑞意银行（BSI，一家与 PSI 往来的瑞士小银行），通知对方将要为新成立的合资公司开户。接着他带着刘特佐亲自造访瑞意银行的日内瓦分行，玛浩尼向对方说明马来西亚的主权基金将汇入十亿美元，刘特佐将会从中收取一笔佣金。先前在替穆巴达拉基金牵线时，刘特佐也曾想分一笔佣金，可是功败垂成。

没想到，这次他同样受挫。因为瑞意银行听完两人的说明之后，认为非常可疑而拒绝接受他们在瑞意银行开户。「我觉得非常不对劲，特别是刘特佐的样子实在很可疑。」瑞意银行员工在一封写给同事的电子邮件上写道。

换言之，虽然这项合作案才刚刚起步，只要是稍微有经验的银行家都嗅得出来事有蹊跷。照理说，银行的责任之一是发现有违法嫌疑的人，并且向主管机关呈报，但实际上，并不是每一家银行都如此。当你被一家银行拒绝，你大可继续找别家，总会有一家愿意配合。在瑞意银行碰壁之后，玛浩尼转向他往来的另一家银行摩根大通（瑞士）求助。摩根大通银行同意接受开户，但也非常好奇：为什么一家规模这么大的亚洲主权基金，需要和远在瑞士的小分行打交道？

倘若当时摩根大通真的问刘特佐与玛浩尼，他们俩会如何回答呢？也许，他们两人纯粹只是想从中赚取佣金——这种行为虽然有争议，但在亚洲倒是满常见的。也许，他们真心想替这笔政府基金操盘，并没有中饱私囊的意图。但可以确定的是：刘特佐总是想在每一笔交易中找出可以捞钱的机会。而且，他的胃口愈来愈大。

一个小时内，读完莎士比亚全集

刘特佐所组成的团队，尽可能找律师、投资银行家、会计师等专业人士来共同参与，目的是让整个案子看起来更可信。

通常只要有人肯付费，这些专业人士都乐于协助。在日内瓦与大伙儿碰面后没多久，玛浩尼去找了爱德华·摩士（Edward Morse）。

曾经任职美国能源部的摩士，是雷曼兄弟的能源分析师。玛浩尼请摩士为 PSI 的资产，制作一份独立评估的鉴价报告，因为一马公司董事会坚持，必须先看到报告，才能汇出十亿美元。身为全球石油市场最顶尖的专家，摩士曾与欧霸的哥哥纳瓦夫·欧霸（Nawaf Obaid，他对沙特阿拉伯的能源市场了如指掌）合作。玛浩尼告诉摩士，希望鉴价金额可以有二十五亿美元。

「好，我懂了！」摩士说。

短短两天后，摩士依据 PSI 所提供的资料，完成了一份报告。「我想你看到报告中对你们在土库曼与阿根廷油田的鉴价结果，应该不会失望。」摩士告诉玛浩尼。

根据摩士所完成的鉴价报告，PSI 资产高达三十六亿美元，远高于玛浩尼的预期。在报告中，摩士很清楚地说明，这份分析报告纯粹是以油田本身的经济价值推估出来的，意味着，并不纳入土库曼油田位于里海、与阿塞拜疆之间仍有纠纷等因素。

这份报告，让摩士赚进十万美元。

不只是摩士，其他被找来协助的专业人士也都乐意配合。拿提姆·巴克兰（Timothy Buckland）来说吧，这位服务于美国 White & Case 律师事务所伦敦办公室的纽西兰人，担任 PSI 顾问，同样乐于配合玛浩尼的需求。九月二十二日，玛浩尼写

信给巴克兰，请他准备一份档案，汇款两百万美元给一位不知名的「仲介」。巴克兰直接回复：「没问题!」不过，这笔费用最后是否实际出帐，我们不得而知。（巴克兰后来离开White & Case 律师事务所，到 PSI 英国分公司担任法律顾问。）

White & Case 律师事务所也为 PSI 准备了一份制作精美的简报，投影片以专业图表说明 PSI 将如何将资产并入、一马公司将如何出资十亿美元。不过，简报中也点出一笔高达七亿美元的奇怪费用，是支付给 PSI。简报上说，这笔钱是偿还 PSI 借给合资计划的贷款；但实际上，绝不可能有这笔贷款的存在，因为当时合资计划根本还没开始，也没有银行账户。

九月二十六日，一马公司新成立的董事会在吉隆坡开会。开会前，刘特佐打电话给纳吉，大大赞扬了他一番。当天的董事会，刘特佐也出席（他极少参加一马公司正式会议，那次是其中之一），为在场人士说明整个计划的来龙去脉，只是提也没提那七亿美元。最后董事会通过，同意汇出十亿美元，到这个与 PSI 于瑞士合开的银行账户中。

一般来说，规模如此庞大的投资计划，少则数个月，多则要一年以上才能完成。但是，从图尔基在八月下旬写信给纳吉正式提出合资计划案算起，他们大约只花了一个月时间，就完成这个数十亿美元的合资案。有一位一马公司的员工形容，这就像是「在一个小时内，读完《莎士比亚全集》」。

九

我爽死了……

吉隆坡，2009 年 9 月

午餐过后没多久，任职于德意志银行马来西亚分行的杰奎琳（Jacqueline Ho），心中觉得眼前的档案非常可疑。她接了一位新客户，叫做一马公司。在电话里，一马公司的「执行董事」唐敬志有一笔巨款要汇出马来西亚，逼迫她尽快放行。

德意志银行是在当天早上，收到唐敬志请专人送来（这非常罕见）的一封信，要求银行尽速完成汇款。但银行的法遵部门觉得有疑虑：为什么不是直接将十亿美元，按照一马公司董事会的决议，汇入与 PSI 合资开设的户头？为什么唐敬志会要求将七亿美元，汇入一个开设于顾资银行（Coutts Bank，一家专门服务最顶级、最富有客户的私人银行）苏黎世分行——而且只提供账号、没有户名——的户头？

唐敬志的说法是，这个户头属于 PSI，这笔汇款是要偿还一笔贷款。

「如果你们银行查核查过头，出了问题是要负责任的，你知道吗？」唐敬志告诉杰奎琳。他看起来很急躁，警告德意志

银行如果不尽快完成汇款，很可能会导致合资计划破局。

「我明白……我明白……，不过能不能请教一个问题就好：为什么不是汇入合资公司的账户，而是汇款给 PSI？有什么特别的理由吗？」杰奎琳问。

「那不关我们的事，这笔七亿美元是要付给 PSI 的预付金。」唐敬志说：「他们说汇到这里，还有要汇到廷布克图（Timbuktu，一个西非马里共和国的小城），这不关我们的事。」

「好的，好的。我们只是想知道原因。」

随后杰奎琳的主管打电话给马来西亚国家银行（也就是马来西亚的中央银行），询问是否可汇出这笔巨款。国家银行回复，只要钱最后是进到合资公司相关户头，就可以放行。于是，尽管德意志银行隐约觉得不妥，仍然在当天下午三点左右，分两笔汇出款项：一笔三亿美元，汇入摩根大通瑞士分行；另一笔七亿美元，汇入顾资银行苏黎世分行的神秘户头。由于汇出的货币是美元，因此必须先透过美国的摩根大通银行转账。

按理说，依照美国洗钱防制法相关规定，银行都有义务查核资金来源与流向，但全球外汇市场每天高达数兆资金流动，有些银行的查核动作只是虚应故事。这两笔汇款就是如此，摩根大通银行很快就放行。

两天后，顾资银行风险部门一位职员传送一封紧急电子邮件给一马公司，因为按照规定，所有跨国汇款都应详细填写受款者资料，他不明白为什么德意志银行在汇出七亿美元时，会

漏填受款单位的名字。在顾资银行的追问下，执行长沙鲁·哈米表示，该账户是属于一家登记在岸外免税天堂塞席尔的公司，公司名称为 Good Star。

「Good Star 公司由 PSI 百分百持有。」他写道。

沙鲁·哈米只是转述刘特佐的说法。事实上，Good Star 是刘特佐在大约一个月前设立的另一家空壳公司，这家发行无记名股票的公司唯一股东，就是刘特佐本人，在很多国家，这种公司是违法的。

顾资银行不接受沙鲁·哈米的说法，刘特佐只好带着唐敬志飞到苏黎世，希望能摆平问题。但他们这回的说法，与先前唐敬志给德意志银行的说词不一样，他们改口说：Good Star 是一家投资管理公司，七亿美元不再是「偿还借款」，而是一马公司「委託 Good Star」管理的资金。为什么一家马来西亚主权基金，要将如此庞大现金转入远在塞席尔小岛上、不知名的公司？顾资也许仍有疑问，但仍然让这笔巨款顺利汇出。

▍万一被抓包了怎么办？见招拆招吧……

接下来，一马公司这笔钱开始在世界各地搬来搬去。几年前，刘特佐在阿布扎比目睹了穆巴达拉基金如何坐拥金矿，渴望着有一天自己也能掌握一个这样的基金。现在，他成功说服纳吉，在马来西亚成立一个类似的基金，而且託付给当时才二十八岁的他来操盘。

纳吉给了刘特佐极大的空间，而刘特佐也毫不客气。在首相撑腰下，他与他的人马实质掌控了一马公司。搬出图尔基与马来西亚政府的名号，也让他如虎添翼。刘特佐心里慢慢萌生一种想法：要蒙蔽西方国家的银行与政府，在光天化日下搬走数亿美元计的财富，并不是不可能的事。

对沙特阿拉伯皇室而言，国库与私库之间的界线原本就模糊，现在刘特佐也有样学样。

万一被抓包了怎么办？如果被人发现资金缺了一个大洞，刘特佐是否有万全的应变之道？过去几个月所发生的一切如此之快，刘特佐都是见招拆招地随机应变，结果竟然让他得逞。既然过去可以见招拆招，未来应该也可以。

他的人马藏不住喜悦。就在德意志将七亿美元汇入 Good Star 户头的那一天，他在华顿的哥儿们之一薛力仁，就在脸书上发文：「我爽死了……」

接下来，刘特佐开始分配汇入 Good Star 户头里的钱。十月初，他以「委託私募基金投资」的名义，汇款八千五百万美元，到欧霸在瑞士的摩根大通银行账户。顾资银行不仅顺利放行，而且在三个月后，再度放行一笔汇给欧霸的六千八百万美元巨款。几个星期后，欧霸支付三千三百万美元给玛浩尼；二〇〇九与二〇一〇年期间，欧霸总共付了七千七百万美元给图尔基。

刘特佐如愿以偿地捞到一大票。把钱分给同伙之后，他手上仍掌握一大笔钱。他开始想，这笔钱可以在美国买什么样的

东西？

　　他发现：几乎所有东西。

PART 2

留下来陪我几天，好吗？

拉斯維加斯，2009 年 10 月

穿过帕拉佐饭店赌场时，女郎们心里有点紧张。这二十几位年轻女郎（有些金发、有些棕发），觉得这次任务神神秘秘的：她们完全不知道谁是付钱的主人，只被告知要先到旅馆房间，穿上房里准备好的黑色礼服，同时每个人身上带着一套比基尼泳装。

那是二〇〇九年十月二十二日晚上，也就是刘特佐七亿美元到手的三个礼拜之后。

这些女郎是在几个小时前，从全美各地搭头等舱来到拉斯维加斯。当天秋高气爽，大约晚间八点，女郎们抵达顶级套房鱼贯进入。房里有一张长条型赌桌，大明星里奥纳度正与几个亚洲男人玩扑克牌。看到里奥纳度居然出现在这里，有些女郎觉得很意外：这位大明星，怎么会跟这群看起来平凡无趣的人在一起？

皮包、手机、驾照都拿出来，再签保密合约

女郎们后来终于被告知，这场派对是要替赌桌上一位名叫刘特佐的亚洲富豪庆生。大约二十分钟后，刘特佐送给每一位女郎，一个面额一千美元的筹码，接着示意大伙儿转移阵地到另一个房间。一行人浩浩荡荡（外加好多保全人员）穿过赌场，旁观的游客们窃窃私语。不过，似乎没有人认出里奥纳度，因为他头上戴着一顶鸭舌帽，帽簷压得低低的。

众人来到五楼，整间饭店最奢华的总裁套房，一身黑衣的保全人员守在门外，要女郎们一一交出私人用品、皮包、手机、驾照，并且签署一份保密合约，才让她们进到房里。女郎们见过各种场面，倒是从来没遇过如此高度保密的诡异派对。没关系，大家心想，只要几个小时就能赚进三千美元，诡异就诡异吧！

套房里有个大客厅，客厅里有一个大壁炉、一组大沙发、一扇通往户外泳池的门。房里灯光昏暗，饭店将这里改装成舞池，地上有白色磁砖，天花板上有水晶球。另外，饭店也在房里加装一张赌桌，刘特佐、里奥纳度等几人正玩着百家乐。

史蒂芬妮·拉莉茉（Stephanie Larimore），一位有着深色头发、一身黑色晚礼服（胸口有银色装饰）的女郎，曾试着与刘特佐聊天。他很有礼貌，但非常害羞，不知道要跟她聊什么，于是只好转过身拿了一盒高级巧克力给她说：「我觉得金色包装纸的最好吃。」拉莉茉心想：既然你这么怕女人，干嘛花钱

请我们来？

　　牌桌上的男人抽着雪茄，赌注愈来愈大，只见桌上都是一颗颗面额五千美元的筹码。有时候当有人赢了，赢家会将大把筹码撒向空中四处散落，有些女郎会冲上前——或跪或爬——争相把筹码捡起来。大约过了两小时，有人端出生日蛋糕，女郎们纷纷围到刘特佐身边。

　　后来，刘特佐与里奥纳度两人坐在沙发上，边抽雪茄边聊，经常看着舞池里几个正在跳舞的女人。刘特佐后来要其中几位换穿比基尼，到外面的泳池游泳。泳池边，摆放着许多餐盘，餐盘里有烤肉、冰淇淋等美食，但其实没什么人吃。这一切，都是刘特佐事先安排好的，现场服务员也全听他指挥。

　　「我觉得我们都只是他的棋子，」当晚出席的一位化妆师史塔兹・拉米瑞兹（Starz Ramirez）如此描述刘特佐：「我感觉很不自在，他根本不怎么理我们。」

　　有人拿下里奥纳度的棒球帽，戴到自己头上。换作是别的生日派对，可能就玩开了，但是那天晚上并没有一般生日派对的欢乐气氛，里奥纳度当时正在拍《全面启动》，看在有些女郎眼中，他似乎还在那部戏的氛围里——话不多、略带严肃。虽然他喝了些酒，但没什么酒意。

　　「他们都不是那种玩得很疯的人。」拉莉茉说。

　　接着，刘特佐问拉莉茉，可不可以留在拉斯维加斯多陪他几天，他会付她一万美元，还会带她去逛街买东西。拉莉茉婉拒了刘特佐的邀请，大约午夜后返回自己的房间休息。不过，

当晚有些女郎留在总裁套房里过夜。

密谋这一切，他真的相信自己能得逞吗？

那段期间——二〇〇九年下旬——刘特佐可能是地表上掌握最多现金的人之一。而且他很敢花，这一晚之前，他在纽约、拉斯维加斯等城市也是挥金如土。扣除给欧霸等人的佣金之后，他所掌控的瑞士 Good Star 账户里仍有好几亿美元。Good Star 这家空壳公司没有别的股东、没有别的合伙人，账户里的钱他爱怎么花就怎么花。

他设的局，与当年马多夫（Bernie Madoff）的庞氏骗局不同。马多夫得不断找新的冤大头加入，才有钱可以「分润」给先前的投资者。他虽然造成投资者高达一百八十亿美元的损失，但其实他真正赚到的钱并不多。二〇〇八年东窗事发时，他的身家号称高达八亿美元，不过这几乎全是苦主们的钱，他自己的只占一小部分。而刘特佐的「苦主」，是一家来自马来西亚一家新成立的主权基金，既不会追着要「分润」，也不会向他索讨这笔钱。

他设的局，也和多年前的垃圾债券天王麦可·密尔肯（Michael Milken）不同。密尔肯在违反证券交易法坐牢之前，于八〇年代一点一滴累积财富，但这名马来西亚年轻人一次就捞进好几亿美元。这是一种诞生于二十一世纪的骗局——什么东西都没生产，却能行骗全球，靠的是将一个开发中国家、一

笔管理松散的国家资金，悄悄移转到漏洞百出的全球金融市场里，不为人知的阴暗角落。

密谋这一切，他真的相信自己能得逞吗？也许刘特佐真的相信，他能用这笔钱赚更多，足以填补被他捞走的资金缺口。毕竟有首相撑腰，他有什么事情办不到？想全身而退，他必须仰赖这几年来学到的一切。他知道，政府与政府之间的资金移转，比较不容易被银行找麻烦，于是他设法打造马来西亚、阿联、沙特阿拉伯的高层人脉。他也知道，一旦钱被转入匿名的岸外银行账户，就不容易被外界追踪流向，于是他学会了如何故布疑阵，不断让钱在一个又一个空壳公司的账户之间搬来搬去。至于搬动的理由，他都说是为了投资与借贷，听起来很合理。

不过，他并不满足于此。因为他接下来想的是：要怎样把钱带到美国，供他在美国挥霍、开创新事业？这是非常冒险的尝试，因为美国当时已经针对那些用贪污来的钱在西方国家置产的外国官员，展开严厉查缉。

刘特佐找上了谢尔曼·思特灵律师事务所（Shearman & Sterling）。创立于一八七三年、总部设于曼哈顿市中心莱辛顿大道（Lexington Avenue）五九九号的谢尔曼·思特灵，是最顶尖的律师事务所，平常主要业务是处理大型企业并购案，一般来说不会理刘特佐这种小咖。

但刘特佐声称自己与马来西亚主权基金有关，而且和阿布扎比的穆巴达拉基金关系密切，这让谢尔曼·思特灵对他另眼

相看。而且刘特佐在信誉卓著的顾资银行（Coutts）设有账户，看在谢尔曼·思特灵眼中，也是一大加分。

刘特佐告诉谢尔曼·思特灵，他打算在美国进行一系列投资，但他非常重视隐私，因此希望透过该事务所的 IOLTA 信托账户（Interest On Lawyer Trust Accounts）出帐。IOLTA 是美国律师事务所大约从三十年前开始，专门为客户开设的一种账户，透过这个账户替客户存放短期资金（例如出售公司或房地产的收入），并且收取短期利息作为美国低收入户的补助金。但多年下来，这项立意良善的做法，反而成了有些人隐匿资金来源的管道。换言之，IOLTA 的存在对社会有帮助，却也是藏匿洗钱罪犯的天堂。

而且，律师的角色与银行不同，不必对客户进行「尽职查核」（due diligence），依法还必须对客户的汇款细节负有保密责任。虽然律师不可以替客户违法洗钱，但也不须主动向主管机关报告可疑的活动。位于巴黎的跨政府组织「防制洗钱金融行动小组」（Financial Action Task Force），就曾直接点名美国政府坐视律师事务所为洗钱者服务。

▎来自马来西亚的花钱大爷……

才从华顿商学院毕业没几年，刘特佐已经非常善于利用金融市场不为人知的漏洞、政府鞭长莫及的黑暗角落与三不管地带，顺遂自己的目的。例如，从 IOLTA 信托账户汇出的款项，

通常外界只能看到律师事务所的名称，无法知道真正的出资者，因此银行也无法判断汇款是否可能涉及不法。二〇〇九年十月二十一日，刘特佐从瑞士 Good Star 账户汇了一亿四千八百万美元，到纽约谢尔曼·思特灵事务所的 IOLTA 账户，接下来的十二个月之内，他累计汇入了三亿六千九百万美元。

至于汇款原因，刘特佐在汇款档案上填写的都是购买房地产、併购企业等，但实际上，刚开始的几笔汇款，全都是用来供他挥霍。从二〇〇九年十月到二〇一〇年六月这短短八个月期间，刘特佐与他的哥儿们花在喝酒、赌博、搭私人飞机、租豪华游艇、找花花公子女郎、招待好莱坞巨星的钱，高达八千五百万美元。

刘特佐在纽约的住所，位于西五十六街上的「帝国公园公寓」（Park Imperial），从这栋顶级花岗岩大楼上可以俯瞰中央公园与赫逊河。住在这里，也让刘特佐的名字与娱乐圈大咖有了连结。《〇〇七》主角丹尼尔·克雷格（Daniel Craig）到百老汇演出时，就在这里租了一栋公寓，一个月的租金高达三万八千美元；知名影星兼歌手、外号「吹牛老爹」的尚恩·库姆斯（Sean Combs），在这里也有一户。

刘特佐租下的公寓，一个月租金要十万美元。他不但出入以凯迪拉克 Escalades 车队（以及一大群保镳）全程护送，还在这栋大楼里替他的哥儿们另外租了几个单位，包括他在华顿的老同学、来自科威特的哈玛·阿勒瓦赞。这种排场造成住户不便，也引来住户抗议，但这正中刘特佐下怀：他就是要全世

界都知道他住在这里。

他在纽约挥金如土。例如，二○○九年秋季时装周期间，他在一家新开幕的夜店 Avenue 里，一个晚上就花了十六万美元。还有一次在餐厅里，他看到影星林赛·萝涵（Lindsay Lohan）在用餐，竟然请服务生送了二十三瓶水晶香槟（Cristal，一瓶要价九百美元）放到林赛·萝涵桌上。这一连串高调作风，让他登上八卦媒体《纽约邮报》，报导中称他「来自马来西亚的花钱大爷……夜店里的神秘男子」。

不过，刘特佐的名声其实早在二○○五年左右，就已经在夜店之间传开来。他花钱手笔之大，连华尔街的大人物都自叹弗如。一位名叫翠西·汉纳（Tracy Hanna）的服务生还记得有一天晚上，刘特佐就在店里消费了三万美元——相当于一般家庭一整年的收入。

「我们都以为，他大概是什么皇族成员吧！」汉纳说：「当时店里来很多王子，尤其是来自沙特阿拉伯的王子，我们都说这些人应该是在自己的国家不能喝酒、不能开派对，所以来到美国才会玩这么疯。」

还有一次，他为了在马来西亚办一场派对，付机票钱大老远把服务生从纽约送到马来西亚。

当欧霸的哥哥、共同创设 PSI 的纳瓦夫·欧霸从《纽约邮报》上看到刘特佐的新闻时，他脸色铁青。纳瓦夫是国安专家，长期服务于华盛顿的智库，并担任沙特阿拉伯驻美大使的顾问。

「哇！这太危险了，他得收敛一点！否则哪天玩疯了，自

己把事情抖出来！」他在一封给弟弟的电子邮件上写道。

低调？那有什么意思？

玛浩尼与欧霸都喜欢低调地坐拥财富，但对刘特佐来说，低调就没意思了。他渴望着置身于权贵世界的中心，因此他就是要设法与最有钱、最有名的人在一起，然后昭告天下。尤其是顺利海捞一票之后，他更渴望与名流交往，以彰显自己的身价。后来的他，视好莱坞为投资机会，但当时，他纯粹一心想与好莱坞的巨星结交。于是，他找上了两位夜店大亨：诺亚‧泰珀贝格与杰森‧史特劳斯。

这两人是知名夜店集团「Strategic Hospitality Group」（简称 SHG）的共同创业者，这个集团旗下的夜店品牌包括 Avenue、纽约的 Marquee、拉斯维加斯的 LAVO 与 TAO。哈佛商学院还曾针对他们的夜店帝国，进行个案研究。当年约三十几岁的泰珀贝格与史特劳斯，是土生土长的纽约人，从高中就认识。长得又高又壮、皮肤黝黑的史特劳斯，与个子较矮、剃光头的泰珀贝格，外形其实很不搭，但两人几乎形影不离。大学毕业后，他们开始在纽约、汉普敦（Hamptons）经营夜店。他们很清楚：一家夜店能不能经营下去，要看是哪些人去光顾。因此，他们不断想尽办法拉拢社会名流与花大钱的人。

他们在二〇〇三年创办 Marquee，在纽约一炮而红。这家夜店在周五与周六晚上的最低消费，是两瓶香槟或烈酒，每瓶

要价上百、甚至好几千美元。好莱坞影星里奥纳度、陶比·麦奎尔, 都是这里的常客。不过, 二〇〇八年的金融风暴, 让店里生意一落千丈, 就在这时候, 刘特佐出现了。

泰珀贝格与史特劳斯都见过在夜店里挥金如土的人, 但那些人完全无法跟刘特佐相提并论, 刘特佐可以一个晚上砸上百万美元而面不改色。除了夜店, 泰珀贝格与史特劳斯也经营一家营销公司, 只要是刘特佐想办的活动, 他们都想尽办法配合。这位亚洲大亨的花钱行径, 也渐渐在泰珀贝格与史特劳斯的圈子传开。

其实, 好莱坞有个很少被讨论的公开秘密, 就是: 只要出的钱够多, 就能请得动大牌明星。于是, 刘特佐透过这些明星的经纪公司、两位夜店老闆的人脉, 找好莱坞名人出席他所办的派对。这些名人听说刘特佐是个花钱不眨眼的亿万富豪, 都想结识一下他。包括里奥纳度, 他是好莱坞片酬最高的演员之一、财力雄厚, 仍然被刘特佐惊人的财富吸引。二〇〇九年十月在帕拉佐饭店的那天晚上之后, 他也成了刘特佐的派对常客。

刘特佐是透过 SHG 一位名叫丹尼·阿贝凯瑟 (Danny Abeckaser) 的夜店推广员 (club promoter) 认识里奥纳度。在夜店产业里, 「推广员」是非常关键的人物, 他们负责替夜店招徕大客户, 从中收取费用。早在华顿念书时期, 阿贝凯瑟就已经注意到可以一个晚上在夜店大手笔花三千美元——后来出手愈来愈阔绰, 从一晚两万美元、甚至到五万美元——的刘特佐了。今天的他, 就算砸一百万美元也面不改色。

如此奢华铺张，有什么道理吗？

二〇〇九年十一月初，有了一马公司的丰沛现金当后盾，刘特佐想要更上层楼。趁着他二十八岁生日，他要石破天惊地在好莱坞登场。连续好几天，他在拉斯维加斯的凯萨皇宫（Caesars Palace）泳池边办派对，还安排了老虎、狮子（关在笼子里）、比基尼泳装美女助阵，宾客们玩着各式各样的游戏。这是典型的「刘式魔法」——让派对疯狂到极致，连见惯大场面的名模、明星也瞠目结舌。刘特佐在好莱坞最早的几位朋友，包括里奥纳度、歌手阿瑟小子、喜剧演员杰米·福克斯，都是他的座上宾。

在夜店时，他通常手上拿着麦克风，指挥服务生为宾客奉上高级名酒，但他自己却只喝可乐娜啤酒。他会要求 SHG 的员工巨细靡遗地规画活动流程，包括最不起眼的小装饰、摆设的花、吧台上的酒类。还有，他一定会让现场塞满了如云美女。

如此奢华铺张，有什么道理吗？对刘特佐而言，这只是他的布局之一。成功的派对，能奠定他的名声，让他交到更多有钱有权的朋友。即便是当红的饶舌歌手 O. T. 杰纳西斯（O. T. Genasis），身边坐拥美女与财富，当他看到刘特佐一个晚上好几瓶（每瓶要价五万美元）香槟，也被惊吓到。

「我心想，什么鬼？不可能！这不是真的！」他说。

O. T. 杰纳西斯是和另一位知名歌手巴斯达韵一起出席那场派对，看着围绕四周穿着性感的美女——看起来像是刚替

「维多莉亚的秘密」（Victoria Secret）拍完内衣广告就直奔这里——他觉得太不可思议了。「我这辈子从来没见过这种场面！」他说。

刘特佐一方面精于算计未来，另一方面积极活在当下。他总是冲动地想要花钱、花更多钱、一刻也定不下来。有一次他原本只是想出门买果汁，结果却买了八双一模一样的黑鞋回家。他买过好多柏金包（一个最便宜的也要一万两千美元，最贵的要十万美元以上），送朋友、送朋友的朋友，甚至送给刚认识没多久的人。

「他是我见过最敢花钱的人，」一位认识他的富豪说：「你可能正在伦敦的餐厅吃饭，接着他问你要不要陪他一起在纽约吃饭？没多久他已经安排好私人飞机，把你载到曼哈顿，招待你享用你这辈子最棒的一餐。对他来说，没什么办不到的事。」

除了对他的花钱阔绰印象深刻之外，朋友们也发现刘特佐记忆力奇佳。他可以清楚记得每一笔金额与用途，而且连小数点后的数字都不会忘记。

刘特佐从大学时代起，就对一位名模兼演员深深着迷，此刻，他更是迫不急待地想认识她。

希尔顿小姐的生日礼物

英属哥伦比亚（加拿大），2009 年 11 月

芭莉丝・希尔顿开始不耐烦。刘特佐租了一台私人飞机到洛杉矶接她，要把她载到温哥华，再从温哥华出发前往位于威斯特勒（Whistler）的滑雪胜地。但飞机已经停留六小时，因为加拿大移民厅不让希尔顿入境。

这主要是因为希尔顿在美国曾因持有毒品开车被捕的前科，不过最后加拿大移民厅让她入境，刘特佐派人载她到四季饭店。当时正是滑雪旺季，这趟行程全程由刘特佐免费招待。

几个月前，刘特佐联系希尔顿的经纪公司，邀请她来参加他所举行的派对。希尔顿跟朋友说，刘特佐开的价码是每场活动的出席费是十万美元。跟希尔顿一起出席的，是她的朋友左伊・麦克法兰（Joey McFarland）。麦克法兰来自肯塔基州，几年前来到洛杉矶，负责替企业邀请名人与明星出席各种活动。他与希尔顿后来成为好友，希尔顿甚至可以用他的推特账号发文。平常希尔顿出席活动，他会在旁替她拍照，然后她会送他 LV 名牌包。

在饭店里，刘特佐正与家人和中东来的朋友聊天。他正在和华顿的科威特同学哈玛·阿勒瓦赞喝酒，听他吹嘘自己最近完成了一笔军火交易。接下来好几年，刘特佐每年年底都会招待他的好友与名人，来这里滑雪度假。多数被他邀请来的人，都不会滑雪，包括刘特佐自己也仍在上滑雪课。不过，希尔顿已经是滑雪高手，所以这几天都跑去跟别的朋友一起滑。

受邀一起度假的，还有纳吉的继子里札。虽然他个子不高、有点微秃、话也不多，但个性沉稳，异性缘不错。他网球打得很好，常在脸书上 PO 他与球星如纳达尔（Rafael Nadal）的合照。从伦敦政经学院毕业后，他投入金融业，不久之前才离开在汇丰银行并购部门的工作。

这位罗斯玛前一段婚姻的孩子，只比刘特佐大几岁，虽然两人已经认识很多年，至今仍是非常客气地相敬如宾。尤其是进入纳吉的生活圈之后，刘特佐更谨慎地保持低调，对纳吉很礼貌（言必称纳吉「我的首相」），对他的妻子与孩子亦然。

里札这时已经搬到洛杉矶，打算协助刘特佐在美国物色好的投资机会。那晚在威斯特勒，他们想到了一个新点子。

这要从麦克法兰说起。

一心想进入演艺圈的麦克法兰，自从搬来洛杉矶之后，曾经与朋友合作拍过几部低成本电影，最近几个月积极筹备要成立一家电影制作公司。正好里札也一直对电影业有兴趣，两人在威斯特勒一拍即合。于是接下来几个星期，刘特佐、里札与麦克法兰认真讨论，要怎么用刘特佐的钱，踏上电影业这条路。

你得穿着雨衣，因为会下香槟雨！

几个月后，二〇一〇年二月二十日，一个星期六晚上，在帕拉佐饭店赌场的贵宾室里，希尔顿开心地玩着百家乐。

穿着优雅白色礼服、高跟鞋、香奈尔耳环的希尔顿，正在庆祝二十九岁生日。尽管她出身名门——著名的希尔顿饭店就是她家族生意，却从没见过数十万美元的筹码堆在赌桌上。当晚稍早，她在饭店里的 TAO 夜店参加派对、切生日蛋糕。蛋糕上是她当时推出的最新款女鞋——这是她常用的营销技巧，将产品广告置入自己的生活之中。接下来的这场生日派对，就私密多了，完全把狗仔队拒于门外。

在贵宾室里，刘特佐当着众人面前，送给她一份生日大礼：一只卡地亚（Cartier）名表。他似乎觉得光送这份礼物还不够看，另外还拿了二十五万美元筹码，让她去赌桌上玩百家乐。

接着，刘特佐开始出动他从各处邀来的美丽模特儿，她们有些是夜店老闆的旧识，有些是透过经纪公司找来，有些甚至才十几岁。她们与麦克法兰、刘特佐的中东和亚洲友人，开心地玩在一起。

后来薛力仁在脸书上贴了一张自己与一大瓶香槟的合照，写道：「在拉斯維加斯，你得穿着雨衣，因为会下香槟雨！哈哈！」

至于赌桌上，气氛愈炒愈热。此刻围在赌桌边看热闹的人，

都来自有钱人家，但也没见过像刘特佐这种等级的豪赌。他下的赌注，一次比一次大，往往一把就是好几万美元。但他手气不好，很快地——前后大约才十分钟左右——就输了两百万美元。身边瞧热闹的人都惊呆了，觉得此人的财力深不可测——因为他依然谈笑风生。

传言从此甚嚣尘上，有人说他是军火贩子，有人说他与某位国家领袖有特殊关系，有人说他来自某个皇族家庭。但刘特佐心中很清楚，这些钱不是他的。只是在这段期间，他最关心的重点是如何犒赏身边的伙伴——从阿布扎比的高阶主管，到纳吉首相的家族，然后再来想如何找到真正能赚钱的生意。

要继续保持此刻的好光景，他得另外想办法才行。

一二

十亿美元，该怎么花？

洛杉矶，2009 年 12 月

刘特佐出手了。

他的「赢吨公司」出价四千五百万美元现金，试图买下比佛利山庄日落大道边著名的「隐士」（L'Ermitage）豪华饭店。

但他有个强劲对手，就是美国连锁饭店大亨伊安·史瑞哲（Ian Schrager）。为了取得优势，刘特佐向阿布扎比的穆巴达拉基金求助。他写信给穆巴达拉基金房地产部门，希望他的朋友哈尔敦能替他向该饭店的业主、美国地产富豪汤姆·巴拉克（Tom Barrack Jr.）说项。

哈尔敦答应，会请欧泰巴大使帮忙。于是欧泰巴写了封信给巴拉克，特别强调刘特佐背后有阿布扎比当局的资金。「写这封信给你，是要以我阿联大使身分，为这位买家背书。」

早在三十年前，巴拉克仍是位年轻律师时就见过欧泰巴的父亲。于是他非常亲切地回信给欧泰巴：「穆巴达拉基金与哈尔敦都是第一流的投资家，我们非常尊敬。」他承诺，会尽力而为。

最后, 刘特佐顺利得标。

对阿布扎比当局来说, 刘特佐成功得标有非常重大意义。因为穆巴达拉基金当时才刚买下另一家连锁的「总督饭店集团」 (Viceroy Hotel Group) , 刘特佐答应让隐士饭店加入总督饭店集团, 改称为「总督隐士饭店」 (Viceroy L'Ermitage Hotel) 。对欧泰巴个人而言, 他与刘特佐合作在依斯干达经济特区尝到甜头, 很希望能再捞一笔。刘特佐也很清楚, 如果接下来没做出一番成绩, 他从中捞钱的事迟早会被踢爆。

多年前, 穆巴达拉基金与哈尔敦启迪了刘特佐, 促成他今天手上有了自己掌管的主权基金。如今, 手握庞大资金的他也能和穆巴达拉基金平起平坐地携手合作, 哈尔敦似乎完全不在乎刘特佐的钱打哪来。

为了支付购买隐士饭店的钱, 刘特佐以赢吨公司的名义, 在谢尔曼·思特灵事务所开户, 并由该律师事务所代表他处理后续事宜。接着他从 Good Star 名下的账户 (当初一马公司的七亿美元, 就是转入这个户头) 支出这笔钱, 并在相关档案上注明用途是「V. H. 股份」。与 Viceroy Hotel (总督饭店) 沾上边, 让他这段期间来不断搬动资金的行为看起来不再那么可疑。

现在, 他开始了第一笔重大投资, 准备朝正当生意人的方向迈进。

先用空壳公司买豪宅，再转来转去……

享乐与投资之外，刘特佐也要回报他的恩人：纳吉首相家族。

从一开始，刘特佐就告诉自己一定要让这个第一家庭分一杯羹。他从谢尔曼·思特灵的 IOLTA 账户中，汇出三百万美元给香港一家珠宝商 Rose Trading，罗斯玛正是这家珠宝商的常客。接下来，他为罗斯玛付了数以千万美元计的珠宝，并且给纳吉提供大量所谓的政治献金。

从二〇一〇年开始，刘特佐也在伦敦、洛杉矶、纽约买豪宅，供纳吉家人享用。他透过名下一家空壳公司，以三千六百万美元买下纽约中央公园旁「桂冠公园」（Park Laurel）大楼的一户豪华公寓。住在这栋有落地窗美景、面积有七千七百平方尺豪宅里的，正是罗斯玛的儿子里札。

卖这栋房子给刘特佐的房仲，名叫拉斐尔·狄尼洛（Raphael De Niro），也就是大明星劳勃·狄尼洛的儿子。他专营纽约高档对象，和所有仲介一样，他们依法都不必对客户进行什么「尽职查核」，甚至不必知道谁是真正出钱的买主。据说刘特佐看房子的时候，都声称自己是代表首相或其他富豪。

当时，美国每年好几千亿的顶级豪宅市场中，有一半以上的买主都是美国以外不知名的空壳公司。这也让刘特佐有机可乘，以「桂冠公园」这栋豪宅为例，他先用名下一家空壳公司买下，接着转给另一家注册于英属维尔京群岛的空壳公司，后

来这家空壳公司还被他改了名字。

此外，刘特佐另一家注册于塞席尔的空壳公司，也在二〇一〇年五月以一千七百五十万美元，买下比佛利山庄一栋豪宅，里札到美国西部，就是住在这里。如果房子需要整修，他就会住进隐士饭店。在伦敦，刘特佐则透过另一家公司以一千七百万英镑，买下贝格拉维亚区（Belgravia）一栋红砖豪宅。这栋豪宅离罗斯玛最爱逛的哈洛斯百货（Harrods）不远，纳吉一家到伦敦时，就是住在这里。

事实上，刘特佐只是过个手。这三栋他用一马公司偷来的钱所买的豪宅，后来一一转入里札名下。纳吉让刘特佐掌握一马公司，刘特佐也懂得投桃报李。既然房子是刘特佐出面买的，纳吉也不过问资金来源，一旦有人问起，纳吉可撇得一乾二净。换言之，刘特佐成了纳吉的白手套。

干嘛租，直接买台私人飞机吧！

除了购买豪宅，刘特佐也全球走遍。例如，他曾在三个礼拜之内，先在吉隆坡待上几天，与首相纳吉见面，然后回到槟城老家，接着飞往新加坡与香港，再转往上海，然后转往阿布扎比，接着短暂停留伦敦与巴黎（也许还会临时转到苏黎世，向银行说明某笔可疑汇款），再飞往纽约、洛杉矶，并且到拉斯维加斯赌两把。绕完地球一圈之后，他又再度启程，横越太平洋，再度展开新的旅程。

不想再租用飞机的他，后来从谢尔曼·思特灵的户头，砸三千五百万美元买了一架庞巴迪 G5000 型（Bombardier Global 5000）私人飞机。他待在飞机上的时间，远多于在他所买的豪宅。飞机上有床、有办公空间、有传真机、wifi。他不是在飞机上工作，就是在饭店、餐厅里不断讲电话。忙碌的时候，他会为了把生意谈成而彻夜不眠，然后爬不起来赴隔天的约。

为了马不停蹄的行程，他雇用了八名全职机师轮值，外加六位空服员。在这些机师与空服员眼中，刘特佐是他们所见过最有礼貌的亿万富豪。他爱吃的东西也很极端，有一回是伦敦最高档的日本料理 Nobu 的餐点，还有一回则是一大桶肯德基炸鸡。

光凭他那拘谨的外形，一般不熟的人很难想象他竟然过着如此不平凡的生活。「他看起来是个很平凡的人。」卖庞巴迪飞机给刘特佐的美国房地产大亨约瑟夫·凯伊（Joseph Cayre）说。

目前为止，在美国，刘特佐的骗局进展得还算顺利；但是，在马来西亚，一马公司董事会开始觉得事有蹊跷……

说，我们的钱跑哪去了？

吉隆坡，2009 年 10 月

就在刘特佐与他的哥儿们在拉斯维加斯狂欢的当儿，二
〇〇九年十月三日、一个多云的星期六，远在吉隆坡的一马公
司召开临时董事会。

一马公司成立得非常仓卒，当时连专属办公室都没有，因
此这场董事会是在珍珠白沙罗区的四星级「皇家星光饭店」
（Royale Bintang Hotel）举行，出席者非常不高兴。

其中脸色最难看的，是纳吉任命的董事长巴克沙列
（Mohammed Bakke Salleh）。会计师出身的巴克沙列，毕业于
伦敦政经学院，常穿着深色西装、红色领带，戴着金属框眼镜，
脸上留着整齐的灰白胡子。在这贪污横行的国度，巴克沙列算
是坚持照规矩来的清流，那一天，他非常生气。

他想知道，为什么一马公司会把七亿美元汇到另一家公司，
而不是依董事会决议，汇入与 PSI 合作的账户？执行长沙鲁·
哈米解释，这笔钱是要偿还先前向 PSI 的借款。沙鲁·哈米是
个务实的领导者，深受同事肯定，他也不是刘特佐的人马，没

有任何证据显示他有暗中收取不法佣金。然而，原本在顾问公司上班的他，如今跃升为手握数十亿美元资产的经理人，生活型态也随之改变，他爱上了眼前的上流生活，也因此完全听信刘特佐等人的说法。

但巴克沙列不满意这个理由，他进一步追问：为什么董事会从头到尾不知道有这笔借款？没有人回答他。于是，他要求PSI必须把钱归还，才能把钱用在双方谈好的投资专案上。「十亿美元是一笔非常庞大的投资，应审慎而为，且善尽查核责任。」事后，这场董事会的会议纪录明白写道。

与会众人有所不知的是，就在他们开会的当儿，这笔钱已经花在疯狂派对、夜店、赌场、豪宅、私人飞机等奢华活动。也就是说，这笔钱根本不可能说还就还。

数周后，巴克沙列要求重新鉴定PSI的资产价值。为了怕东窗事发，刘特佐说服担任一马公司顾问团主席的纳吉，否决第二次鉴价的行动。几天后，巴克沙列愤而辞职。另一位董事也提出辞呈，但纳吉希望他缓一缓，别让一马公司难堪。没多久，这位董事也离职了。

这段期间，刘特佐忙着安抚董事会。一马公司的管理团队写信给PSI投资长玛浩尼，向他询问更多关于这笔七亿美元汇款的细节。这让玛浩尼非常紧张，因为在这之前，PSI从未有如此大笔资金往来；于是他问刘特佐，是否该提供相关资料给一马公司？「不用提供，免得节外生枝。让首相来处理就好，董事会知道得愈少愈好。」刘特佐答复他。

　　首相自己很清楚，一马公司暗中提供他政治献金，而且这笔钱是见不得光的。他纵容这名二十八岁的年轻人操弄一切，以为刘特佐能替他与中东富豪之间牵线，并引进新的资金。纳吉家族多年来已经习惯了公私不分，如今对刘特佐买珠宝给罗斯玛、送豪宅给里扎，也见怪不怪。因此，他完全放任刘特佐的胡作非为，即便他的挥金如土登上美国媒体，消息传回马来西亚，引起像巴克沙列这样的正派企业家质疑，他仍睁一只眼闭一只眼。

　　为了取得首相的信任，刘特佐计划安排另一趟中东之旅：二〇一〇年一月，参访沙特阿拉伯。出发之前，他写了封信给欧霸，请託他转告沙特皇室尽量让纳吉夫妇感觉宾至如归，例如多用「信任」、「交情」、「结合」等语词。而那趟参访行程中，沙特阿拉伯皇室不仅热诚款待纳吉夫妇，甚至颁给他「阿卜杜勒阿齐兹国王一级荣誉勋章」（King Abdulaziz Order of Merit）。这让纳吉非常满意，更相信刘特佐在中东的人脉实力。

　　这趟成功的沙特阿拉伯参访，让刘特佐顺利摆平几位有异议的一马公司董事会成员。他对一位董事说，如果你继续追问太多关于 PSI 的问题，会坏了马来西亚与沙特阿拉伯的双边关系。「你不可以羞辱沙特阿拉伯，人家才刚刚以二十一响礼炮欢迎你的首相。」他说。最后，这位董事闭嘴了。

　　刘特佐常约董事会成员喝咖啡，让对方相信他是首相纳吉派来处理一马公司相关事宜的代表。虽然他说得含糊，而且在

一马公司没有任何正式职务，但大家都知道他的确与纳吉关系密切。接下来，为了确保不再有董事找他麻烦，他进一步想掌控董事会。于是他说服纳吉提名他父亲的生意伙伴、槟城商人洛丁·沃·贾马鲁丁（Lodin Wok Kamaruddin）成为一马公司新任董事长。从刘特佐看来，现在董事会里已经全都是纳吉的人马，换言之，再也不会有人出面破坏纳吉与他的好事了。

不到一年，常春藤名校的年轻人纷纷离职

随着管理阶层一一就任，一马公司看起来就像一般正常的企业。

公司总部设于双子星大楼附近的 IMC 大厦八楼，执行长沙鲁·哈米开始大举招兵买马。他找来大约十位毕业自美国长春藤名校的马来西亚年轻人，不仅给很高的薪水与奖金，也让他们相信一马公司就像中东的穆巴达拉基金，是一种新型态的主权基金，未来将透过投资新兴产业（特别是绿能）来改造马来西亚。当时最早的计划之一，是与来自中国大陆与中东的投资者，在砂拉越州开发一条「再生能源走廊」。这些年轻人开始制作简报，拟定投资计划。

「我们当时真的相信，从一开始就加入这个主权基金，是帮助国家转型的大好机会。」一位早期加入一马公司的职员说。

照理说，能在国家主权基金上班，是令人羡慕的事。但许多新进人员很快就发现，事实并非如此。所谓的绿能投资计划，

根本八字没一撇，而且很明显的是公司所有高层全都没有管理大型基金的经验。他们觉得公司高层根本不在乎长期计划，平常只在顶楼的豪华办公室里开会，很少跟底下的员工互动。大家都知道刘特佐才是真正的掌权者，可是他很少在公司出现，而且不知道为什么主管要求大家称呼他「UC」。后来大家开玩笑说，UC 是「unsavory character」（没品的傢伙）的缩写。

刘特佐的如意算盘，是用他偷走的资金来赚钱——例如投资隐士饭店等。这与抢银行不一样，他真心希望自己的投资能开花结果，好让他回填在一马公司挖走的资金大洞。一马公司最具野心的发展计划，叫做「华尔街计划」（Project Wall Street），目标是将吉隆坡打造成一个能与新加坡、香港匹敌的金融中心。为了吸引穆巴达拉基金来投资，二〇一〇年左右一马公司花两百万美元办了一场盛大的酒会，并计划邀请阿布扎比皇太子莫哈默亲王（Sheikh Mohammed）前来参加，但莫哈默亲王临时取消行程，从此之后这个计划不再有什么进展，吉隆坡股市与银行产业仍然在亚洲无足轻重。

看着主管们像无头苍蝇似地乱花钱，多位来自常春藤名校的年轻员工不到一年就纷纷离职。他们愈来愈觉得，这家公司存在的最大目的，是作为纳吉的政治金库。例如，明明投资没赚半毛钱，却仍然大方以「企业社会责任」之名，在许多选区砸钱，变相为执政的巫统买票。

「我们还会开玩笑说，要我们评估投资案，根本只是他们的障眼法。」一位一马公司员工说。

二〇一〇年三月一日，这群新组成、效忠纳吉的董事会，在一马公司的崭新办公室里开会，讨论如何以公司的资金，助首相纳吉一臂之力。沙鲁·哈米向董事会报告，一马公司刚成立的慈善基金会将配合纳吉造访砂拉越州时，拨款补助砂拉越州。该州虽然位于加里曼丹岛，距离西马非常远，却是影响巫统能否继续执政的重要一州。最后董事会同意，拨款五十万美元为砂拉越提供奖学金、兴建穷人也买得起的房子。

纳吉从政以来，就非常重视自己的人气。就像所有老一辈的政治人物，他认为钱——而不是理念——能决定一个政治人物受欢迎的程度，因此他不断从一马公司搬钱。几个月之后，纳吉在当地大选之前告诉选民，如果巫统的候选人当选，他将会引进联邦政府的资金，协助当地的发展计划。

「你帮我，我帮你。」他在一场造势大会上说。

一四

敏锐的新闻鼻，闻到异味

吉隆坡，2009 年 12 月

巴克沙列辞职的消息传出之后，马来西亚精英圈隐约觉得一马公司应该内情不单纯，只是当时外界完全不知道这家公司的真正问题。之所以如此，原因之一是纳吉掌控了该国主流媒体。

不过，有一位媒体大亨始终不受纳吉掌握，这个人就是英文财经媒体《The Edge》的老闆童贵旺。与那些挺执政党的大众主流媒体不同，《The Edge》是一份专业财经媒体，主要读者是企业精英。

长期以来，童贵旺一直是马来西亚企业界的异数。五十岁的他微秃，平常喜欢穿简单的衬衫，不爱穿西装打领带。他曾跟太太说，有预感自己活不过五十岁，所以要趁早做自己想做的事。虽然他有时候看起来脾气不太好，但其实他人缘不错，常展露顽皮的笑容。当听说了各种与一马公司有关的传言之后，他觉得《The Edge》应该展开调查报导。

马来西亚几乎所有主流报纸都与政府关系密切，执政的巫

统直接或间接持有几份主要大报的股权，媒体必须每年更新发行执照。正因为政府管得严，就算是非政府掌控的媒体，编辑往往也会自我审查。

但是童贵旺认为，贪污行为严重伤害马来西亚经济前景，因此《*The Edge*》向来对贪污新闻的揭发不遗余力。他白手起家，不必看任何人脸色，因此谁也不怕。

父亲是修车技师，童贵旺在家中九个小孩中排行老六，成长于六〇至七〇年代的巴生港。父母省吃俭用，送他去加拿大念书，他拿了一个财务硕士学位，外加自修学会电脑。一九八〇年代返马之后，童贵旺先在一家本地券商当股票分析师，接着跳槽到一家叫摩根·格林菲尔（Morgan Grenfell）的英国银行，负责替企业鉴价。满怀雄心壮志的他，后来在一九九〇年代买下一家券商，接着又争取到一张银行执照。

身为马来西亚企业界的异数，他很快就招来敌人。例如，他推出线上股票交易平台的服务，就挡了传统股票经纪人的财路；外资基金经理人原本很看好他，没想到他却反过来抢走外资基金的生意。他骄傲、聪明与不拖泥带水的处事风格，也惹恼了当地作风较保守的金融同业。

他热中政治，但押错宝。他与前副首相、反对党领袖安华交好，没想到一九九〇年代，安华与当时的首相马哈迪交恶而垮台，被控「鸡奸」锒铛入狱。童贵旺也跟着受牵连，他一度听说马哈迪要扣押他的财产，于是逃到加拿大。在加拿大期间，他转而投入房地产开发，在温哥华打下一片天。二〇〇三年马

哈迪下台后，他又回到马来西亚。

他旗下的银行已经在马哈迪的施压下卖掉，但他仍然掌控《*The Edge*》，有一群死忠读者。《*The Edge*》的编辑群持续揭发贪污弊案，不断挑战政府对言论自由的容忍底线。所幸马来西亚也不是一个绝对专制极权的国家，才让《*The Edge*》能年年顺利更新发行执照。

巴克沙列为什么突然辞职？为什么贱价卖出债券？

二〇〇九年底，童贵旺开始听到关于一马公司弊端的传闻。刚开始，只是精英圈子私底下质疑纳吉政府的操守。例如，有外交官抱怨，得替罗斯玛安排逛街购物行程。但这回童贵旺听到的情况严重多了，因为有银行业者告诉他，登嘉楼州先前出售的债券价格太便宜了，也就是说，无论是谁买到那批债券，一转手就能大捞一笔。接着他听说捞到这笔钱的，是好几家与刘特佐有关的公司。在亚洲资本市场，这是很常见的手法。如今，吉隆坡金融圈茶余饭后的话题，是巴克沙列突然拂袖而去。

童贵旺不是那种注重生活细节的人，办公室总是一团乱，放着一台跑步机，却几乎没有使用。但他有预感这些传言背后另有内幕，于是他找来当时《*The Edge*》的发行人何启达。一头白发、戴着眼镜的何启达才五十几岁，但温文儒雅的他很像位慈祥的爷爷。不过，慈祥的外表下，他对挖掘真相有着一颗坚毅的心。

何启达在一九九○年代加入《The Edge》，后来一度跳槽到另一份亲政府、总部设于槟城的英文媒体《The Star》担任执行长。但是，他受不了老是得面对来自上层的压力，要他撤掉关于巫统相关企业的负面新闻，于是他在二○一三年辞职，重回《The Edge》担任发行人。

在童贵旺的支持下，何启达成立一个小组专门追踪一马公司的内幕。二○○九年十二月，《The Edge》刊登了一篇质疑一马公司的报导，提出一连串疑问：为什么这家主权基金才刚成立没多久，巴克沙列就突然辞职？明明继续持有伊斯兰债券几乎没有风险，为什么登嘉楼投资机构要贱价出售？成立一马公司，真正的动机是什么？这么大笔钱，它打算如何利用？

虽然刘特佐的名字从头到尾没有出现在这篇文章里，但他觉得不妙，于是找了《The Edge》记者，试图说服对方：一马公司是正派的投资机构。

当时，距离整起事件被揭发还有三年时间，刘特佐的秘密仍然隐藏得很好。不，应该说，他才正要起飞。

一五

欢迎光临纽约！

纽约，2010 年 4 月

穿着燕尾服与晚礼服的宾客们，陆续来到曼哈顿第五大道上的瑞吉饭店（St. Regis Hotel）宴会厅。

那是二〇一〇年四月十六日晚间，尽管外面风雨交加，这家豪华饭店宴会厅里众人都兴致高昂。纳吉与妻子罗斯玛心情特别好，数天前，纳吉才和美国总统奥巴马举行双边会谈，这位美国史上第一位黑人总统是全球偶像，纳吉觉得两国之间的关系会愈来愈好。

与奥巴马会谈结束后，刘特佐动用所有人脉关系，要让纳吉夫妇这趟美国之旅尽兴而归。那一晚在瑞吉饭店，是一连串行程中的高潮。负责主办那场晚宴的单位，是「国际相互理解商会」（Business Council for International Understanding），这个知名度不高的单位，是当年美国艾森豪威尔总统（Dwight Eisenhower）为了拉拢政商两界而成立的。晚宴主要目的——根据主办单位的说法——是要颁发「国际和平与和谐奖」给罗斯玛，表扬她在改善儿童福利上的贡献。

罗斯玛确实成立了一个儿童教育组织，但这个组织的经费基本上都是政府出的，因此有人批评教育部多此一举。显然主办单位没弄清楚状况，但纳吉与罗斯玛一点都不在意。对有些人而言，这种奖可有可无，但对罗斯玛来说非常重要，因为可以用来堵住批评者的嘴。政府甚至花大笔公帑在《纽约时报》刊登两大版的广告，广告上有满满一页罗斯玛的照片，恭贺这位第一夫人获奖，外加「欢迎光临纽约」（Welcome to New York）字样。

为了确保这场晚宴不出错，刘特佐找来当初安排纳吉夫妇上豪华游艇与图尔基王子会面的贺布瑞休斯（Sahle Ghebreyesus，详见第七章）帮忙。傍晚六点半，晚宴开始，除了享用鸡尾酒之外，宾客们还观赏了伊斯兰服装秀。贺布瑞休斯也邀来许多好莱坞巨星（一般来说，很少好莱坞明星会出席这种颁奖给某个亚洲国家领袖夫人的晚宴），包括杰米·福克斯、劳勃·狄尼洛、莎莉·赛隆（Charlize Theron）等，让晚宴增光不少。当然，穿着马来传统服饰、佩戴钻石手饰与闪亮耳环的罗斯玛才是全场焦点。

晚宴约于十点结束，但热闹好戏紧接着登场。摇滚巨星里欧娜·刘易斯（Leona Lewis）在台上唱歌，福克斯邀请纳吉与罗斯玛上台，罗斯玛跟着唱〈你有位朋友〉（You've Got a Friend），杰米·福克斯则与纳吉共舞。稍后，劳勃·狄尼洛、莎莉·赛隆与杰米·福克斯等巨星一起合唱〈We Are the World〉（这是刘特佐最爱的歌之一）。「好像是在办一场盛

大的典礼，」出席那场晚宴的珠宝设计师温迪·布兰蒂丝（Wendy Brandes）说：「我简直惊呆了！」

几个月后，劳勃·狄尼洛受罗斯玛之邀，到马来西亚度假。罗斯玛告诉当地媒体，她希望劳勃·狄尼洛自己认识与观察马来西亚，而不是盲目相信各种负面消息。

在刘特佐大方撒钱，以及对电影新金主的期待下，好莱坞终于开始关注马来西亚。再一次，刘特佐让自己看起来不可取代。过去，纳吉夫妇仰赖刘特佐替他们打开通往中东之路；如今，他们需要刘特佐协助他们进军好莱坞演艺圈。

马哈迪抨击美国，纳吉与奥巴马博感情

但刘特佐其实有更大的野心。他告诉欧泰巴，他希望促成纳吉与奥巴马之间更紧密的关系。

多年来，两国关系一直不怎么热络。一方面，前首相马哈迪公开与美国作对，称美国为「西方帝国主义者」，抨击美国的「犹太人」金融家是造成一九九七年亚洲金融风暴的元凶；另一方面，西方国家则认为安华被捕入狱，根本是马哈迪的政治迫害。美国前副总统高尔在一次官方访问马来西亚时，公开呼吁「勇敢的马来西亚人民」应该站出来推动民主，也激怒了马哈迪。美国自从前总统林登·约翰逊（Lyndon Johnson）在一九六〇年代越战期间曾经造访马来西亚之外，一直到纳吉上任，再也没有现任美国总统到过马来西亚。

二〇一〇年四月那次会面，纳吉试图让奥巴马知道他与过去的马来西亚首相不一样。他自认亲西方，重视深化民主改革，让自己看起来是美国可信赖的东南亚盟友。他看来温文有礼，一口流利英语，对于伊斯兰有适度批评。不久前，他发起「全球温和运动」，呼吁世界上所有回教国家一起唾弃暴力行为。

至于奥巴马，当时亟欲从伊拉克与阿富汗战争中抽身，把外交重点移转到东亚。东亚各国经济正在快速成长，中国大陆对这个区域的影响力与日俱增，美国必须设法与中国大陆抗衡。来年，一场在澳洲的演说中，奥巴马特别强调这一点，而纳吉——以及印度尼西亚、日本、韩国与澳洲领袖——被视为美国关键伙伴。

这趟美国之行有了很好的开始，刘特佐会倾全力加强纳吉与美国总统的关系。

一六

垃圾金融商品

华盛顿，2010 年 4 月

　　纳吉造访纽约期间，美国正陷入政治纷乱之中。金融风暴从美国蔓延到欧洲，数以百万计的家庭失去房子与工作，造成严重经济衰退，激发了「占领华尔街」抗议行动，人民对华尔街银行的愤怒正在延烧。

　　四月底，面对美国参议员们的质询，高盛执行长贝兰克梵回答得小心翼翼。密西根州民主党参议员卡尔·李文（Carl Levin）所带领的委员会花了十八个月调查高盛，发现在金融风暴发生之前，高盛一手将次贷商品推销给客户，另一手却在市场上放空，李文还举了很多例子揭发高盛员工之间，私底下称这些次贷商品是「垃圾」。

　　「这么做太没道德了。」坐在贝兰克梵正对面的李文说。在街头，抗议者穿着仿囚犯制服，手上牌子上写着大大的「丢脸」字样，旁边还有一张贝兰克梵的大头照。金融危机爆发之前，拜美国房市疯狂飙涨所赐，华尔街银行业者获利屡创新高。很多人只要准备很少的头期款（甚至不必付头期款），就能轻

易申请贷款买房子。银行借钱给这些高风险的房贷户之后，再把这些信用等级较差的「次级房贷」包装成金融商品，卖给大型投资基金。

贝兰克梵与当时担任高盛总裁的盖瑞・康恩（Gary Cohn，后来担任特朗普首席经济顾问）一方面大力推销这些金融商品，另一方面也认为万一房市反转，很多家庭会付不出房贷，于是以高盛自有资金在市场上放空这些「次级房贷」金融商品，这种手法，也就是所谓的「大卖空」（Big Short）。

当美国房市泡沫在二〇〇七年爆破，这些「次级房贷」金融商品随之崩盘。短短一年之内，造成贝尔斯登、雷曼兄弟双双倒闭，并演变为金融危机。为了挽救银行，美国政府动用了高达七千亿美元。

穿着灰色西装、系上深红色领带的贝兰克梵，试图闪躲李文的质疑。他表示，有些客户（例如大型银行与大型基金）在当时仍然看好美国房市，是客户自己想要投资次级房贷商品，不能怪到高盛头上。

虽然高盛的主要客户都是大企业、退休基金、超级大富豪，一般人也不太清楚「投资银行」是什么，但高盛与贝兰克梵仍成为华尔街贪婪的象征。房市泡沫破灭后，很多美国家庭苦不堪言，高盛的获利却在二〇〇九年创下惊人的一百三十四亿美元纪录。亚利桑那州共和党参议员约翰・麦凯恩（John McCain，已于二〇一八年去世）要求贝兰克梵告诉现场所有人，他那一年领了多少奖金。贝兰克梵支支吾吾了一会儿，最后承

认他赚了九百万美元。

美国国会在二○一○年通过「託德・法兰克法案」（Dodd-Frank Act），其中有一条「沃尔克法则」（Volcker rule，由前联准会主席保罗・沃尔克提出），明文禁止银行从事不符合客户利益的投机交易，因为这种交易会造成金融市场的不稳定，伤害广大存款族与房贷族。总之，依照新法，投资银行必须为客户的利益负责，不可以像避险基金那样用客户的钱从事高风险投机。

这项新规定，加上疲弱的美国经济、低利率环境与冷清的股市，使得贝兰克梵决定倾全力加码投入新兴市场。相较于美国，中国大陆经济持续以两位数字成长，巴西、俄罗斯、马来西亚也表现可圈可点。贝兰克梵在稍后的一场演讲中提到，高盛未来最大的机会，就是要「在更多地方立足」。

「蠢客户」惨赔，高盛海捞两亿

二○一○年，正当高盛愈来愈重视新兴市场，一位三十七岁的意大利人安卓亚・维拉（Andrea Vella）来到香港。

一头灰白头发的维拉，充满自信、说话很有说服力。他是在二○○七年加入高盛的伦敦分部，负责的客户之一是格达费政府所成立的新主权基金「利比亚投资机构」（Libya Investment Authority，简称 LIA）。工程师出身的他，目前是「金融商品结构专家」，专门负责设计各种复杂的衍生性金融

商品。

所谓衍生性金融商品，简言之，就是一种连结多种不同资产的金融工具，最大的好处之一是降低单一资产价格激烈波动的风险。举例来说，如果一家企业希望避免大宗物资价格突然大幅下跌所带来的威胁，他可以买一种叫做「期货」的金融商品，将来他就可以用原先设定好的价格卖出。

但正如我们在次贷风暴中看到的，实际上衍生性金融商品往往沦为投机者炒作的工具。维拉的利比亚客户 LIA，希望能增加在美国银行业的持股比重，于是高盛特别为 LIA 设计一套复杂的衍生性金融商品，其中包含花旗银行等公司的股票——如果花旗的股价上涨，LIA 会大赚，不过万一花旗股价下跌，也会大赔。

结果，金融风暴来袭，股市重挫，LIA 因此惨赔十亿美元。不甘亏损的 LIA 一状告上法院，指高盛在销售这项商品时未清楚说明投资风险。高盛并未透露自己从销售这项商品赚了多少钱，但根据 LIA 所提供的数字，高盛赚走了两亿美元。高盛一位专责销售金融商品给 LIA 的员工乔治·嘉博（George Jabbour），在金融风暴后被高盛裁员，他（以及其他多位高盛同事）说，当面临蠢客户时，维拉往往会狠狠海削对方一笔。

利比亚事件后，维拉在二〇一〇年被派到香港，负责高盛在亚洲的结构型商品业务。没多久，他认识了另一位高盛派在亚洲、野心勃勃的银行家提姆·莱斯纳。

▌低价取得债券再转手卖出，海削五千万美元

对莱斯纳而言，高盛决定大举投入新兴市场，简直是天上掉下来的礼物。顿时间，马来西亚不再是西方银行家眼中的陌生小国。二○一○年夏天，他安排马来西亚驻美国大使（纳吉亲信之一）的二十五岁女儿，到高盛新加坡分行实习，他还一度短暂与这位年轻女孩交往，引来同事之间议论纷纷。其实，安排这位大使女儿实习是非常冒险的举动。因为根据美国的「外国贪污法案」，任何买通外国政府高官的做法都是被禁止的。

不过，这位年轻女孩最后顺利实习结束，外界也完全不知道有这回事。数周后，一马公司同意付给高盛一百万美元，作为併购砂拉越州一个水力发电站的「顾问费」。莱斯纳根本没把这笔小钱放在眼里，何况后来併购案没成，高盛也没赚到一毛钱，但莱斯纳知道还有大鱼在后头。

藉由这个机会，莱斯纳开始布局他在砂拉越的人脉。先前，他曾与泰益·玛末的外甥女交往，还跟同事说他打算与这个回教女孩结婚，婚后得改信回教，所以取了一个回教名字叫Salahuddin。虽然最后两人分手，这门婚事没成功，但高盛在马来西亚的业绩却扶摇直上。

高盛在水力发电站併购计划失败后，看到了新的机会。砂拉越州政府当时正计划以「打造再生能源与棕油出口中心」为名，发行债券筹募资金。莱斯纳把这个讯息回报给香港总部，

由维拉负责替砂拉越设计募资计划。根据规画，砂拉越政府将发行八亿美元债券，不过和一般债券发行会找外部买家（例如共同基金、退休基金等）不同，这次的八亿美元债券，高盛自己全吃下，日后再另寻买主。

负责吃下这批债券的，是高盛底下的 PFI（全名为 Principal Finding and Investing Group）部门。这个部门负责替客户设计复杂的募资计划，高盛许多赚钱的大生意都与这个部门有关，例如次贷风暴期间替美国 AIG 集团发行衍生性金融商品，让 PFI 赚进了高达二十亿美元。次贷风暴之后，高盛派出一位衍生性商品专家託比·华生（Toby Watson），到香港设立一个 PFI 分支机构。PFI 以很低的利率借了两百亿美元，打算在亚洲物色值得投资的机会。

这次砂拉越债券发行计划，高盛与砂拉越之间的协议是这样的：高盛直接把八亿美元付给砂拉越，省下砂拉越得四处办说明会、兜售债券的麻烦；相对的，高盛能以较低价格取得这批债券，再转手卖出。一般来说，银行承销这种债券的收费约一百万美元左右，但高盛这项安排，最后获利高达五千万美元。

不过，这笔交易引起「全球目击者」组织（Global Witness）侧目：为什么华尔街上的大银行，会和一个与贪污、破坏环境闻名的政府扯上瓜葛？根据一份报告，这批债券所募来的资金中，有一部分流入泰益亲属的账户中。这也许能解释为什么砂拉越政府宁可被高盛海削，也要资金尽快入袋。

这次砂拉越债券发行案，是莱斯纳与维拉首度合作。维拉

设计出来的商品，不仅能让客户拿到一大笔钱，也能让高盛赚取惊人报酬。后来高盛与一马公司之间的密切往来，正与这种手法有着密切关系。

与此同时，莱斯纳也不断设法巴结刘特佐，希望能争取到一马公司的生意。但刘特佐当时志不在此，纳吉与罗斯玛已经见识到他在好莱坞的人脉，接下来刘特佐要想的是：如何把好莱坞人脉，变成赚钱的机会。

一七

这位是 Leo，我的好朋友

约翰内斯堡，2010 年 7 月

约翰内斯堡高级夜店 Taboo 的 VIP 包厢里，隆隆音乐声此起彼落。这个城市是南非的金融中心，正沉醉在主办世界杯足球赛的热闹气氛中。

夜店另一端金碧辉煌的主吧台边、设计精美的高脚椅上，坐着艾美·莎蒂（Aimee Sadie）。数杯饮料之后，这位黑发女创业家兼电视圈名人，很惊讶地看见一位美国朋友——芭莉丝·希尔顿的好友左伊·麦克法兰（Joey McFarland）向她走来。

「可以邀请妳来 VIP 包厢坐坐吗？里奥纳度也在，他已经注意妳很久了。」麦克法兰对莎蒂说。

这间 VIP 包厢，其实是刘特佐几天前预订好的。受宠若惊的莎蒂，跟着麦克法兰走进 VIP 包厢。里奥纳度穿着运动长裤、鸭舌帽，斜躺在沙发上抽着大雪茄。在麦克法兰引介下，两人握了握手，不过里奥纳度看起来似乎不太清醒，继续窝在沙发上，不太说话。其他人喝酒的喝酒，跳舞的跳舞。麦克法兰邀请莎蒂一起参加为期三天的克鲁格国家公园（Kruger

National Park）旅行，然后一起回到约翰内斯堡看足球赛。午夜过后，众人回到自己住宿的饭店。麦克法兰从饭店打电话给莎蒂，问她要不要续摊，但她婉拒了。

搭上里奥纳度，买下《华尔街之狼》

自从在加拿大威斯特勒认识之后（详见第十一章），麦克法兰与刘特佐两人一拍即合。刘特佐像是大哥，麦克法兰像个小弟（其实麦克法兰比刘特佐大了十岁）。麦克法兰爱吃甜食，所以刘特佐给他取了个绰号叫「麦克饼干」（McCookie）。经营人脉多年的麦克法兰，手上掌握了各界名人的名单，为刘特佐安排了一场又一场的派对，例如替刘特佐的哥儿们之一——胖子 Eric，办了一场「花花公子女郎派对」。

与此同时，刘特佐与麦克法兰也和纳吉的继子里札，认真商讨在好莱坞拍电影的计划。不过，完全没经验的他们，需要有大牌导演与明星的加持才行。二〇一〇年初，里札透过刘特佐认识了杰米·福克斯，接着杰米·福克斯的经纪人带着里札去认识更多好莱坞的人，并且让大伙儿都知道这位亚洲来的富豪打算投资四亿美元拍电影。

当你手上有那么一大笔钱，而且又是杰米·福克斯的朋友，通常不难见到你想见的人。于是里札顺利见到知名独立制片公司千禧电影公司（Millennium Films，不久前才推出艾尔·帕西诺与劳勃·狄尼洛主演的《世纪交锋》）老闆艾威·勒纳

（Avi Lerner），商讨合作出资拍电影的计划，主角可能是布鲁斯·威利，或是福克斯。不过，那天讨论的计划不了了之，倒是几个月后千禧电影公司的一位主管乔·盖塔（Joe Gatta）跑来建议里札与麦克法兰，应该自己成立一家新的制片公司。于是这个三人小组——里札、麦克法兰与刘特佐——决定另起炉灶，他们知道自己手上握有一张票房保证的王牌，就是里奥纳度。

其实，里奥纳度从一九九〇年代以来就是全球知名的大明星，无论他想要搭专机前往南非，或是在贵宾区观赏世界杯足球赛，根本不需要刘特佐的招待。但就像很多名人，他早就对于别人的邀约、招待视为理所当然。何况刘特佐与其他人不同，他的财力似乎大得惊人，而且花起钱来完全面不改色。很多有钱人都想出资拍电影，但从没有人像他如此大方撒钱。虽然里奥纳度在好莱坞已经是举足轻重的人物，也拥有自己的制作公司——亚壁古道（Appian Way），但仍然得看大牌制片公司主管的脸色，例如在筹拍《华尔街之狼》的过程中，这些人就让里奥纳度吃足苦头。

二〇〇七年，里奥纳度与布莱德·比特（Brad Pitt）抢标乔登·贝尔福（Jordan Belfort）回忆录的电影版权。贝尔福位于纽约长岛的证券公司史翠顿·奥克蒙（Stratton Oakmont）在一九八〇年代崛起，一度非常成功，常在办公室举办（有妓女与毒品）疯狂派对。有一次在派对上，他们让侏儒穿上魔鬼毡，然后把侏儒当炮弹，轮流抛到墙上的巨大靶子上，看谁抛

得最準（刘特佐在二〇一二年的那场生日派对找来二十位侏儒打扮成《巧克力冒险工厂》中的奥柏伦柏人，灵感就是来自这段故事）。贝尔福在二〇〇四年因诈欺被判刑四年，而且必须把钱吐出来偿还被害人。不过，他后来只坐了二十二个月的牢，出狱后开始写回忆录。

　　这本回忆录，就是电影《华尔街之狼》的原著。不过，电影剧本经过改编，并非完全写实。例如，检察官就认为电影夸大了贝尔福的能耐，对他所造成的危害却过于轻描淡写。包括片名，其实也与事实不符：贝尔福的公司根本不在华尔街，这圈子里也没几个人真的称他「华尔街之狼」。尽管如此，演过《神鬼交锋》（*Catch Me If You Can*）、当时正打算签约主演《大亨小传》（*The Great Gatsby*）的里奥纳度，还是对贝尔福的故事非常感兴趣。

钱给你，而且完全不干涉你……

　　通常好莱坞特别喜欢贪婪金融家的故事，从一九八〇年代的《华尔街》（*Wall Street*），到《美国杀人魔》（*American Psycho*）、《抢钱大作战》（*Boiler Room*），都大受观众欢迎。然而，泰伦斯·温特（Terence Winter）改编下的这位金融家，行径太过荒淫且嚣张，使得原本看好这部片子的华纳电影公司主管纷纷摇头，最后在二〇〇八年决定停拍这部片，因为他们认为万一这部片被列为「限制级」，将无法吸引到足够观众，

花一亿美元拍摄这部片铁定会赔本。

这让曾经和里奥纳度合作过多部电影的马丁·史柯西斯导演非常不爽，虽然他正值事业巅峰（不久前才以《神鬼无间》（*The Departed*）赢得人生第一座奥斯卡最佳导演奖），但对于电影公司做的决定，他一点办法也没有。他花了五个月时间修改温特的剧本，但仍然无法顺利开拍。就在这时候，刘特佐出现了，他为里奥纳度与马丁·史柯西斯带来好莱坞梦寐以求的一切：无上限的资金预算、完全不插手拍摄内容。

二〇一〇年九月，里札与麦克法兰正式成立「红岩制作公司」（Red Granite Productions，后来改名为红岩电影公司），刚开始的办公地点，就在比佛利山庄隐士饭店的套房里。里札担任董事长，麦克法兰是副董事长，而刘特佐一如以往，没挂任何正式头衔。没多久，红岩电影公司宣布挖角多位千禧电影公司的主管，例如乔·盖塔，将担任新公司的制作部门主管。

从第一天开始，这家公司对于钱的来源就神神秘秘的。麦克法兰告诉公司同事，刘特佐是投资者，只是这位马来西亚人，以及里札、麦克法兰本人，都会隐身幕后。「这正是为什么公司需要像你们这样的人。」麦克法兰这样告诉红岩电影公司的主管。

几个月后，红岩电影公司新办公室完工，地点就在日落大道上，与里奥纳度的亚壁古道制作公司相邻。这才不是什么巧合，「他们刻意选这里，是因为他们想接近里奥纳度，想与里奥纳度合作。」一位红岩电影公司主管说。

　　他们要合作的计划，就是《华尔街之狼》，红岩电影公司已经以一百万美元买下贝尔福回忆录的版权。这一来，刘特佐不再只是个喜欢混夜店、搞派对的傢伙，透过麦克法兰与里札，他是好莱坞的一号人物了。

一八

两百万欧元，尽情喝吧！

圣托佩，2010 年 7 月

　　一年一度的游艇周，正在法国圣托佩（Saint-Tropez）举行。每年七月至八月间，全世界最令人惊艳的豪华游艇聚集在此，蔚蓝海岸边的顶级饭店住满了来自全球各地的富豪。

　　这是一个财富展示场，游艇上的船员忙进忙出，把船身擦拭得明亮炫丽，路过的游客张望着船上有哪些名人与富豪。对很多人来说，这些船只是成功的象征，富豪们应该都在船上狂欢，但实际上，富豪们真正狂欢的地点并不在这里。当一般游客塞在拥挤的车阵中，这些富豪早就搭乘小艇四处飞驰。富豪与名人聚集的最顶级派对，不是在海上的豪华游艇上，就是在镇上最私密的俱乐部里举行。

　　最有代表性的一家俱乐部，要属 Les Caves du Roy 了。打从一九六〇年代以来，这家位于贝布鲁斯饭店（Hotel Byblos，距离海港只有数百公尺）地下室的俱乐部，一直是政商名流汇集的据点。俱乐部里金碧辉煌，柱子是黄金打造的，舞池是黄金打造的，摆放着鸡尾酒的桌子也是黄金打造的。就在这里，

刘特佐展开一场投标大战。

满脸通红的刘特佐，把头靠在希尔顿的肩膀上

当天是七月二十二日，南非世界杯足球决赛结束后不到两个星期。

刘特佐是在几天前，与芭莉丝・希尔顿一起搭乘「Tatoosh号」游艇来到圣托佩的。「Tatoosh 号」是一艘三〇三尺长、有十个包厢的豪华游艇，艇上有游泳池，还有直升机停机坪，游艇的主人正是微软公司共同创办人之一保罗・艾伦（Paul Allen）。这天，俱乐部举行一场「香槟竞标活动」（Bottle parade），这项活动是 Les Caves du Roy 多年前推出的，目的是要让「巨鲸」们花更多钱、买成箱成打的香槟。最后当「买最多香槟」的客人出炉时，就会有年轻貌美、身材姣好的「香槟女郎」（bottle girls，通常是由想赚外快的模特儿兼职）高举点燃着火焰的酒瓶鱼贯入场，同时俱乐部的扩音器会大声念出这位慷慨客人的名字。刘特佐在纽约的惊人大手笔，让这项「香槟游行活动」在全美各地夜店更普遍流行起来。

今晚这场「香槟竞标活动」格外激烈。穿着黑色 polo 衫、灰色休闲裤的刘特佐，手上戴着劳力士表，正在与纽约房地产大亨温士顿・费雪（Winston Fisher）战得不可开交，谁也不让谁。其实就在前一年，手上还没有这么大笔钱的刘特佐，同样在这家俱乐部竞标香槟时，败给了另一位来自比利时的富豪。

今年，他绝不认输。

两人竞相喊价，最后费雪败下阵来。当俱乐部扩音器宣布当晚的赢家以及购买香槟数量时，所有客人简直不相信自己的耳朵：刘特佐所买的香槟，竟然高达两百万欧元——就算俱乐部里所有宾客连续喝一个礼拜也喝不完。

服务生一一为宾客们斟酒，刘特佐与他来自俄罗斯、阿拉伯、哈萨克斯坦好友们开心地举杯。穿着蓝色短裙、戴着蓝色耳环、涂着紫色指甲油的希尔顿，这时站起来走到吧台边，拿起一瓶香槟，开瓶后朝着刘特佐与众人喷洒过去。后来大家看到一张照片是满脸通红的刘特佐，把头靠在希尔顿的肩膀上。

几天后，刘特佐与希尔顿出现在另一家夜店，赢得另一场「香槟竞标活动」。当辣模们手拿点着火焰的香槟绕场时，夜店里响起电影《洛基》、《星际大战》的主题曲。只见刘特佐拿起麦克风，大声要服务生为现场每一位客人送上一瓶香槟。「欢迎来自沙特阿拉伯的朋友！」他大叫。至于希尔顿则边摇晃着身躯，边抱着刘特佐的背。她喝醉了，需要朋友搀扶才行，身边保镳们设法不让其他人接近刘特佐与希尔顿二人。

一位科威特友人说，刘特佐很擅长让人觉得自己属于一个非常特别的小圈子。但就算你曾经和刘特佐一起狂欢，也还是不了解他。这位友人觉得，参加刘特佐的派对，你不会真心觉得好玩，而是会觉得像在演一场戏。「感觉假假的。」他说。

圣托佩那几天的活动，引来许多媒体跟拍，八卦记者们猜测刘特佐可能是希尔顿新交的男友。虽然两人在派对上亲密互

动，但刘特佐告诉朋友，两人并没有交往，因为他的心早有所属。

向萧亚轩示爱，一场华丽浮夸的大戏

一辆劳斯莱斯，缓缓开进杜拜棕榈岛的亚特兰蒂斯度假饭店。饭店的主建筑中央，有一个巨大的阿拉伯式拱门，饭店里有好几个游泳池，可以三百六十度环视波斯湾。圣托佩之旅的几个月后，刘特佐包下这家饭店的私人沙滩，举办一场私人活动。

劳斯莱斯抵达后，率先下车的，是台湾知名歌手、三十一岁的萧亚轩。萧亚轩穿着浅蓝色上衣、白色短裤，没穿袜子搭配一双休闲鞋。紧接着下车的是同样穿着轻便（条纹衬衫与拖鞋）的刘特佐。刘特佐搭着萧亚轩的肩、萧亚轩搂着刘特佐的腰，刘特佐指着沙滩上预先安排好的蜡烛——排列出一个巨大心型，以及「Jho（心型）Elva」的灯饰。

接着刘特佐带着萧亚轩走上一座平台，平台边有一面大银幕，银幕前方是一张长型餐桌，桌上摆满了蜡烛与鲜花。两人一边用餐，一边欣赏身旁穿着蓝色晚礼服的演奏者表演竖琴（后来她改为演奏一把镶着珠宝的小提琴）。萧亚轩刚开始显得有些紧张，后来只见她格格笑了起来。刘特佐伸出手揽着她，但两人没什么交谈。

接着，重头戏登场了。一台直升机从远处飞来，就在快接

近沙滩时，有两个穿着燕尾服、打着领结的男人从机上跳下，并打开降落伞。两人降落的位置，正好就在由蜡烛排列成的巨大心型中央，他们解开降落伞，走向餐桌，为萧亚轩献上一个礼盒。萧亚轩打开礼盒，发现是一条钻石与黄金做成的「萧邦」（Chopard）坠子项链。

晚餐后，两人一起欣赏了从海上一艘船施放的烟火秀。

这是一场华丽浮夸的示爱大戏，身处其中的萧亚轩后来拭了拭眼泪。据说整场活动花了超过一百万美元。而这一切，只是为了一场约会——不是为了求婚。

后来大家才知道，原来刘特佐已经有个交往中的女友，名叫 Jesselynn（全名为 Jesselynn Chuan Teik Ying）。Jesselynn 的父亲在槟城开餐馆，刘特佐常会带着她去美国，不过刘特佐要麦克法兰尽量别让她出席那些奢华派对。Jesselynn 会被安排住在旅馆或刘特佐的房子，由几位女性友人陪伴，例如 Catherine Tan（她曾是拉斯维加斯的赌场经理，目前负责安排刘特佐的行程）、一马公司法律顾问卢爱璇等。去过刘特佐吉隆坡家的朋友们早就发现，Jesselynn 与刘特佐身边其他女人不同，刘特佐一方面与她相敬如宾，另一方面照样大方送珠宝、名车给别的女人，花大钱请辣模出席他在夜店、游艇与饭店里的派对。

身边的朋友都很清楚，刘特佐一直在劈腿，周旋于像萧亚轩这样的名媛之间。Jesselynn 后来发现了一本萧亚轩送给刘特佐的书，获悉她与刘特佐的事，但决定假装不知道。她似乎也接受刘特佐今天的阔绰生活方式，有一次，她让朋友看一只刘

特佐送她的手表，据说这只手表原本属于知名歌手阿瑟小子。

　　刘特佐也告诉朋友，自己现在脚踏两条船——一边是女友，一边是其他女人。多年来，虽然他与 Jesselynn 分分合合，但他也不是什么花花公子。好几位收过他昂贵礼物（例如 Cartier 珠宝）的辣模也不明白，为什么刘特佐从未对她们展开追求。或许，他真正想要的不是女人，而是来自名女人与明星的「认可」——让大家觉得他是很有影响力的大人物。

　　无论从哪个角度看，刘特佐在杜拜的行为都算极尽奢华。但这只是序幕，尽管挥金如土的豪气已经举世无人能及，而他还要加码演出。

▍他最好低调一点，别再搞这么多派对了！

　　或许，如此大手笔撒钱能助他在好莱坞交新朋友，但如此招摇却让他另一些朋友皱起眉头。他的高调与浮夸虽然让他的计谋屡屡得逞，却也渐渐成为他后来失败的罩门。阿联驻美大使欧泰巴曾在二〇一〇年，表达他对刘特佐的不满。

　　「他最好低调一点，别再搞这么多派对了！」他在二〇一〇年四月给朋友的电子邮件上写道。

　　就像其他许多与刘特佐打交道的人，欧泰巴不希望自己与马来西亚之间的生意往来曝光。有一度，刘特佐想在高盛开设一个私人账户，拜托欧泰巴替他写封信给高盛说项，但欧泰巴向阿瓦塔尼表示，很担心写了这封信会害自己被牵连。因为刘

特佐曾经告诉阿瓦塔尼，银行已经开始对他账户里的巨款有所怀疑。

最后，高盛拒绝让刘特佐开户，因为在高盛开一个私人帐户的最低存款金额是一千万美元，而刘特佐无法明确交代这笔钱的来源。虽然同样隶属于高盛，但这是私人财富管理部门，与莱斯纳和吴崇华所属的投资银行部门完全无关。不过，高盛法遵部门拒绝刘特佐开户，也让莱斯纳与吴崇华有所警觉：不能让法遵部门知道——根据美国司法部的档案——刘特佐在一马公司的角色。

纳吉也认为，刘特佐应该为自己打造一个更严肃认真的形象。刘特佐曾经告诉阿瓦塔尼，他「老闆」——也就是纳吉——希望他加入几个重要的政府顾问团，这样有助于他打造「成功企业家」的形象。

当《纽约邮报》关于刘特佐挥霍无度的报导传回槟城，他的父亲刘福平非常生气，要替孩子扭转形象。二〇一〇年夏天在法国圣托佩度完假之后，他回到槟城，穿着保守的黑色西装，搭配浅蓝色领带，接受马来西亚一家英文报《The Star》的专访。

在专访中，他虚构了一个又一个故事。他告诉记者，赢吨公司是他和几位来自华顿商学院、哈罗公学的豪门同学，合资两千五百万美元成立的，如今公司的资产已经超过十亿美元。对于那些在夜店的惊人开销，他声称都是他那些中东有钱朋友花的，不关他的事，他只是负责帮忙朋友们安排派对而已。

「我的确家境还不错，不过我的财力与那些常常玩在一起

的朋友比起来，根本是小巫见大巫。」他对《The Star》的记者说，他的成就「归功于在对的时间、对的地点、遇上对的人，而且彼此建立互信关系。」

他很清楚，他在美国瞎掰的那一套说法（例如他父亲是亿万富豪），一定会被马来西亚的读者识破。问题是，他这回对自己身世的新说法，和先前的说法自相矛盾了。任何一位想跟他合作的投资者，其实只要上网找这篇《The Star》的专访，就能发现可疑之处。然而，似乎没有人这么做。

至于在 Les Caves du Roy 所砸下的两百万欧元，他说是那群朋友合出的，不是他。「我们全都很努力工作。」他说：「我不是那种乱花钱的人，只是我有时候的确会跟朋友一起玩得很疯。」

私底下，对于媒体报导他在派对上的挥霍行径，刘特佐总是避重就轻。「我不是笨蛋，我知道媒体想干嘛，我已经在处理了。」他告诉玛浩尼。毕竟，口袋里有这么多钱，身边有这么多名人朋友，刘特佐相信没有人动得了他。

但有几位合作伙伴没那么容易被安抚，他们开始在刘特佐背后窃窃私语。

一九

别再上新闻了！

蒙特勒，2010 年 10 月

坐落于瑞士小镇蒙特勒（Montreux）、日内瓦湖边山丘上的「La Prairie 养生中心」（Clinique La Prairie），是全球顶级的养生医学重镇。中心的主建筑，是一栋瑞士乡村小屋造型的豪宅，四周环绕着法式庭园及多栋现代化建筑。从主建筑的房间窗户望出去，可以看到日内瓦湖，以及被白雪覆盖的阿尔卑斯山。

创办这个中心的保罗·尼汉斯（Paul Niehans）教授，是最早推动「细胞疗法」的先驱之一，吸引了许多富豪和名人——例如卓别林——前来。在官网上，这所中心自称是「长寿的专家」。

二〇一〇年十月，刘特佐住进这所中心准备接受治疗。他的生活型态——酒精、熬夜、KFC 炸鸡、长途飞行——他知道自己身材严重走样。他从不运动，却爱买昂贵的果汁机。现在，他打算砸钱求助于这里的专家。

人都难免生老病死，但超级富豪的确比较有机会欺骗死神。

如果你愿意支付三万美元，这家养生中心就会提供你为期一周的疗程，他们用的方法称为「羊胎素疗程」，据说可以活化细胞。这不是刘特佐第一次住进顶级养生中心，短暂逃离平日的压力。但是，这回在这里，他仍然躲不掉生意上的伙伴。

住进中心几天后，高盛的莱斯纳跑来找他。莱斯纳听说一马公司与 PSI 正在找寻投资机会，希望能从中分一杯羹。直到当时为止，一马公司主要是与当地银行借贷，债券销售也是以当地客户为主。莱斯纳的计划，是协助一马公司到国际金融市场上募资，并从中赚一笔。

大笔一挥，再度增资八亿美元

莱斯纳刚开始对刘特佐的印象不好，但是为了争取到生意，他转而积极讨好这位马来西亚年轻人。

不过，要跟刘特佐合作，他得先克服一个麻烦。先前高盛私人银行部门因怀疑刘特佐的资金来路不明，拒绝了他开户，因此高盛总公司很可能不愿意与刘特佐往来。但莱斯纳很清楚，刘特佐才是一马公司真正的核心人物，他得先找到方法说服高盛总公司同意与刘特佐合作。

当时，刘特佐已经将大部分原本该用来投资的资金转走，用来购买送给纳吉家人的豪宅、投资红岩电影公司等等。还有纳吉的政治献金，玛浩尼、欧霸、图尔基王子，也都瓜分到一些。虽然有部分资金的确拿去投资了——买了两艘钻油船，租

给一家委内瑞拉的国营石油公司，但所赚来的钱不足以填补被刘特佐挖走的资金缺口。因此，他需要一种能赚更多钱的管道。

除了莱斯纳，PSI 投资长玛浩尼也同样跑到养生中心找他。在刘特佐的房间里，莱斯纳和玛浩尼、刘特佐讨论投资美国炼油厂的可能性。如果决定投资，一马公司需要更多现金才行。于是，莱斯纳建议引进 TPG 公司（一家来自美国加州的大型私募基金）。TPG 的亚洲部门主管提姆·戴提斯（Tim Dattels），曾经待过高盛，也是莱斯纳的好友。

后来投资炼油厂计划没下文，也没和 TPG 合作。尽管没有任何具体的投资计划，刘特佐还是跑去游说纳吉给一马公司增资，理由是让图尔基王子安心，同时维系与沙特阿拉伯之间的良好关系。纳吉显然非常满意自己与家人从一马公司获得的好处，于是同意投入更多资金。

在增资档案上，纳吉表示「考虑沙特阿拉伯与马来西亚之间的双边关系」，增资是必要的。二〇一〇年七月二十四日举行的一马公司董事会上，有位董事问道：纳吉首相是否支持这次增资案？一马公司执行长沙鲁·哈米回答：完全支持。于是最后决议加码，再度拨款八亿美元。

就像大部分的骗局，一马公司得不断有新资金注入才能运作。原因不只是刘特佐不断掏空，还加上他必须花钱封口的对象愈来愈多，其中一位就是砂拉越首席部长泰益。由于泰益不满刘特佐在依斯干达经济特区的土地交易上占了他便宜，不断要求刘特佐把钱吐回来。为了安抚泰益，刘特佐说服 PSI 从新

到位的资金中，拨出一部分款项以高价买下泰益旗下的公司。

钱进来了，却开始暗算对方……

如今资金进来了，刘特佐这帮人开始找寻能赚钱的投资机会，让他们能把钱填补回一马公司。但是，他们忽略了一件事：想赚回被掏空的二十亿美元，不是一件简单的任务。他们建议刘特佐去游说纳吉，将一马公司的十亿美元投资提列为损失，一笔勾销，同时说服玛浩尼，他们只需要赔偿剩下的十亿美元。

「刘特佐认为倘若我们把十亿美元还清，解除合作关系，大伙儿就能全身而退。」玛浩尼在一封于二○一○年八月七日写给欧霸的电子邮件上写道。

因此，前面提到的炼油厂投资计划就算能赚到钱，也远水救不了近火，无法在短期内填补被他们掏空的十亿美元缺口。这时，玛浩尼准备了另一个方案：让刘特佐担下全部责任。

在前述电子邮件中，玛浩尼建议的计划是这样的：欧霸去告诉纳吉首相，说原本 PSI 手上有许多很好的投资机会，但最后都败给竞争对手，主要原因是刘特佐忙着到处狂欢、无心于工作。「我认为指他们这帮人误事，对我们有帮助，因为接下来我们可以把亏损的责任推给他们。」他写道。

纳吉当然知道一马公司的资金当中，有部分被挪用当他的政治献金，而且刘特佐对纳吉一家照顾得无微不至，但是他不

知道财务黑洞如此之大，因此玛浩尼建议欧霸别让纳吉知道这件事。

「我想首相应该还以为我们投资的获利不错。」他写道。

当获知欧霸直接跳过他跑去找纳吉，刘特佐暴跳如雷。「我们都知道如何服务自己的老闆，如果有人自以为可以『大剌剌』找上我老闆，那就大家走着瞧。」刘特佐在二〇一〇年八月透过黑莓机传了一则讯息给玛浩尼。

刘特佐还说，他自己绝不会主动联系图尔基王子，罗斯玛也不会。

「我们绝对不会在背后搞你。」玛浩尼在回复讯息时如此承诺。不过，他也借机训了刘特佐一顿。「你那些派对会害死我们，绝对不要让外界知道我们在干嘛……，你想怎样玩我们不管，但你不要再上新闻！我昨晚又看到你在派对上，DJ还不断喊着『马来西亚』，这样很不好……」

PSI与刘特佐之间，裂痕愈来愈大。

这是一场他妈的骗局

夏纳，2011 年 5 月

在法国夏纳（Cannes）最知名的 La Croisette 街上，肯伊·威斯特（Kanye West）与杰米·福克斯正在表演他们的畅销单曲〈Gold Digger〉。「Whad' up France ！」穿着白色西装的威斯特，对着台下的众多名人、明星与电影业者高声叫。

在这之前，揭开当晚节目序幕的是美国名饶舌歌手菲瑞·威廉斯，台下有里奥纳度、泳装名模凯特·阿普顿（Kate Upton）、男星布莱德利·库柏随着音乐起舞。《华尔街之狼》的「本尊」贝尔福也在台下，觉得这一切太不可思议。

▎无论出钱的人是谁，他的钱一定是偷来的

这一晚，是为期一个礼拜的夏纳影展重头戏。刘特佐与里札成立的红岩电影公司花了数以百万计的预算，办了一场开幕派对。几天前，他们宣布公司成立，并且签下贝尔福回忆录的电影版权，里奥纳度将饰演男主角，导演则是大名鼎鼎的马丁

・史柯西斯。一家刚成立的电影公司居然能找到如此大咖助阵，引起大家侧目。电影公司特别邀请贝尔福与他的女友安妮（Anne），前来戛纳参加这场派对。

就像一马公司，刘特佐在红岩电影公司也没有正式职称，不参与日常营运，却是背后真正做决策的人。他在二〇一一年四月，从注册于塞席尔的 Good Star 公司，将一百一十七万美元转入红岩电影公司在洛杉矶城市银行（City National Bank）开设的账户，他在汇款原因写着「投资预付金」。这笔钱投入《孕转六人行》（*Friends with Kids*）的拍摄，这部耗资仅一千万美元的喜剧，由克里斯廷・薇格（Kristen Wiig）与强纳森・汉姆（Jon Hamm）主演，是红岩电影公司不久前从另一家制作公司取得的版权。

好莱坞开始对这家公司感到好奇。没错，好莱坞经常都有新秀冒出，但这位「里札」是谁？「麦克法兰」又是谁？尤其这一晚的开幕派对，手笔之大令人难以置信。据说光是肯伊・威斯特那晚的演出酬劳，就给了一百万美元。这位饶舌歌手那晚的歌词也与平常的批判风格不同，多了许多正面的好话，例如：「红岩电影公司将永远改变电影这一行。」

「对这家公司，大家心中充满问号，」当晚参加派对的《好莱坞报导者》（*The Hollywood Reporter*）记者史考特・洛斯波洛（Scott Roxborough）说：「手上没有强片，出手却这么大方，看起来就很可疑。」

自己就是诈骗高手的贝尔福，觉得这一切都很不寻常。他

估计，光是那场派对至少要花三百万美元，而电影根本都还没开始拍！「这是一场他妈的骗局，无论真正出钱的人是谁，他的钱一定是偷来的。」看着台上歌手演出，台下的他对安妮说：「如果是自己赚来的钱，不会这样花。」

数个月后，刘特佐邀请贝尔福与里奥纳度共同出席一场在拉斯维加斯举办的活动，并表示会付给他五十万美元出席费。其实，光是红岩电影公司付给贝尔福的版权金，就已经高到吓人，因此当时贝尔福已经开始怀疑刘特佐这帮人。为了避免捲入不必要的麻烦，专注于自己的写作与演讲生涯，贝尔福婉拒出席。

倒是里奥纳度与另一位演员玛格罗比（Margot Robbie），双双接受邀请出席了那场活动。「里奥纳度被捲进去了，」贝尔福后来对瑞士记者巴特（Katharina Bart）说：「里奥纳度是个单纯的好人，但我见过那帮人，我告诉安妮，那帮人一定是他妈的骗子。」

「我心想，我才不要跟这帮混蛋有瓜葛，我早就知道他们有问题，太明显了。」贝尔福说。

除了搞电影，他还想染指唱片公司

戛纳影展期间，刘特佐与红岩电影公司董事长、纳吉的继子里札，各有一艘豪华游艇停靠在蔚蓝海岸边。相较之下，刘特佐那艘比较豪华，而且有间录音室。他请那晚在开幕派对上

演出的菲瑞·威廉斯，到他的游艇上录制几首歌。原来，除了成立电影制作公司之外，他也想成立一家唱片公司。

几个月前，他邀请 Interscope 的共同创办人、传奇音乐制作人吉米·艾欧文（Jimmy Iovine），在葛莱美奖颁奖典礼后，于隐士饭店顶楼举行一场庆功派对。这原本不在 Interscope 的计划之中，是刘特佐主动提议可以负责协助安排，才有这场派对。

派对上众星云集，Lady Gaga、史努比狗狗（Snoop Dogg）、Dr. Dre 之外，还有碧昂丝、Jay-Z、巴斯达韵、小野猫成员妮可·舒可辛格（Nicole Scherzinger）、阿姆（Eminem）等等，外加刘特佐的常客杰米·福克斯、芭莉丝·希尔顿。隐士饭店在顶楼搭盖了阿拉伯风格帐棚，帐棚下，戴着帽子的里奥纳度一边抽着雪茄，一边与名模女友芭儿·拉菲丽（Bar Refaeli）聊天。此外，刘特佐也把台湾歌手萧亚轩邀来。《纽约邮报》估计，这场活动至少花掉刘特佐五十万美元。对刘特佐而言，这笔钱是他在好莱坞打响名号的必要投资。

那晚的派对之后，刘特佐随即展开行动。他先成立了一家「红春」音乐制作公司（Red Spring），打算找最好的音乐人替萧亚轩制作专辑。在亚洲的华人世界，萧亚轩已经很红，但刘特佐打算让她红到美国。他出价三百万美元，请菲瑞·威廉斯为萧亚轩写三首曲子，并且和萧亚轩合拍 MV。另外，他花四百万美元请艾莉西亚·凯斯和她老公史威兹·毕兹监制这张专辑，协助萧亚轩打开美国市场。然而，尽管刘特佐共准备了

一千两百万美元预算，萧亚轩最后并没有完成这张专辑。

　　本名卡辛·狄恩（Kasseem Dean）的史威兹·毕兹，后来成了刘特佐身边好友之一，直到后来刘特佐出事，他仍然相挺。史威兹·毕兹在纽约布朗克斯区（Bronx）区出生，父亲是厄立特里亚人，母亲是波多黎哥人。出道以来，曾先后与DMX、Jay-Z、Drake和碧昂丝等艺人合作。他企图心旺盛，希望自己不只是音乐制作人，而是成功的企业家。在遇到刘特佐之前，虽然Reebok曾找他去当创意总监，希望透过他打进嘻哈音乐的世界，但基本上他主要的「生意」仍是以替不同品牌代言为主。

　　他相信与刘特佐合作能实现他的梦想。他常说：「天空无法限制你，天空只是你看到的风景。」刘特佐所提供的资金，能让他的事业更上层楼。喔！还有，史威兹·毕兹积欠国税局一大笔钱，国税局假扣押了他的银行账户。

　　总之，他成了刘特佐进军音乐世界的桥梁。他和另一位饶舌歌手李欧·强（Lil Jon），还与刘特佐在拉斯维加斯的一家录音室里，共同录制了一首名为〈V〉的派对歌，刘特佐负责在两人唱歌时在配乐中反复唱着「very hot」、「very hot」……。这首歌至今没有正式公开发行。

　　史威兹·毕兹与艾莉西亚·凯斯这对夫妻，走进了刘特佐最核心的圈子，每年年底会与麦克法兰、里札、一马公司的卢爱璇等亲近好友去滑雪度假。由于史威兹·毕兹也是现代艺术收藏家，收藏包括尚·米榭·巴斯奇亚（Jean-Michel Basquiat）

等画家的作品，因此他成了刘特佐的艺术导师，带着刘特佐逛
艺廊与拍卖会。刘特佐开始戴起印着「Basquiat」的帽子，并
且打算开始收藏画作。

抢购饭店失败，结识阿末·巴达维

如果要开拍《华尔街之狼》，刘特佐知道得准备更大一笔
钱才行。光是付给里奥纳度与史柯西斯的片酬就分别有好几百
万美元，若再加上其他费用，总预算恐会高达一亿美元。当
时——二〇一一年夏天——他与同伙已经从一马公司捞走了二
十亿美元，只是大多拿去分赃、买豪宅、租饭店、赌博与开派
对。他需要尽快赚进更多钱，一方面防止一马公司的掏空事件
东窗事发，另一方面让他有足够的粮草进军好莱坞。

他和 PSI 的关系闹僵了，得另外找合作伙伴。习惯了到处
跑的刘特佐，对于需要花长时间谈判、比较复杂的併购生意兴
趣缺缺，例如玛浩尼曾经建议他买下美国的炼油厂，他就一点
兴趣也没有。何况，他不具备金融专长，也没能力评估油气产
业的投资价值。他要的，是那种可以快速将资产转手的机会，
找到愿意跟他合作、帮助他一次海捞一大笔钱的伙伴。

就在这时，他看到一则新闻：有一个饭店集团要卖，买家
竞争激烈。其中一个买家是英国房地产大亨劳勃·成吉斯
（Robert Tchenguiz）。当时五十五岁、头发灰白，常常穿着白
上衣（敞开两三颗纽扣）的成吉斯，声音低沉，成长自一个犹

太裔伊拉克家庭，后来搬到伊朗。伊朗爆发宗教革命之后，他离开伊朗，目前定居于伦敦。

这位房地产大亨为了争取买下科隆集团（Coroin Limited，这个集团旗下的饭店之一，是伦敦知名的 Claridge's），与英国另一个有钱家族巴克莱兄弟（Barclays brothers）战得不可开交。为了增加胜算，他找了一家「阿尔巴投资」（Aabar Investments）的中东基金联手。

一家是位于高档区的顶级饭店，一家是来自中东的基金——这起事件引起刘特佐关注。掌控阿尔巴投资的，是阿布扎比资产高达七百亿美元的国际石油投资公司（International Petroleum Investment Company，简称 IPIC）。刘特佐曾经与穆巴达拉基金合作，但从未联系过 IPIC 与阿尔巴。IPIC 董事主席是一位非常富有的阿拉伯商人卡登（Khadem Al Qubaisi），在金融圈中大家都知道此人很爱收取回扣。美国爆发金融危机后的那段期间，IPIC 大手笔吃下许多西方企业的股份，包括巴克莱银行、戴姆勒 - 奔驰（Daimler-Benz）、维珍银河公司（Virgin Galactic）等等，也让卡登成了阿联的风云人物。

刘特佐想要加入战局，于是透过两人共同的一位朋友找上了成吉斯。刚开始，成吉斯没把刘特佐当一回事——「赢吨公司」算哪根葱？但后来刘特佐出示一封一马公司发出的公函，表示将提供高达十亿英镑，参与这项并购计划。为了展现决心，刘特佐还签了一张五千万英镑的支票。

「我们当时完全不知道这家公司背后的龌龊事。」成吉斯

后来告诉朋友，一切看起来的确是有政府资金在背后，就像阿尔巴那样。「所以我们才会和他们合作。」他说。

后来科隆集团没有接受他们开出的条件，併购计划失败，但对刘特佐而言，倒也不是全无斩获，因为他藉由这次合作，认识了阿尔巴的执行长、一位肯亚裔美国人阿末·巴达维（Mohamed Ahmed Badawy Al Husseiny）。

协助阿尔巴，入股 RHB 银行

阿末·巴达维过去曾是一名会计师，朋友们都叫他「阿末」（Mo），平常都穿着高档笔挺的西装，手腕上戴着昂贵的名表。他个子不高，但喜欢健身的他非常结实。他是卡登在阿尔巴的重要人马，对上司言听计从。从那次之后，刘特佐开始邀请阿末参加自己的派对，而阿末也常对朋友炫耀自己见了哪些名人。

很多人后来之所以愿意和刘特佐合作，往往是因为他居然与里奥纳度、芭莉丝·希尔顿等名人如此熟悉，进而对他另眼相看。没多久，刘特佐与阿末展开了合作，二〇一一年六月，刘特佐从中牵线，协助阿尔巴以二十七亿美元入股马来西亚的兴业银行（RHB）。但后来兴业银行股价重挫，阿尔巴也被套牢。

不过，阿尔巴与一马公司的合作丝毫不受影响。双方联手成立一家合资公司，专门投资原物料市场，第一笔交易就是入

股一家蒙古的煤矿。不过，这笔交易后来因为中国大陆经济成长放缓，国际煤价大跌，赔了不少钱。对刘特佐与阿末而言，这一点也不重要，因为安排这些交易，两人私底下已经赚得饱饱的。

　　直到赔钱的事让 IPIC 董事长卡登发现，卡登暴跳如雷。再一次，刘特佐需要另外想办法，来安抚这位生气的伙伴。于是，他邀请这位阿布扎比的新朋友，加入他的新计划：以制作《华尔街之狼》、支付里奥纳度与史柯西斯为名，设法从一马公司榨出更多资金。

　　有了新伙伴的刘特佐，与原来的伙伴 PSI 渐行渐远。但这就像踩钢索般危险，一个不小心，就会……

该死的遣散费

伦敦，2011 年 4 月

伦敦五月花区（Mayfair）的五星级饭店 Connaught 酒吧，PSI 员工沙维亚·朱士託（Xavier Justo）正在与玛浩尼谈他的遣散费。

约四十几岁、身上满是刺青的朱士託，六尺六寸高且非常结实，他反复强调，他要拿六百五十万瑞士法郎。

朱士託是 PSI 伦敦办公室主任，负责与一马公司共同买下的钻油船相关的交易。他与欧霸是老朋友，欧霸曾经承诺要给他几百万美元，结果不但没有给他这笔钱，他还得代垫伦敦办公室的部分开销。那一晚在 Connaught，他想要拿回自己该拿的钱。

帮我去伦敦成立办公室，给你年薪四十万英镑

为了怕事情闹大，玛浩尼希望能尽快摆平这件事，但一直搞不定。两人讨价还价了好久，后来玛浩尼与欧霸通了电话，

最后同意支付朱士託五百万瑞士法郎。

　　可是，后来欧霸反悔了，想要降低金额。在他看来，他一直对朱士託很好，是朱士託背叛了他。

　　欧霸原本在私人银行工作，后来与图尔基王子合伙，并在一九九〇年代认识了比自己大了十岁的朱士託。朱士託是西班牙裔的瑞士公民，曾投资日内瓦一家叫 Platinum Club 的夜店，但这家夜店不怎么赚钱。当欧霸接掌 PSI 之后，找朱士託来担任旗下多家公司的董事。刚开始，朱士託其实没什么事情可做（PSI 本来就没什么实质业务），直到二〇一〇年，欧霸告诉朱士託，公司现在有一大笔钱，要朱士託到伦敦成立新办公室。欧霸说要给朱士託四十万英镑的年薪，以及赚几百万奖金的机会。

　　就这样，朱士託搬到伦敦。他全新的办公室就在 Curzon 街上，与 Connaught 只隔五分钟步行距离。他所负责的专案，是一马公司与 PSI 合资计划中，唯一完成的交易：买下两艘钻油船，然后租给委内瑞拉的国营石油公司。但没多久，随着欧霸态度愈来愈傲慢，而且原本说好的几百万元奖金迟迟没有下文，两人关系也降到冰点。

　　当时，捞了一大笔钱的欧霸有了很大转变。到沙特阿拉伯或中东其他地方，搭的是私人飞机。到法国旅行，也像刘特佐那样租用豪华游艇。对身边的人而言，欧霸变得疑神疑鬼。他本来就常怀疑自己得了什么怪病，如今突然变有钱之后，他写信给美国知名的梅约诊所（Mayo Clinic）要求做全身检查。其

实，他才三十几岁，只是常流连于派对之间，变得愈来愈胖。

玛浩尼也变得出手阔绰。他老婆怀了他们第一个孩子没多久，他在二〇〇九年十一月花了六百二十万英镑，在伦敦买下一栋位于 Ladbroke Square 区、面对一座私人公园的豪宅。他要摩根大通银行的理专，替他申请一张名人与亿万富豪常用的美国运通黑卡。才三十二岁的他，开始抱怨自己的姊姊，说她嫉妒他的成功。

出尔反尔，终至惹祸上身

冷眼旁观这一切，朱士託知道 PSI 一定另有他所不知道的内情，而且他没拿到该拿的好处。他觉得被欧霸坑了，不但奖金没给足，连代垫的开销都不还给他。更让他生气的是，他还得替欧霸与刘特佐跑腿，例如替两人申请一家杜拜银行的顶级信用卡。他觉得受够了，于是在二〇一一年初提出辞呈。不过，他不打算这样拍拍屁股就走。

「以我们的交情，加上几年来我所投入的贡献，我想我们最好是可以好聚好散。」他在一封给欧霸的电子邮件写道：「我在等你确认我们的合作到今天为止，我即将离开公司，以及你要给我多少遣散费。」

「你这自以为了不起的傢伙，平常大嘴巴就算了，但这次你太过分了。再提起这件事，就没朋友做了！」欧霸回信写道。

那晚在 Connaught，原本双方算是达成协议。没想到欧霸

事后反悔，坚持要降为四百万瑞士法郎。这，也是一个后来让欧霸付出惨烈代价的决定。

朱士託虽然拿了四百万瑞士法郎的遣散费，但心里始终觉得自己被坑了两百五十万。接下来几个礼拜，欧霸还不断对朋友抱怨，说朱士託恩将仇报。话传到朱士託耳中，他怒不可遏，于是心生一计。

他知道，PSI 与一马公司之间一定有鬼，于是他决定展开搜证并取得 PSI 电脑主机里的档案副本。在他所取得总共高达一四〇 gigabytes 的资料中，包含了四四八〇〇封电子邮件、文书与其他官方档案，记载了整个骗局的诸多细节。

这份档案在他手上放了两年，後来当他出手采取行动，让欧霸与玛浩尼付出了远远高于四百万瑞士法郎的代价。

不过，这一切发生在遥远的欧洲，刘特佐完全不知道。他照样在纽约挥霍、买豪宅，而且对于自己的财富，他想出了一个新的说法：家族遗产。

二二

富豪世家的阁楼

纽约，2011 年 3 月

纽约中央公园西南角，时代华纳中心（Time Warner Center）的 76B 阁楼里，刘特佐俯瞰着优美的景色，身边围绕着保镖、名模与好友。

透过落地玻璃往东看，是一片绿油油的树木与草坪；往西看，则可以看到赫逊河——人在这间阁楼上，整个曼哈顿一览无遗。这间阁楼共四千八百二十五平方呎，有三间卧房、一间书房，以及一间有鱼缸从天花板垂吊下来的主人房。碧昂丝与 Jay-Z 曾经住在这里，每月租金高达四万美元。

把钱汇给爸爸，再从爸爸账户转钱进来

当刘特佐于二〇一一年春天来看这间阁楼时，他告诉仲介，是在替一群投资者找房子。当遇到一位管委会委员时，他则说自己是代表马来西亚首相纳吉。他的确在来年就把自己名下的「桂冠公园」公寓，以及洛杉矶与伦敦的豪宅，全过户给纳吉

的继子里札；但实际上，时代华纳中心这间阁楼，是他自己要住的地方。对他而言，这是最能彰显他身分的房子。

那年六月，他以三千零五十万美元「现金」买下 76B 阁楼，创下这栋大楼最高成交价纪录，并且成了全美国最昂贵的公寓之一。媒体已经在追问他的钱从哪里来，他必须更加谨慎，多年来，他曾经用过各种理由——某个中东富商出的钱、他只是代表马来西亚的投资者、他代表马来西亚首相等等。但如今，他的角色愈来愈难隐藏，因此他又用回当年在哈罗公学与华顿商学院念书时所用的理由：那是继承自爷爷的家族财产。

为了让这个说法听起来更可信，他必须将大笔巨款转给家庭成员，尤其是他爸爸刘福平。不过，要把大笔现金汇给爸爸，他得找一家愿意睁一只眼闭一只眼的银行。

刘特佐虽然常常顺利搞定银行法遵部门，但其实这是很棘手的过程。例如，要避免德意志银行与顾资银行起疑心，他常常得捏造假投资合约，甚至亲自跑一趟苏黎世当面向银行说明。他能屡屡得逞，部分原因得归咎于银行的虚应故事。毕竟，银行是靠资金移转赚钱，不是靠挡人财路，很多法遵往往在上级的压力下睁一只眼闭一只眼。

美国防制洗钱最早的法源基础，是《1970 年银行保密法案》（Bank Secrecy Act of 1970）。依据这项法案规定，所有银行都必须保留资金移转的纪录，并且主动提报可疑的行为。还有一项一九八六年通过的法律，禁止银行涉入、隐瞒洗钱活动。二〇〇一年九一一恐怖攻击后，美国为了严查恐怖分子资金来

源而通过的《爱国者法案》（The PATRIOT Act of 2001），强制银行必须成立法遵部门，并且加强「尽职查核」（due diligence），银行如果对可疑资金轻易放行，也会招来更巨额的罚款。不过，在二〇〇五年以后，银行在房市泡沫中赚得饱饱的，早就把法遵的责任抛到脑后，政府管得很松，也很少银行真的被罚款，许多银行的法遵部门沦为法务部门底下的冷门单位。

但是，在二〇〇七年爆发的次贷风暴，改变了这个现象。过去由于政府监督松散，造成雷曼兄弟与贝尔斯登倒闭，这下政府赶紧开始严格把关，因此包括洗钱行为如今抓得更严，财政部与司法部都对于洗钱犯祭出更严厉惩罚。二〇一〇年初，美联银行（Wachovia Bank）因为没有主动申报八十亿美元的可疑汇款，遭罚一亿六千万美元。与此同时，司法部也在调查马多夫设下骗局时的开户银行摩根大通，最后摩根大通依《1970年银行保密法案》被重罚了二十亿美元。这几起事件让美国、欧洲与日本的跨国银行绷紧了神经，纷纷更重视法遵。

银行愿意睁一只眼闭一只眼到什么程度？

因此刘特佐现在要找的，是规模比较小的银行。对于像刘特佐这样的大客户，小银行通常比较重视，也更愿意特别通融，不会像华尔街那些跨国银行那么严格。最后，他在瑞士找到一家经营不善的银行——瑞意银行。讽刺的是，当年该银行拒绝

接受 PSI 的业务，正是因为他们觉得刘特佐很可疑（详见第八章）。

从二〇一〇年起，刘特佐透过瑞意银行在新加坡的一家小分行，开设了许多个人与公司账户。其中一个账户在二〇一一年六月二十八日，收到一笔来自 Good Star 在瑞士顾资银行汇出的五百五十万美元。然后在同一天，刘特佐又从这个账户汇出五千四百七十五万美元，到另一个刘福平不久前才在新加坡瑞意银行分行开设的账户。几个小时后，刘福平的账户又转出三千万美元，到刘特佐另一家公司开设在瑞士苏黎世洛希尔银行（Rothschild Bank）的账户。

这种手法称为「多层化」（layering），透过复杂的资金汇入与汇出，掩盖最原始的资金源头，是一种常见的洗钱手段。以这个例子来说，洛希尔银行只能看到这笔钱是刘福平汇给刘特佐，因此透过这个简单的流程，刘特佐让不知情的外人以为，这笔钱真的是他老爸给的。

但瑞意银行其实可以展开调查，也应该将刘特佐父子之间奇特的资金移转主动通报政府相关单位。虽然顾资银行与洛希尔银行没有挡下刘特佐，但他们通常都会询问关于汇款的原因。刘特佐此时要测试的，是瑞意银行愿意为了他这位大客户，睁一只眼闭一只眼到什么程度。事后我们得知，一马公司的骗局能搞成这么大规模，瑞意银行扮演着非常关键的角色。

接下来，刘特佐从洛希尔银行的账户，汇出两千七百万美元到他在谢尔曼·思特灵事务所的 IOLTA 账户。前面提到（详

见第十章），刘特佐从二〇〇九年起就是用这个账户里的钱，来支付他在美国赌博、派对、租用豪华游艇与购买房地产的开销。只不过当时刘特佐都是直接从 Good Star 把钱汇入 IOLTA 账户，现在更谨慎的他绕了一圈才把钱汇进来。

刘特佐买下时代华纳中心阁楼的钱，以及付给道格拉斯·艾利曼（Douglas Elliman）仲介公司的一百二十万美元仲介费，正是来自这些账户。不过，买卖档案上签字的购买者不是刘特佐，而是一马公司的员工、刘特佐的同学薛力仁，而刘特佐提交给大楼管理委员会的档案上，则将住户名称登记为「刘福平」。他试图营造这房子里住着「亿万富豪世家」的印象，但其实真正住在房子里的是刘特佐本人。

所谓的东方瑞士

新加坡，2009 年 12 月

　　刘特佐与瑞意银行（BSI）之间的故事，要从一场集体跳槽风波谈起。

　　前面提到，顾资银行（Coutts）是一家总部设于苏黎世、有三百年历史的私人银行，包括英女皇在内，许多极富家族都是它的客户。时间回到二〇〇九年，一位名叫汉斯彼得·布鲁纳（Hanspeter Brunner）的员工对银行很不满。这位年约五十几岁、头发灰白的布鲁纳，由于长期爱喝红酒，脸色红润，打从十五岁起，当别人都在上学，他已经开始在瑞士的银行实习。他曾在瑞士信贷服务了四分之一世纪，对私人银行业务了如指掌。

　　瑞士私人银行的主要服务对象，是那些可投资资产超过一百万美元的有钱人。一九九〇年代，欧美许多私人银行纷纷到成长快速的亚洲设点，布鲁纳也被派去负责开发新加坡市场。邻近赤道边、拥有五百万人口的新加坡，希望将自己打造成「东方瑞士」，因此以瑞士为模板，制定了许多银行保密相关

规定。

布鲁纳与易有志跳槽，刘特佐跟着跑

九〇年代前半段，亚洲经济起飞，创造了许多新富豪，但在一九九七年亚洲金融风暴之后，许多亚洲富豪身家大幅减少，私人银行生意大减，布鲁纳原本被调回瑞士负责顾资银行的国际业务。不过，他已经习惯了亚洲有佣人、有司机的生活方式，于是没多久，他又在二〇〇六年来到新加坡，住在植物园附近、离乌节路不远的一栋豪宅。他的年薪高达一百万瑞士法郎，外加丰厚的奖金，以及司机、往返瑞士商务舱机票与仅仅一五％的所得税率。

问题是，没多久之后，爆发全球性的金融危机，顾资银行的母公司苏格兰皇家银行（Royal Bank of Scotland，简称RBS）接受政府纾困，被迫大砍顾资银行员工的奖金，原本发放的现金也改为发放债券。这让布鲁纳非常火大，加上公司要把他调回瑞士，而他已经享受惯了在亚洲的一切，早有准备的他，递出了辞呈。

过去一年，他早就与瑞意银行高层互通款曲。创办于十九世纪的瑞士意大利语区，瑞意银行百年来与其他瑞士银行一样，协助欧洲与美国的有钱人避税、把钱藏到私人账户中。美国、德国、法国与意大利的富豪，会远道而来瑞士与这里的银行家见面，有时候甚至会带着一整个行李箱的现金，搭上火车前往

日内瓦、苏黎世，或瑞意银行的总部所在地卢加诺（Lugano）。瑞士的银行保密法规，禁止银行对外泄漏客户资料，让这些私人银行的生意长久不坠。

不过，二〇〇五年前后，欧洲与美国政府已经忍无可忍，不断向瑞士施压，要求瑞士交出涉嫌逃漏税的富豪资料。欧盟与瑞士签订了一份协议，规定瑞士的银行必须提供欧盟居民的开户资料，如果客户要求匿名，瑞士银行必须向对方收取扣缴税额。瑞士被欧盟成员国围绕、必须仰赖与邻国贸易才能生存，因此除了妥协别无选择。于是，欧洲的富豪客户们只好另外找可以藏钱的地方。类似瑞意银行这样的小银行，因此有了新的商业模式。

瑞意银行在二〇〇五年于新加坡成立办公室，但规模远远不及其他瑞士同业如瑞士银行（UBS）与瑞士信贷。这一点布鲁纳非常清楚，于是他主动提出一套能让瑞意银行立即翻身计划。二〇〇九年，他与瑞意银行执行长艾福多·吉西（Alfredo Gysi）达成协议，他将带着顾资银行上百位员工集体跳槽，瑞意银行除了让布鲁纳负责亚洲区，而且同意提供所有人比原先的薪水高出二〇％至四〇％的待遇，还保证未来三年的奖金。就这样，瑞意银行顿时增加了二十亿美元的新客户资金，在亚洲管理的资产也突然暴增三倍。

过程中，有些顾资银行跳槽过来的员工担心，客户不愿意跟着把资金转到瑞意银行。其中一位员工是年约五十几岁的新加坡人易有志（Yak Yew Chee），他有一位重要的大客户，正

是刘特佐。

易有志原本是刘福平在顾资银行的专员，当刘特佐从华顿商学院毕业后，刘福平请易有志帮儿子在新加坡顾资银行开一个账户。头发稀疏、两鬓灰白的易有志，喜欢戴着墨镜，工作上很强势，不太听别人的意见。他认为女人没法成为优秀的银行家，因为她们往往需要请产假。尽管如此，公司仍然没人敢动他，因为他能达成私人银行唯一最重要的任务：带来新客户。而他成功带来业绩的关键，正是他与刘特佐之间所建立的深厚关系。

他需要一个能力够强，而且不会问太多的银行家

二〇〇九年中，刘特佐要易有志协助一马公司进行投资。其实，这听起来荒谬透顶：一个国家等级的基金，怎么会託付给一个像刘特佐这么年轻的人？又为什么要找上一家以「服务有钱人」为主的私人银行？但易有志一口答应下来。他替Good Star 在顾资银行开了个账户，这个账户最后共从一马公司转入十亿美元。易有志很清楚，Good Star 根本是刘特佐自己的公司，但刘特佐向顾资银行的法遵部门谎称，Good Star与一马公司有合作投资关系，而且涉及「政府与政府之间」的秘密交易。

刘特佐找到了一个他正需要的银行家：能力够强，而且不会过问太多。所以当易有志要跳槽到瑞意银行时，刘特佐也跟

着将账户转移到瑞意。这也让布鲁纳一度信誓旦旦地告诉彭博新闻社的记者，说他打算在五年内让瑞意银行在亚洲所管理的资产规模翻三倍。

有了易有志相挺，加上布鲁纳非常需要他所带来的庞大资金，刘特佐认为瑞意银行不会找他麻烦。这正是刘特佐一直用的伎俩：利用治理松散的组织，来行遂自己的目的。例如，几年后他曾写信问一位纽约的艺品商人，请他推荐「效率快，愿意通融」的银行。总之，瑞意银行正中他下怀——这家银行为了业绩，愿意睁一只眼闭一只眼。

刘特佐从二〇一〇年底开始，先后指示当时已经升迁为新加坡瑞意银行的董事经理的易有志，为他个人与多家空壳公司开设账户，虽然依规定银行必须进行各种标准查核——从护照基本资料到资金来源等——刘特佐都顺利过关。二〇一一年六月那笔五千五百万美元的汇款（见第二二章），是刘特佐给瑞意银行的法遵部门的测试，看看对方是否接受「钱是爸爸给的」说法。结果成功过关，也让刘特佐接下来更放心将大笔现金汇入新加坡瑞意银行的账户。

后来连一马公司也跑来瑞意银行开户，刚开始法遵部门质疑为什么一家马来西亚主权基金需要到一家瑞士私人银行开户？为了确保瑞意银行高层不起疑心，他特地请易有志安排一马公司高层——包含执行长沙鲁·哈米在内——到瑞意银行在卢加诺的总部说明。

从这里可以再次看见，一马公司是在刘特佐的掌控之下。

几位马来西亚的高层主管告诉布鲁纳、吉西与其他瑞意银行高层人士，未来将会持续汇入数十亿美元的资金。看在瑞意银行高层眼中，虽然刘特佐在一马公司没有正式职务，但他能安排如此重量级人士到瑞士去，也让他们对刘特佐另眼相看，并且从此不再过问太多。

至于易有志，也成了瑞意的明星银行家。「我个人要感谢你的巨大贡献，不仅是对我们的亚洲部门，而是对整个瑞意银行。」吉西给易有志的电子邮件写道。

託刘特佐之福，易有志一跃而成超级巨富，一年的薪水加奖金高达五百万美元，比前一份工作整整多了五倍。布鲁纳也是，他搬到一栋两千五百平方呎、要价七百万美元、从英国殖民时代就留下的豪宅里，他将这栋两层楼的房子大幅改建为中式风格，有兵马俑、神像等装饰，以及长纤维的高级波斯地毯。

主掌新加坡瑞意银行财富管理部门的凯文·史旺比赖（Kevin Swampillai）说，布鲁纳与易有志等人是一群失职的团队，只关心自己的薪水，放任低阶员工为所欲为。其中之一，就是杨家伟（Yeo Jiawei，依新加坡《联合早报》之音译）。

二四

一场匪夷所思的五鬼搬运

新加坡，2011 年 12 月

　　浓眉大眼的杨家伟，是二十八岁的新加坡华人。别看他带着点稚气，其实他已经是全球金融市场灰色地带的专家。

　　在新加坡瑞意银行，他的职务是「财富管理专员」（wealth manager），实际上他的角色是协助有钱人避税。就像新加坡许多私人银行，这是重要的获利来源，主要的客户是印度与东南亚有钱人。杨家伟常用的方法之一，就是透过一层一层的投资替客户洗钱。

　　杨家伟这项专长，正合瑞意银行一位大客户的意。这位客户，就是一心隐藏资金来源的刘特佐。他告诉杨家伟，这是一项事关「政府机密」的新任务，让杨家伟非常心动，从此对刘特佐的要求言听计从。二〇一一年十二月，杨家伟在新加坡与巴西一家小型金融公司傲明集团（Amicorp Group）的客户关系经理荷西・平託（José Renato Carvalho Pinto）见面，表示瑞意银行正在与马来西亚和中东的投资基金合作，想要请傲明集团设计可投资的基金商品，傲明集团非常感兴趣。

傲明集团的共同创办人之一，是一位荷兰金融家汤尼·尼品（Toine Knipping）。定居于新加坡之前，他有非常丰富的资历，包括曾服务于一家委内瑞拉银行、投资南非一家芦荟饮料公司等，还写过一本谈投资伦理的著作。他的专长之一，是协助客户在位于加勒比海南方的岸外金融中心库拉索（Curacao）设立公司，也让库拉索被美国列为「主要洗钱国家」之一。

尼品的主要专长，是协助诸如避险基金等金融业者的日常营运，例如计算投资净值、执行交易等等。不过，就像许多小型金融公司，其实什么业务都接，因此傲明集团也同时负责管理一些库拉索的小型投资基金——这些基金通常是亚洲有钱人藏钱、搬钱的管道。

在与傲明集团的会议上，杨家伟说明了瑞意需要傲明集团如何协助一马公司，会议结束后，由平託着手进行。第一笔交易为一亿美元，从一马公司在瑞意的户头，汇入傲明集团所管理、注册于库拉索的共同基金（mutual fund）。不过，这档名叫 EEMF（全名 Enterprise Emerging Market Fund）的基金，并不是一般人能买到的基金。一马公司的钱在转入这档基金之后，再转手「投资」另一家公司。

也就是说，这是用一种透过「假买基金」，来达成「真洗钱」的方法。以这一亿美元来说，EEMF 入账之后，马上又转汇到一家由胖子 Eric（刘特佐的同伙）掌控的空壳公司。至于为什么一家主权基金要如此神神秘秘，杨家伟没解释，平託也

不在乎。接下来两年，傲明集团用同样手法为刘特佐与他的家人转了高达十五亿美元。

虽然疑点重重，这些都算是合法隐藏资金来源的手段。过去，刘特佐只懂得直接把钱从 Good Star 转入他在美国律师事务所的账户，后来改为汇入瑞意银行，但媒体已经在追踪他奢华派对的钱打哪来，各银行的法遵部门也让他很紧张，如今透过库拉索的基金，也许能有效掩盖他的资金来源。

神奇的事情发生了：一马公司的财报上平空多出二十三亿美元！

杨家伟的表现，渐渐获得刘特佐的信任。他走进了刘特佐的圈子之后，也对自己的能力更有信心。

只是一马公司现在还得解释，号称借给 PSI 的前後共十八亿美元，究竟是怎么回事。由于这笔钱已经被刘特佐与同伙瓜分走了大半，现在他请杨家伟替他想办法，让这笔钱从账目上一笔勾销。

在这之前，一马公司曾经想请高盛的莱斯纳，去找一家愿意配合的银行，为两艘钻油船（也就是 PSI 唯一用一马公司的钱所完成的交易）给予十亿美元的估价，他们的如意算盘是，一旦估价完成，就可以让一马公司以这个价格买进，然后再设法从帐上涂销。虽然莱斯纳不见得知道刘特佐的真正意图，但仍替他找了美国一家投资银行 Lazard 来估价，不过，无论

Lazard 怎么算，都无法给予如此庞大金额的估价，因此这个方法后来无疾而终。

就在这时，杨家伟想出了一套复杂的方法。

首先，一马公司以十八亿美元（也就是被刘特佐等人捞走的金额），「买下」拥有这两艘钻油船的沙特石油公司子公司（其实这两艘船加上整个公司都不值十八亿美元）。接着，杨家伟再安排将该子公司的持股，转售给一个香港人 Lobo Lee 名下的「桥梁国际」公司（Bridge Partners International）。

Lobo Lee 是一位长距离三铁健将，虽然已年近中年，仍然经常到处骑车运动。他的专长，是到香港、曼谷、加勒比海或新加坡等地，替客户打造各种洗钱管道，并从中收取费用。至于客户为什么这么做、前因后果如何，他不会过问。他名下的「桥梁国际」虽然号称「买下」了前述持股，实际上也没拿出半毛钱，而是先跑到开曼群岛登记成立一家「桥梁全球」（Bridge Global）基金公司，然后再以这家公司发行的「基金单位」（units），作为偿还给一马公司的代价。其实，「桥梁全球」根本没有在开曼群岛申请基金发行许可，而且从头到尾只有一位客户，就是一马公司。

这么一来，神奇的事情发生了：一马公司的财报上，不但在资产栏增加了一笔「桥梁全球基金」的「投资」，而且帐上总值竟然变成二十三亿美元——其中五亿美元是借钱给 PSI 所赚来的。一马公司紧接着成立了一家 Brazen Sky 子公司，并且在瑞意银行开设一个户头，存放这笔投资的「基金单位」。

这一切都是虚假的：没有现金，只有「基金单位」，以及号称出售两艘不值钱钻油船的「利润」。

即便如此，在账面上一马公司可以声称「赚钱」了，而刘特佐也设法让这份报表能过会计师那一关。毕马威会计事务所（KPMG）追问这笔账目的细节，不过杨家伟让 KPMG 接受了他的解释。只是，这笔基金还在账目上，再隔一年，会计师就没那么容易上当了。

杨家伟显然知道瑞意银行的治理松散，于是与他的主管史旺比赖合谋中饱私囊。一马公司同意每年支付四百万美元给「桥梁全球」基金公司，以及一千两百万美元给新加坡瑞意银行。由于整个过程都是由杨家伟主导，Lobo Lee 并不清楚细节，因此杨家伟最后只付给 Lobo Lee 五十万美元，然后与史旺比赖两人瓜分剩下的数百万美元。

毁了自己，也重创新加坡瑞意银行

接下来，轮到布鲁纳烦恼了。新加坡瑞意这家小银行，突然间账面上的资产增加了一大笔钱，他担心新加坡金融管理局与中央银行会要求他提出说明。那几年，新加坡的私人银行业成长太快，已经引起政府的注意。

新加坡私人银行业欣欣向荣，管理资产总额达到一兆美元，相当于瑞士的三分之一，也是全球最重要的岸外金融中心之一。长期以来，印度尼西亚、中国大陆与马来西亚的贪官与奸商常

会来这里藏钱，如今则吸引了更多来自西方国家的新客户。

　　布鲁纳后来与新加坡中央银行开会，并说明 Brazen Sky 与一马公司相关账户。他没有说太多细节，只是轻描淡写地描述了概况，并特别强调这是马来西亚官方的资金。

　　布鲁纳的忠心耿耿，事后证明不但毁了他自己，也毁了瑞意银行。倒是对于刘特佐而言，至少在当时，算是又过了一关，准备朝下一个阶段迈进。

　　这一次，高盛的莱斯纳可不想再错过了。

二五

高盛拜见亲王之后……

阿布扎比，2012 年 3 月

这是一场非常难得的会面。三月初，莱斯纳飞往阿布扎比，见到了地表上最有钱的人之一：曼苏尔亲王（Sheikh Mansour Bin Zayed）。

身为阿联国王的十九个孩子之一，曼苏尔亲王的身价估计高达四百亿美元，他最为人所知的投资之一，就是买下英国的曼城队 (Manchester City Football Club)。其实，在祖父那一辈，他的家族仍一穷二白，不是农夫就是骆驼贩子或渔夫。直到一九五〇年代发现了石油，才在很短期间暴富起来。

没有信用纪录的公司，可以找谁担保？当然是中东的有钱人！

即便是非常重量级的投资家，想和曼苏尔亲王坐下来开会，近乎不可能的事。曼苏尔亲王之所以这么有影响力，不仅是因为他的财力雄厚，同时也因为他是资产高达七百亿美元的

IPIC 董事长。

当时，IPIC 正在打造一个具有未来概念的总部，这个总部将有一整排高矮不一、骨牌式的扁状大楼，视野极佳，可以同时看见阿布扎比本岛及辽阔的波斯湾。许多华尔街的大银行经常都来造访 IPIC，希望能争取生意，但从来没有人能见到曼苏尔亲王。多亏了刘特佐新交的朋友卡登（Khadem Al Qubaisi）帮忙牵线，莱斯纳非常难得地见到了曼苏尔亲王。接下来，如果能邀请到曼苏尔亲王参与他的计划，他将会因此发一大笔财。

莱斯纳是和刘特佐、吴崇华一起拜见亲王的，一番寒暄之后，他们坐下来讨论莱斯纳所准备的提案。高盛打算替一马公司发行三十五亿美元公司债，并以这笔钱用来投资马来西亚与世界各地的的火力发电厂。买下这些发电厂之后，一马公司将为这些发电厂另外成立一家公司，并且在马来西亚交易所申请挂牌上市（IPO）。这一来，预估可为一马公司赚进五十亿美元。

不过，由于一马公司从未在国际市场上发行过美元债券，没有信评纪录，因此高盛希望 IPIC 能答应替这批公司债提供担保，好让市场上其他投资者能放心投资。倘若 IPIC 同意，将来就能以非常优惠的价格认购即将上市的公司股票。

刘特佐这个新计划，表面上看起来是要让一马公司投资发电产业，赚一点钱并改善亏损。但这项计划有许多诡异的疑点：为什么一家马来西亚主权基金所发行的公司债，需要另一

个国家的主权基金提供担保？为什么不直接由马来西亚政府出面担保即可？事实上，高盛的中东总部就设在杜拜，那里的主管也认为这项计划太离谱，因此倾向不参与。另外，IPIC 的财务长也提出质疑：为什么要出面替一家没有信用纪录的公司提供担保、无端承担风险？

莱斯纳与吴崇华当然知道真正的原因。一个月后，两人在伦敦与刘特佐见面，讨论要如何贿赂马来西亚与阿布扎比的官员，才能取得 IPIC 的担保。根据司法部的档案，莱斯纳、吴崇华与人在香港、负责债券发行计划的安卓亚·维拉同意，这件事不能让高盛内部负责评估这笔交易的委员会知道。

IPIC 最后做决定拍板的人，是当时年约四十一岁的曼苏尔亲王。听完莱斯纳与刘特佐的说明之后，亲王同意为一马公司提供担保。但这项计划是个空壳子，纯粹是为了从一马公司捞更多钱，而想出来的借口。

联手布这个局的，正是刘特佐与 IPIC 的董事经理卡登，这两人先是在抢标 Claridge's 集团时合作（最后没成功），后来 IPIC 旗下的阿尔巴投资公司在刘特佐的牵线下，入股一家马来西亚银行。但这笔投资却害卡登赔钱，刘特佐想透过布这个局，大大补偿这位新朋友。

而 IPIC 的担保，是整个布局的关键。

可以轻易决定十亿美元交易，他觉得自己就像上帝

四十岁、每天勤于健身的卡登，有着一头乌黑头发，以及健硕身材。他的家族在上一代与阿勒纳哈杨皇室通婚，对他的事业帮助很大。他在二○○七年接掌 IPIC 董事经理，不过，实际上他更重要的身分，是曼苏尔亲王的亲信。

卡登还有一个名声在外，就是：常常收取回扣，因此非常富有。由于他与曼苏尔亲王之间的关系，使他成了阿联最有影响力的人物之一。他出入有保镖相随，保镖的制服上还会绣上他英文全名的缩写「KAQ」，他在法国南部有别墅，在日内瓦有房子，停放着他所收藏、价值上亿美元的顶级汽车。

回到阿布扎比，卡登平常总是穿着传统阿拉伯服饰，和妻子与四个小孩住在一栋豪宅里。就和其他亲王一样，他一旦到了海外，会变成另一个人、过另外一种生活。在他法国蔚蓝海岸的豪宅外，就停放着多部 Bugatti 与法拉利。他不但常与名模约会，而且在法国还有另一个年轻的摩洛哥老婆，他会脱下传统服饰，改穿紧身 T 恤（例如他有一件 T 恤，正面印着艾尔·帕西诺在电影《疤面煞星》的造型）。有一回，一位公司主管到他的豪宅开会，按了门铃之后前来开门的，是穿着紧身泳裤的卡登，他身后还有一群穿着比基尼泳装的女人。

IPIC 归曼苏尔亲王管，像一马公司这种大型投资案，都得由他亲自拍板。不过，他也充分授权给卡登，有时候只要过了卡登这一关即可，不需要再提交董事会讨论。「卡登是世界

上唯一可以轻易决定十亿美元交易的人，他觉得自己就像上帝。」一位金融业者说。

卡登回报曼苏尔的方式，是确保曼苏尔能赚取源源不绝的财富，让他安心过着奢华优渥的生活。创立于一九八四年的IPIC，主要任务是投资石油相关产业，但实际上在卡登的主控下，IPIC与旗下的阿尔巴投资公司，却到处大手笔撒钱，最有名的包括在二○○八年为巴克莱银行纾困、入股戴姆勒—奔驰、维珍银河等公司。

虽然IPIC是国家所拥有的主权基金，但实际上与曼苏尔亲王的私人事业无法分割。以纾困巴克莱银行为例，英国政府以为入股的是曼苏尔亲王，实际上出资的却是IPIC，曼苏尔个人没出半毛钱。然而在纾困条件中，巴克莱银行同意发行认购权给曼苏尔，让他能以非常便宜的价钱买进巴克莱银行股票，最后曼苏尔因为这些认购权，大赚了十亿美元。

在阿尔巴投资公司的账本上，同样有许多笔交易与曼苏尔的私人企业有关，例如土地买卖、贷款等等。这些曼苏尔私人企业的业务，有时也交给卡登处理，也让卡登有从中揩油的机会。二○○九年美国有两名企业家声称，在一桩四季饭店并购案的谈判过程中，卡登索取三亿美元的回扣。

不过，卡登一直有一个隐忧。和阿布扎比投资管理局（Abu Dhabi Investment Authority，主要资金来自国家卖石油的收入）不同，IPIC的资金主要是借贷而来。截至二○一二年，共借贷一百九十亿美元，而且全靠着阿布扎比政府百分之百担

保，才能维持良好的债信评等。外界将 IPIC 视为拥有庞大资金的投资机构，其实是个假象。

美国爆发金融危机后，卡登认为是到西方国家大举抢购公司的好机会。但他需要资金，于是找上华尔街的银行协助。高盛、摩根史坦利等银行也透过替 IPIC 发行公司债，大大发了一笔财。

不过，渐渐地，想透过华尔街募资也没那么容易了。二〇一一年，阿联实质上的掌权者莫哈默亲王（曼苏尔亲王的哥哥）下令，所有债券发行都必须透过中央主管机关，以避免二〇〇九年底爆发的「杜拜债务危机」（最后靠阿联出资两百亿美元才摆平）重演。就在卡登想办法另找筹钱管道时，他遇到了刘特佐。

IPIC 最后拍板、同意替一马公司的公司债提供担保，高盛也准备展开行动。

二六

反正，那是国家的钱

纽约，2012 年 3 月

位于曼哈顿市中心、赫逊河边一栋金融风暴后才完工的四十四层摩天大楼里，高盛全球总部的高层主管们，对于刚刚谈成的马来西亚生意有所保留。

但这项罕见的债券发行计划，受到高盛总裁盖瑞·康恩（Gary Cohn）力挺。交易员出身的康恩，与洛伊德·贝兰克梵（Lloyd Blankfein）差不多时间进入高盛，贝兰克梵接掌执行长后，康恩也成了高盛第二把交椅，全力辅佐贝兰克梵。金融危机爆发之后，高盛在西方国家市场的业绩大幅衰退，康恩亟欲争取与更多新兴国家的主权基金合作。

为了赚主权基金的钱，他特别成立了一个跨部门单位，高盛内部称这门生意为「把国家变现」（monetizing the state）。康恩密集造访东南亚，除了与新加坡淡马锡控股公司洽谈合作投资计划，他也认为与一马公司合作有利可图。不过，高盛亚洲总裁戴维·莱恩（David Ryan）对于与一马公司合作持保留态度。他拜访过一马公司，见过马来西亚的员工，对于一马公

司负债之高、员工缺乏管理大型基金相关经验有所疑虑。

这个案子必须先经过高盛内部一个五人小组，评估各种可能的财务与法律风险。小组成员讨论的焦点之一，是刘特佐的角色。当时，一位高盛主管在一封电子邮件上提到，刘特佐是「一马公司在马来西亚的执行者或仲介者」，但莱斯纳坚称这个案子与刘特佐完全无关。

刘特佐的计划，是打算尽快洽特定人士、悄悄把债券卖出。一般来说，大部分公司在发行公司债时，会希望公开发行（public issuance），透过承销银行洽谈更多投资者。这个称为「book building」的流程，能引进更多投资者，同时降低债券发行成本。相反的，「洽特定人士」（private placement）通常会找大型机构如退休基金、避险基金等，成本也较高，因为这些大型机构会要求更高的报酬率，但好处是可以较快取得资金，而且不必取得穆迪、标准普尔的债信评等，也不会被太多人注意与检视——这一点，正中刘特佐下怀。

你们应该关心自己赚多少钱，而不是我们赚多少钱

一马公司同意以二十七亿美元，买下马来西亚富豪阿南达·克里斯南（Ananda Krishnan）旗下丹绒能源控股（Tanjong Energy Holdings）所拥有的发电厂。为了取信于外界，一马公司需要找个公正第三者来为发电厂进行估价。于是莱斯纳找了美国的 Lazard 协助，但无论 Lazard 怎么算，都不明白为什么

一马公司要花二十七亿美元天价来购买这些发电厂。Lazard 相信其中一定有人贪污，于是决定不再参与这个案子。

高盛这下别无选择，只好自己担任这笔交易的顾问，并协助一马公司募资。而最后高盛所完成的估价显示，一马公司出价二十七亿美元是「合理的」。

莱斯纳使出浑身解数，试图说服一马公司董事会同意高盛开出的承销条件，但部分董事不买单。根据高盛的计划——内部称之为「玉兰专案」（Project Magnolia）——一马公司将发行十七亿五千万美元的十年期债券。但是让在座董事皱起眉头的，是依照莱斯纳的说法，高盛将从中收取高达一亿九千万美元（相当于发行金额一一％）的费用。这个数字太离谱了，因为一般业界常见的行情，通常是一百万美元左右。

莱斯纳解释，之所以会收取这么高，主要是因为将来一旦将这些买来的发电厂重组公司并挂牌上市，一马公司会大赚一笔。莱斯纳的构想，是复制先前的砂拉越债券计划——高盛先以自有资金吃下全部债券，再另外找买主。换言之，一马公司将可以很快拿到钱，而高盛将承担风险。

「你们应该关心的是你们将会赚多少钱，而不是我们赚多少钱。」莱斯纳向董事们说。莱斯纳打算与香港的安卓亚·维拉合作，复制先前的砂拉越债券发行计划，同样由 PFI 出资将整批债券吃下，再另洽买家。这意味着高盛将承担全部风险，一马公司则可以更快拿到钱。一马公司的董事会基本上都是纳吉人马，仅扮演纳吉的橡皮图章，最后顺利通过这项计划。

其实，即使在高盛内部，也有人（包括莱恩在内）认为赚这么多真是太超过了。高盛香港的艾力士·谭保（Alex Turnbull，他父亲 Malcolm Turnbull 后来当上澳洲总理），也在公司内部提出他的疑虑。谭保没有参与这个案子，但他对债券市场非常熟悉，他写了一封电子邮件给同事表达他的不可置信，但他的直属主管要他闭嘴。他在大约两年后离职，原因与一马公司无关。

莱斯纳在卓亚·维拉的撑腰下，向公司高层声称之所以利润这么高，主要是来自高盛以低价吃下这笔债券，而且承担了十七亿五千万美元的风险。不过，实际上，这笔债券的利率高达六％，而且有 IPIC 的担保，在低利率时代非常具有吸引力。因此高盛早就与韩国、中国大陆与菲律宾的共同基金业者谈好，会将这批债券转卖给这些基金。不过，这一切必须暗中进行，一位高盛员工要求所有相关人员不要在电子邮件上提及这个计划，否则如果让外界知道原来高盛已经谈好了买家，那么高盛向一马公司收取这么高费用就说不过去了。

高盛其实没有承担多少风险，还有另一个原因：出售这些发电厂给一马公司的丹绒能源，同意买下一部分「规模不小」的债券。其实，一马公司已经付给丹绒能源非常好的价格，现在丹绒能源还回头买下利率高达六％的债券，等于两头赚。与此同时「知恩图报」的阿南达·克里斯南旗下关系企业暗中「捐款」一亿七千万美元，给一马公司旗下的慈善组织。

这笔交易完成没多久之后，一马公司立即重估这些发电厂

的价值，账面上一口气蒸发了四亿美元，等于变相承认自己先前高估了这些发电厂的价值。Lazard 显然是正确的，而高盛错了。

高盛内部的委员会，也有失监督之责。香港一个由资深主管组成的委员会曾经开会讨论这项计划，与会者也提到高盛如此惊人利润「可能会引起媒体与政府关切」，但最后仍然照样放行。赞成这笔交易的人辩称，要怪就得怪马来西亚政府的腐败与纳吉首相在一马公司的角色。但其实还有一个大家没说出口的原因，就是：这笔交易大大拉高了高盛那一年的业绩与奖金。

鱼目混珠，此阿尔巴非彼阿尔巴

二○一二年五月的一天，莱斯纳要赶去新加坡乌节路 ION 购物中心里的一家中式餐厅吃饭，他已经迟到了。

踏进餐厅，其他人都到了，包括一马公司的高阶主管、刘特佐、吴崇华、瑞意银行的易有志与法遵人员。但莱斯纳显然很不自在，告诉在座的人他只待一会儿。那不是一场正式会议，莱斯纳觉得自己根本不该出席。

刘特佐找这些人一起吃饭，是想解决一个难题。因为按照他的计划，高盛在二○一二年五月二十一日那天，将十七亿五千万美元汇入一马公司能源部门的账户里。隔天，就有一笔五亿七千六百万美元的款项，汇入一家注册在英属维尔京群岛、

名叫「阿尔巴投资」（Aabar Investments Ltd.）开设在瑞意银行的账户。瑞意银行的法遵部门想要知道，为什么一马公司要将这么大笔款项汇入瑞意银行这家小银行？

刘特佐特别找莱斯纳出席，就是希望借助他「高盛」的招牌来取信于瑞意银行的法遵部门。但莱斯纳显得很紧张，大致谈了一下关于债券发行的过程之后，就提前告退。而易有志也希望自己的出席，加上有莱斯纳——毕竟，他可是华尔街名号最响亮银行里的资深银行家——背书，能说服银行的法遵部门。

然而，他们不知道的是，莱斯纳其实已经踩了红线。他不只是向高盛高层隐瞒刘特佐角色、同意贿赂官员，根据司法部档案，他与吴崇华后来还收受几千万美元的贿款。三年来，与刘特佐联手操弄这一切之后，莱斯纳已经泥淖深陷，再也无法回头。

法遵人员的疑虑是有道理的。「Aabar Investment Ltd.」看起来很像是 IPIC 旗下的阿尔巴投资公司「Aabar Investments PJS」，虽然一马公司声称，这笔五亿七千六百万美元的款项，是付给 IPIC，作为提供担保的费用。问题是，「Aabar Investment Ltd.」其实是一家两个月前才成立、名字与「Aabar Investments PJS」雷同的公司。虽然在「Aabar Investment Ltd.」的董事名单上，也出现卡登与阿末·巴达维的名字，但这就像是「奇异电器」（或任何一家知名企业）的执行长，自己跑出来开了一家名字相同的假公司，从中捞取不当利益一样。

这正是刘特佐惯用的伎俩。他曾经用同样的手法，成立名

字相似的空壳公司，谎称自己获得中东主权基金的投资，只是这回玩的规模大得多。这个由刘特佐与卡登共同设的局，目的就是要从一马公司捞更多钱放进自己口袋。

接着，为了确保外界不会起疑，他们将这笔钱再转入总部设于瑞士的「安勤私人银行」（Falcon Private Bank）。但其实这家银行是卡登趁金融危机期间，向美国 AIG 集团买下的，因此虽然瑞士在美国的施压下对洗钱活动查得很严，但这家由卡登自己拥有的私人银行却没有这个问题——尽管金额如此庞大，没有任何法遵人员亮起红灯。

食髓知味的高盛，故技重施

五个月之后，高盛故技重施，推出「编钟专案」（Project Maximus），再度替一马公司发行十七亿五千万美元的公司债，供一马公司向云顶集团购买发电厂。同样的，这回也以远超出市场行情的价格购买发电厂，然后云顶——跟丹绒能源控股一样——捐一大笔钱给纳吉麾下的慈善基金。最后，有七亿九千多万美元从一马公司蒸发，转入好几个像「Aabar Investment Ltd.」那样的假公司账户里。

在发行第二次债券时，高盛亚洲部门总裁莱恩曾主张应考虑第一次发行时其实难度不高，因此应合理地降低高盛收取的费用，但这个建议后来被高层（包括康恩在内）否决。就在这段期间，莱恩渐渐被打入冷宫，高盛另外找了马克·舒华兹

（Mark Schwartz）来接掌高盛亚洲董事长，也就是成了莱恩的顶头上司。最后高盛所收取的费用为一亿一千四百万美元——比前一次少，但仍是天文数字。

这两笔大生意也让莱斯纳在二○一二年赚进一千万美元，成为高盛里收入最高的员工之一。不过，这只是他收入中的一小部分而已。第一次债券发行的三个月后，根据司法部档案，他在英属维尔京群岛的空壳公司开始汇入好几百万美元，这些钱当中有一部分给了吴崇华，而这一切，高盛全被蒙在鼓里。此外，还有数百万美元透过他的空壳公司账户，用来贿赂一马公司相关人员。接下来两年，高盛替一马公司募来的钱当中，有超过两亿美元流入莱斯纳与他亲戚的账户。

如果他满足于高盛付给他的高薪，拒绝参与刘特佐买通官员的计谋，或许他还能全身而退。但是，他决定铤而走险，成为这个诈骗计划的共犯。目睹刘特佐的奢华生活之后，或许他心想区区一千万美元——如果想买豪华游艇、想搞奢华派对——根本没搞头。三年来，他与刘特佐之间互通款曲，希望能捞到更多好处。但他也很清楚，不宜对外透露刘特佐在一马公司的角色。至于刘特佐的整个诈骗计划中，莱斯纳知道多少仍不明朗：他是否从一开始，就知道刘特佐掏空一马公司的钱？也许为了能赚到大笔钱，他说服自己刘特佐所为乃金融圈常态，不足为奇。

十月，高盛亚洲 PFI 部门主管託比·华生（Toby Watson）升为合伙人。贝兰克梵那一年的表现也不错，年收入两千一百

万美元——当然还是远低于他在二○○七年的六千八百万美元，但仍算是非常高的收入了。贝兰克梵也为高盛开辟几门新生意，那一年赚进七十五亿美元。至于高盛在马来西亚的斩获，更象征着贝兰克梵的策略转向成功。对高盛来说，这笔生意太重要了，二○一二年十二月贝兰克梵还在高盛位于曼哈顿的总部，与刘特佐及阿末·巴达维见面。不过，莱斯纳不想大声张扬，反而非常低调，彷佛这两个案子是机密似的。一位高盛员工后来在内部算了一下报酬率之后，要求同事对外一律保密。

吉隆坡爆发反贪大游行，这帮人还在⋯⋯

再一次，刘特佐海捞了一笔。

上一次——二○○九年——他与 PSI 合作，这一次，他找上的是地表上规模最大的主权基金之一，助他一臂之力的是影响力远远超过图尔基王子的卡登。上一次，他得为每一次的资金大挪移找各种理由，而且把钱转进自己在免税天堂的空壳公司，冒极大的风险；这一次，他只需要把钱汇入一家看起来很像主权基金，但实际上不是主权基金的户头里。

接着，他们再悄悄地把钱从假阿尔巴投资公司账户，分别汇给几个共同设局的人，总共瓜分了十四亿美元。拍摄《华尔街之狼》的费用、给纳吉的政治献金、开派对与到赌场挥霍的钱，全来自这里。

主要的参与者卡登，狠狠海捞了一票。就在一马公司发行

第二次公司债之后，一笔又一笔的钱——总计四亿美元——流入一家卡登控制的「华斯可投资公司」（Vasco Investment Services）在卢森堡洛希尔银行的户头。卡登后来就是用这个账户里的钱，在大西洋两岸买豪宅。

卡登没忘记好好「照顾」他的主子曼苏尔亲王。就在高盛忙着发行债券同时，曼苏尔亲王正打算买一艘四八二尺长、造价高达五亿美元的豪华游艇「Topaz 号」。这艘巨大得像一座饭店、有两个直升机坪、八层甲板的游艇，就是由卡登负责资金筹措。他向德意志银行贷款一大笔钱，光是每月付款金额就高达六百四十万美元。卡登从华斯可投资公司支出的汇款当中，就包含一笔六百四十万美元汇入德意志银行的款项。

四月底，当高盛准备进行第一次一马公司债的发行期间，吉隆坡爆发十万人反贪大游行。从高空鸟瞰，整个市中心被穿着黄色 T 恤的群众淹没。马来西亚的中产阶级——老师、上班族、律师、学生——对于日渐恶化的贪污感到愈来愈愤怒。

示威群众高举抗议口号，要求修改选举制度。他们拿着罗斯玛的画像大声质问，人民要知道：妳买珠宝的钱从哪里来？

当时，示威群众还不知道刘特佐如何五鬼搬运将一马公司掏空，但贪污腐败——买票、与财团勾结——已经让民怨沸腾。中产阶级薪资停滞，精英的财富却不断增加，老百姓愈来愈不满。

二〇〇六年，反对党政治人物与律师、反贪污团体展开一连串运动，称为「Bersih」（马来文，干净之意），要求修改

选举制度，让选举更公平。在二〇〇七与二〇一一年，穿着招牌黄色 T 恤的群众走上街头，与警方对峙。他们原本希望透过马来西亚史上规模最大的示威抗议，能让政府迷途知返，但他们什么也没改变。

事实上，情况比群众们所知道的还要糟。刘特佐的胃口变大了，已经威胁到马来西亚金融市场的安全与稳定。一马公司的负债已经高达惊人的七十亿美元，而且根本没有资产可还债。大部分的钱都已经被掏空，那一年账面上的亏损高达三千万美元。可是，这一切都被高度保密，就算要取得该公司的财报都非常困难。

纳吉首相原本想象，一马公司能为马来西亚创造就业机会，同时让自己的民意支持度更高。结果，这家公司成了藏污纳垢的暗黑天堂，他的支持度也节节滑落。这使得纳吉更加倚赖刘特佐，靠一马公司举更多债，好让他能赢得下一场大选。而他这么做，也将一马公司推向死亡的深渊。

刘特佐的如意算盘，是将一马公司买来的发电厂另组一家公司，挂牌上市后所取得的资金，能回头填补一马公司被掏空的资金缺口，避免东窗事发。不过，实际上他也没那么在意，毕竟那只是国家的钱，而且他相信纳吉有办法将这些被掏空的钱一笔勾销。

对他而言，如今的他荷包满满，有足够的财力，好好打造他的好莱坞王国。

PART 3

二七

Busta，我是你老闆！

法国蔚蓝海岸，「宁静号」上，2012 年 7 月

当直升机降落在四百四十呎长的豪华游艇「宁静号」（Serene），刘特佐非常亢奋。

他正要和一群女人飞到摩洛哥血拼纾压，因为他接下来即将要办一场非常重要的庆功派对：他登记于香港的公司「金威资本公司」（Jynwel Capital），刚刚买下 EMI 的股权，旗下艺人包括肯伊·威斯特、碧昂丝、阿瑟小子、艾莉西亚·凯斯与菲瑞·威廉斯。同时，他与里札、麦克法兰合开的红岩电影公司所投资的《华尔街之狼》也即将开拍。

才三十岁、一度被高盛瑞士私人银行拒于门外的刘特佐，如今是娱乐业大亨了，而且他打算大大地庆祝一番。

有十五间客舱、数十位以上船员的「宁静号」，就像是一座海上皇宫。有泡澡池、三温暖、半露天泳池，甲板上有吧台、酒廊——里面还有一架平台钢琴，不同楼层之间连接着大理石铺设的旋转楼梯。在海上停泊时，甲板还能延伸出去，让旅客享受在海面上用餐。

刘特佐希望今晚的派对无懈可击，两位夜店大亨诺亚·泰珀贝格与杰森·史特劳斯负责打点一切细节。这艘要价三亿三千万美元的豪华游艇，在二〇一一年建造完成时，是全球第九大游艇，船主是俄罗斯亿万富豪优里·薛弗勒（Yuri Shefler，著名的 Stoli 伏特加，就是他旗下的品牌）。泰珀贝格与史特劳斯从美国找了多位辣模，阿贝卡瑟（Danny Abeckaser，就是那位夜店推广员）也邀来里奥纳度。

就在刘特佐等人忙着血拼的同时，泰珀贝格与史特劳斯留在游艇上确保一切安排妥当。今晚的宾客，包含全球最当红的艺人（如肯伊·威斯特、蕾哈娜、克里斯小子、路达克里斯等）、明星、中东皇室成员。

入股 EMI 的钱，从哪里来？

一个多月前成交的这起 EMI 并购案，是由 Sony 音乐控股、麦可·杰克森（Michael Jackson）遗产管理人与美国私募基金黑石集团（Blackstone Group）领军，而刘特佐是与穆巴达拉基金联手入股。

他手上约一亿美元的持股，是目前为止唯一看起来比较像合法的投资。他以自己与哥哥刘特升的名义，成立「金威公司」（Jynwel），对外声称这家公司是专门管理祖父遗产的家族办公室（family office），并购过程中也没有人起疑心。不过，实际上，他的钱是来自一马公司的账户。

当时，他已经从一马公司捞走超过十亿美元，藏在一家外界误以为是 IPIC 相关企业的空壳公司账户里，他对外说这笔钱是要付给 IPIC 作为提供担保的费用，实际上却掌控在刘特佐手上任由他花用。

为了掩人耳目，他故技重施。首先，他要胖子 Eric 成立一家岸外空壳公司，取名为「黑石亚洲地产」（Blackstone Asia Real Estate Partners）。一看就知道，这根本是要鱼目混珠、让外界误以为是知名「黑石集团」（Blackstone Group）相关的公司，但其实是一家由胖子 Eric 所掌控的空壳公司。接着，他将资金从自己的空壳公司账户，透过由傲明集团协助在库拉索设立的基金，辗转汇入胖子 Eric 名下的假黑石公司开设于渣打银行账户。再从这个账户，支付并购 EMI、贿赂卡登、卢爱璇等人的费用。

不久后，刘特佐当上了 EMI 亚洲的非执行董事（non-executive chairman），这个职务让他在音乐圈成了一号人物，不再只是个爱开派对、爱赌博的有钱人家小孩。

这是他重要的一次布局，理论上 EMI 所带来的获利，将能替他把钱补回给一马公司。他想要做一门真正能赚钱的生意，也希望藉由投资《华尔街之狼》以及 EMI，让外界不再质疑他的身世与财富来源。

不能让媒体对私生活的报导，影响到做生意

当刘特佐拎着大包小包的血拼成果回到游艇上，只见工作人员忙成一团。关于今晚的派对内容，他不想走漏风声，让八卦媒体们知道。「诺亚，小心那些媒体！」他写短讯给诺亚・泰珀贝格：「Sony 的老闆写信给我，他们已经知道晚上要演出的阵容。哈哈，但可别让媒体事先知道！」

稍晚，众星们陆续抵达「宁静号」。例如，泳装名模凯特・阿普顿，戏剧性地从直升机降落，现场一阵欢呼声中，刘特佐送给她一个昂贵的柏金包。找这么多当红艺人与名模参加派对，还有很实际的理由：当晚有许多中东皇室成员——包括杜拜王子在内——前来参加派对，虽然这些中东人财大气粗，却未必有刘特佐如此丰富的演艺界人脉。刘特佐也很清楚，这是自己的强项，引介好莱坞巨星，能让这些中东富豪对他多敬重几分，也会对他将来谈生意有所帮助。

这场派对一直持续到凌晨。其实，八卦媒体早就听闻有这场派对，并且关注肯伊・威斯特与女友金卡塔尔夏，以及克里斯小子与蕾哈娜，有些媒体误以为这艘「宁静号」是克里斯小子租的。刘特佐这回避开镁光灯，他再也不能让媒体对他私生活的报导坏事。

派对尾声，宾客渐渐离去，最后剩下少数几位——刘特佐、刘特升、里奥纳度、两位夜店大亨以及几位辣模。上午六点，「宁静号」拉起海锚，航行回意大利萨丁尼亚岛的菲诺港

（Portofino）停靠。

过去，刘特佐必须花钱请对方来参与派对，他对明星、歌手们的态度非常友善且客气。但现在不同了，二〇一三年四月，EMI 并购案不到一年之后，刘特佐跑到曼哈顿的「森林城市录音室」（Jungle City Studios）。这家知名录音室，正是 Jay-Z、蕾哈娜、妮姬·米娜与无数大牌明星录制唱片的地方。那一天，刘特佐是去录他唱的歌〈Void of a Legend〉，不是要出唱片，只是纯粹录好玩。

他唱的这首歌是由麦克法兰新交的歌手女友安东妮特·柯斯塔（Antoniette Costa）创作的。刘特佐喜欢唱歌，可惜五音不全，声音也太尖，录了八小时，最后靠着东修西修才勉强完成。录音那段时间，几个朋友都来探班，包括麦克法兰与史威兹·毕兹。后来巴斯达韵与菲瑞·威廉斯抵达时，刘特佐才比较没那么紧张，还开起了玩笑。

「YO！」刘特佐看到巴斯达韵很开心，大叫说：「我现在是你的老闆，你是我养的狗了！」

这话原本是闹着玩的，但现场气氛却顿时僵住。巴斯达韵——这位重量级饶舌歌手、演员与唱片制作人——当下脸色一沉，菲瑞·威廉斯赶紧试着打圆场。刘特佐想展现出大亨的气派，但他的所言所行却怪异极了。

二八

那一夜，他们两度跨年

纽约，2012 年 8 月

八月间的一个星期六，麦克法兰坐在曼哈顿金融区的一张导演椅上。这一带在周末很安静，没人上班，剧组正在开拍《华尔街之狼》。马丁·史柯西斯正在导一幕戏，饰演贝尔福的里奥纳度，以及饰演贝尔福第一任妻子的克里斯廷·米利欧提（Cristin Milioti）正在排演。

其实，拍戏现场距离华尔街还有一条街，麦克法兰不敢相信自己居然有这么一天。当时距离他在威斯特勒认识刘特佐还不到三年，他与里札都没有任何电影相关经验，竟然能与地表上最当红的明星、最大牌的导演合作拍电影，与业界最资深的电影人平起平坐。

对史柯西斯和里奥纳度来说，这几个外行人简直是天上掉下来的礼物——不但带给他们似乎永无止境的资金，而且对于如何拍摄完全放手不管。当史柯西斯说，想在电影一开始就撞烂一台白色兰博基尼跑车（贝尔福真的撞烂了一部）时，通常其他电影公司会建议他找一台道具车即可，但红岩电影公司愿

意出钱让他买一台真正的兰博基尼拍摄。这也是为什么，他们愿意容忍麦克法兰与里札这两位大方的金主出现在拍片现场。

麦克法兰的家在洛杉矶西区的一房公寓，他从来不好意思邀请电影圈的朋友到他寒酸的家作客。但此刻在纽约，他住在刘特佐位于时代华纳的阁楼，成了刘特佐最亲近的朋友，两人一起去做 spa、去赌博、去滑雪。

他开始为自己的人生故事，编织新的版本。例如，他告诉记者，他曾多次进出电影业，也曾服务于私募基金，绝口不提在辛辛那提的那段过往。但看在电影同业（包括那些红岩电影公司的同事）眼中，他不过只是个暴发户。

由于里札比较内向，而且爱看网球赛与打网球，平常很少出现在公司，因此麦克法兰也成了公司的代表人物。刘特佐仍然隐身幕后，避免被媒体追踪。刚开始，麦克法兰告诉同事刘特佐是大股东，不过，现在他改口说出资的人来自中东。

其实，一马公司有两亿美元流入里札的「红岩资本公司」（Red Granite Capital）。这笔钱最早是先流入卡登与阿末·巴达维名下的一家空壳公司，因此在拍摄《华尔街之狼》拍摄期间，阿末·巴达维也经常出入公司与片场，彷佛他是中东股东的代表人。至于红岩资本公司的钱，除了一部分用来拍电影，另外也用来购买原本在刘特佐两年前买下的洛杉矶、纽约与伦敦豪宅。对外，公司对于资金来源始终三缄其口，麦克法兰表示无可奉告，里札则是含糊地说资金来自中东与亚洲的投资者。

对外很低调、不曝光的刘特佐，私底下与里奥纳度保持密

切往来。曾经有一度，刘特佐、里奥纳度、里札与麦克法兰四
人，一起在拉斯维加斯的威尼斯人饭店待了一个多礼拜。麦克
法兰等人的计划，是能与里奥纳度长期合作。二〇一二年秋天，
麦克法兰在曼哈顿一家顶级法国餐厅 Le Bernardin，与里奥纳
度和韩国导演朴赞郁见面，讨论下一部新戏的构想。

跟着里奥纳度玩海报、看豪宅

　　与此同时，刘特佐等人也开始学习里奥纳度的生活型态。
例如，收藏电影海报的里奥纳度，介绍里札认识纽泽西一位专
门买卖电影文物的盘商莱夫・狄鲁卡（Ralph DeLuca）。而里
札与刘特佐等人则开始用他们从一马公司偷来的钱，向他购买
昂贵的珍藏品。二〇一二年十月，里札花了一百二十万美元向
迪鲁卡买下佛列兹・朗（Fritz Lang）一九二七年的默片《大都
会》（*Metropolis*）原版海报，这张海报后来挂在红岩电影公司
的里札办公室里。

　　至于麦克法兰则想要买张更好的。「世界上可取得的海报
中，哪一张最伟大？」他在一封写给狄鲁卡的电子邮件上问道。
接下来的一年半左右，麦克法兰与里札共向狄鲁卡买了七十几
样东西，总金额高达四百万美元。这些海报后来不是挂在红岩
电影公司的墙上，就是放到里札在纽约的「桂冠公园」豪华公
寓里。麦克法兰还列了一张清单寄给里札与狄鲁卡，清单上是
他想要收藏的海报。

「我决定……这些海报我都要买下来！非要不可！这还不包括其他一千多张呢……受不了，实在太让人着迷了！」他写道。

「哈哈哈，这下你明白我的痛苦了！哇哈哈哈哈……$$$$。」里札回复他。

「我爱死了这些海报……我们真是那种无法自拔的人……非得买到这些海报不可！」麦克法兰接着回复里札。

里奥纳度与他们几人混熟了之后，甚至相约一起去看房子。二○一二年九月二十日，里奥纳度转寄了一份苏富比的机密合约给麦克法兰。当时有一栋位于洛杉矶西区的尼姆斯路（Nimes Road）六五八号豪宅要出售，要价高达一亿五千万美元。房子的主人是一位沙特阿拉伯亲王，不想让外界知道，只有取得并签署这份合约的人，才有资格去参观这房子。

这栋豪宅是全美国最昂贵的房子之一，豪宅占地四万平方尺，有二十八间卧房、超过三十间卫浴，外加一间健身房、一间 spa 室、一间电影厅，以及一座能遥望洛杉矶的泳池。刘特佐与麦克法兰四处参观，对刘特佐来说，虽然三年来已经买了很多房子，但他仍不满足。他已经将洛杉矶的房子过户给里札，正在物色一栋能彰显亿万富豪地位的房子。美国报业大王威廉・赫斯特（William Randollph Hearst）在加州的老家，至今仍是二十世纪财富的象征，刘特佐心中想的，就是这种等级的豪宅。

不过，最后刘特佐没有买到尼姆斯路这栋房子，他出价八

千万美元，但被亲王回绝。看来，还是有刘特佐买不起的东西。

他送大礼给大导演，但是大导演却不认得他

二〇一二年十一月十七日，刘特佐与里札走进曼哈顿市中心爱丽舍饭店（Elysee Hotel）的「猴子酒吧」（Monkey Bar）。

这间当地律师、银行家、电影与媒体界人士爱去的知名酒吧，老闆是《浮华世界》总编辑葛瑞登·卡特（Graydon Carter）。刘特佐与好莱坞的大咖，包括里奥纳度、丹尼尔·刘易斯（Daniel Day Lewis）、哈维·凯託（Harvey Keitel）与史蒂芬·史匹柏等人，正在举杯同欢。

他们聚在这里，是为了庆祝导演马丁·史柯西斯七十岁生日。当时，他正忙着拍摄《华尔街之狼》，受到珊迪飓风的影响，原本预计十月分在美国上片的计画被迫延后。那天晚上，他原本以为只有几位很亲近的好友出席，结果酒吧里来了约一百二十位宾客。

刘特佐送给史柯西斯的生日礼物，是一张一九七〇年代波兰版《饭店》（Carebet）电影海报。史柯西斯后来在一张纸条上感谢刘特佐：「这份棒呆了的礼物」，这份「非常稀有的」波兰海报，「让我过了一个非常特别的七十岁生日」。

这段期间，也是刘特佐在好莱坞最呼风唤雨的时候。其实两个礼拜前，刘特佐才刚庆祝完自己的生日，也就是本书前言所提到的那一晚，那是史上最昂贵的一场生日派对。他所有的

朋友都出席了，除了里奥纳度等巨星之外，还有提姆·莱斯纳、阿末·巴达维等他生意上的伙伴。而那场派对所有的惊人支出，也都由一马公司埋单。以史威兹·毕兹来说，光是出席那晚的活动，就从其中一家刘特佐的空壳公司领走了八十万美元。

那是刘特佐的巅峰期，《华尔街之狼》即将杀青，一场又一场的庆祝派对接踵而来。十一月十一日，也就是拉斯维加斯派对后没几天，刘特佐、里札与麦克法兰送给里奥纳度一份难忘的三十八岁生日礼物：马龙白兰度的「奥斯卡金像奖最佳男演员」奖座。马龙白兰度在一九五四年赢得这项大奖后没多久，这个奖座就从他好莱坞的家失踪了。虽然奥斯卡奖有条不成文规定——奖座不得贩卖，但刘特佐等人还是从狄鲁卡手上以六十万美元买到。他们知道，里奥纳度一直很崇拜马龙白兰度，一九七三年马龙白兰度以《教父》再度赢得奥斯卡男主角奖，但他以拒绝领奖，表达对电影业歧视原住民的不满。里奥纳度也一样积极投入北美洲原住民运动，反对企业掠夺土地、恶化气候暖化、破坏原住民的生活。

知道史柯西斯非常喜欢鱼子酱，那年圣诞节麦克法兰特别送了一批鱼子酱到史柯西斯在曼哈顿的家；在《华尔街之狼》的杀青派对上，他报公帐买了一瓶要价二千多美元的 Cristal Rose 香槟送给史柯西斯。但尽管麦克法兰送了这么厚的大礼，当两人在时代华纳中心的一楼大厅相遇时，史柯西斯却不认得麦克法兰。

搭着七四七专机，玩一趟南北半球

一台波音七四七大约能承载六百名乘客，但刘特佐租用这台从洛杉矶起飞的 VIP 专机，只供四十人左右搭乘，空间非常宽敞。Atlas 航空推出这款专机，主要是服务职业球队与中东皇室的，租赁费用高得惊人——每小时好几万美元。

这一天在专机上的客人，有杰米·福克斯、凯文·康诺利（Kevin Connolly）、强纳森·希尔、里奥纳度与几位辣模，当然还有形影不离的刘特佐与麦克法兰。

专机正飞往澳洲悉尼，抵达后，他们在游艇上、赌场里吃喝玩乐好几天。戴着鸭舌帽的里奥纳度玩音响，穿着白衬衫的杰米·福克斯在跳舞，还有穿黑色短裙的美女们穿梭其间。刘特佐的一位泰国富豪友人拉塔库（Chavayos Rattakul）上传了一张照片到 Instagram，照片上是筹码掉在悉尼 Star 赌场的地上，「一百万美元就该这么花！」他 po 文写道。就在赌场同一栋楼，泰珀贝格与史特劳斯开了一家新的 Marquee 夜店，刘特佐在跨年夜，大手笔订了一大缸香槟酒。

「Showtime！！！！！！！！」史威兹·毕兹在 Instagram上写道。

那晚在夜店里倒数跨年之后，一行人动身回到波音七四七专机上，再搭十五个小时飞机、越过国际跨日线，回到拉斯维加斯。飞机着陆后，他们搭乘加长型礼车直奔泰珀贝格与史特劳斯的另一家夜店 LAVO，准备再次倒数跨年。穿着红色上衣、

黑色长裤与休闲鞋的刘特佐，抓起一瓶香槟直接倒入口中。他去买了好多桶 KFC 炸鸡给大家吃，有人戴上熊猫面具，辣模们再度跳起舞来。

不过，这时香槟几乎没什么人喝，大多被拿来到处喷洒，反倒是 KFC 很受欢迎。「只有小刘能在一次新年搞两次跨年倒数这么疯狂的事！」拉塔库写道。

杰米·福克斯当时与刘特佐认识三年了，对于这种疯狂派对早已见怪不怪，但过去几天他的确玩得很开心。在接受英国知名电视节目主持人强纳森·洛斯（Jonathan Ross）访问时，他忍不住提起这几天的派对，不过就像多数刘特佐的朋友，他也避免提起这位马来西亚大金主的名字。

「我有个朋友，他算满有钱的，他安排专机载我、里奥纳度、强纳森等几个朋友去了澳洲，然后我们在澳洲跨年倒数之后，又飞回拉斯维加斯再倒数跨年一次，简直太疯狂了！」他说。

二九

那条不该踩的红线

新加坡，2012 年 11 月

　　表面上，刘特佐一派轻松地享受各种派对，但实际上，他的生活总是惊涛骇浪。就在拉斯维加斯那场无敌奢华生日派对之后没几天，他遇上了一个麻烦。

　　自从上次要买沙特阿拉伯亲王的豪宅不成之后，刘特佐转而以三千九百万元买下好莱坞鸟街一带（Bird Street）的另一间墨西哥式房子，地点很靠近红岩电影公司的办公室，也距离里奥纳度家不远。刘特佐打算再砸几千万美元把原来的房子拆掉，另外盖一栋以白色为主题的现代式豪宅，基地面积高达一万八千平方呎，有两个泳池，地下室还有迷你赛车道。他正打算从瑞意新加坡的账户，转出一亿一千万美元，到另一个在苏黎世洛希尔银行由他控制的账户。

　　但是，这回——终于——瑞意银行的法遵部门亮红灯了。就在这笔款项汇出之前没多久，刘特佐的瑞意新加坡账户，收到一笔来自 Good Star 的汇款；接着，他从这个账户把钱转给他父亲刘福平；然后，刘福平再将钱转入刘特佐的洛希尔银行

账户——所有汇款都发生在同一天。先前他购买时代华纳中心那栋阁楼时，也是用同一招，主要是要让洛希尔银行的人相信，这笔钱是爸爸给的。这回也一样，他想让外界以为这栋位于好莱坞的豪宅是「家族」财产。

问题是所有资金流动的过程，瑞意银行看得一清二楚。一位银行人员写信给易有志等银行主管，指称如此异常频繁的资金移转——先从 Good Star，到刘特佐，再到刘福平，最后又回到刘特佐——「从法遵的角度看来是不可接受的。」看来，有人开始怀疑刘特佐「家族遗产」的说法了。

刘特佐找上易有志，设法向法遵施压。一整个晚上他疯狂传讯到新加坡，在一封写给瑞意银行高层的电子邮件中表示：从瑞士转出的那笔钱，是他孝敬父亲的礼物。「当一个人赚了大钱，我们通常会先把钱拿回家孝敬双亲，这是我们的文化传统。」他在邮件上解释，至于父母亲拿到这笔钱之后要怎么用，就看他们自己。

「以我的情况来说，我父亲只留下一点钱意思意思，其他的又退还给我；而我决定把这笔钱存入家族的信托基金。」他甚至责怪瑞意银行不懂得尊重别人的文化传统。「我想我已经解释得很清楚，我们很重视这个传统，否则会带来厄运。尤其我们家族，是非常敬老尊贤的。」

然而，如此诡异的资金移转，光靠「文化传统」这个理由无论如何是说不通的。不过，刘特佐手上还有另一张王牌：他很清楚，瑞意银行非常倚赖他所带来的业绩，为了怕失去他这

个大客户，一定会设法通融。「我希望我们不必每次汇款都得说明一次，我们应该把时间花在赚更多钱，这样瑞意银行所管理的资产也会一起成长，而不是浪费时间在那些已经厘清的问题上。我完全理解、也充分尊重法遵部门的要求，但客户过去已经解释过了，你们不应该继续找麻烦。」十一月七日凌晨两点十分，刘特佐按下「传送」键，把邮件传给了多位瑞意新加坡的高阶主管。

一般人就算只汇一小笔钱，都会被银行追问到底，但亿万富豪不是一般人。在当时，刘特佐已经是瑞意在全世界最大的客户，也让很多瑞意的员工变得非常有钱，尤其是在新加坡的几位「大老闆」，以及那些曾与他一起去拉斯维加斯赌钱、到游艇上玩乐的银行主管。为了留住刘特佐，他们一定会想尽办法。

就在这封电子邮件传送出去之后没几天，瑞意银行核准了这笔一亿一千万美元的汇款。「家族成员之间的汇款，往往很难说清楚讲明白。」一位银行高层写给法遵部门的信件上说。

▎胆子这么小，就别来私人银行上班

不过，事情尚未结束。几天后，轮到洛希尔银行要求刘特佐针对这笔巨款的来源提出说明。刘特佐知道，这家银行不像瑞意那么容易搞定，因此他在十一月二十日写信给易有志，请他向洛希尔银行说明资金的来源。刘特佐自己拟了一封信，信

中强调瑞意银行与刘家往来多年，并且「严格遵守法遵程序」，对于资金来源避重就轻，让人以为钱是刘福平给的（实际上根本是来自一马公司与 Good Star）。

在当时，易有志已经对刘特佐言听计从，他渐渐放掉其他客户，九成时间都在处理刘特佐的资金、跟着他的私人飞机全世界到处跑、登游艇、开派对。随着易有志愈来愈耽溺于这种奢华生活型态，刘特佐也更能对他使唤自如。一位女同事旁观这一切，曾经提醒易有志法遵程序的重要性。

「如果你们胆子这么小，就别来私人银行上班。私人银行本来就得承担一些风险，如果你怕，就回家喂奶算了。」易有志很生气地回复对方。

于是，易有志偷偷用瑞意银行的官方信笺印出刘特佐拟的那封信，没有按照标准的法遵程序——没有先知会主管，也没有告知银行的法务人员——就直接签名后寄给洛希尔银行。这封信，大大降低了洛希尔银行的疑虑。多亏了易有志，刘特佐成功地编织出他来自亿万富豪家族的故事。只是易有志已经踩了不该踩的红线，后来也付出代价。

为了避人耳目，刘特佐用尽各种手法，有些离谱到好笑。例如，他用「Eric Tan」（也就是他的助理胖子 Eric）的名义，开了一个 Gmail 账户，并且用这个账户处理生意上的事，试图让别人以为负责的人不是他，是 Eric Tan。有一次，他要在瑞士安勤银行开户，就用「Eric Tan」的 Gmail 账户，与安勤的银行家安排在吉隆坡见面。安勤银行的新加坡主管飞到吉隆坡

之后，原本以为会见到「Eric Tan」，结果却是刘特佐在晚间去旅馆接他。刘特佐将他载到家里，并告诉他自己真正的身分，不过要求他对外仍继续称他「Eric Tan」。

从这段时间起，刘特佐大部分的对外往来，都是用这个「Eric Tan」的 Gmail 账户，接下来他所设立的许多空壳公司与开设的银行账户，都是由真正的胖子 Eric 出面。然而，实际上胖子 Eric 只管拿钱与玩乐，很可能完全不知道自己替刘特佐承担了巨大的风险。

刘特佐到底在想什么？就像易有志，他同样踩了不该踩的红线。原本他只是在许多交易与资金流动上编造谎言，但现在他竟然开始假冒他人。或许他也是逼不得已，但他目前为止总是安然过关。但他一刻也不得闲：光是把资金转来转去，就够他忙的了。

接下来，他还有另一笔债得还：他得想办法帮助纳吉连任。

681 美国派，首相的秘密账户

槟城，2013 年 4 月

　　那是闷热的一天。回到槟城替纳吉助选的刘特佐，那天陪着巴斯达韵乘坐三轮车，在槟城首府乔治市游玩，另一位朋友则陪着史威兹·毕兹坐在另一台三轮车上。穿着宽松短裤，脖子上戴着金项链的巴斯达韵与其他三人逛了一下热门景点后，一起去吃午餐——炒粿条、虾面、汽水等，都是刘特佐小时候爱吃的在地美食。不过，刘特佐这时候已经累垮，身上穿的印有「1Malaysia」字样蓝色 polo 衫早已湿透。

　　隔天，巴斯达韵在当地一所华文学校有一场演出，参与演出的还有史威兹·毕兹以及 LMFAO 的主唱雷度福（Redfoo）。这场演唱会是由刘特佐赞助举办的，现场约八万观众，都穿着印有「1Malaysia」字样的免费 T 恤。再过两星期，就是马来西亚大选。「现场不会有政治演说，」刘特佐接受当地电视台访问时说：「当然，主办单位与参加演出的艺人都鼓励团结、和平与繁荣。」

　　这是刘特佐想要扭转局势的最后一搏。民调显示，槟城选

民大多偏向反对党，因此也成了纳吉选情重要的战区。刘特佐找了当地餐馆配合，到处垂挂纳吉的竞选标语「1 Malaysia」。刘特佐成立的「一马槟城福利俱乐部」（1 Malaysia Penang Welfare Club），除了捐很多钱给当地慈善团体，也出钱邀请韩国知名流行红星江南大叔到槟城来办演唱会。与此同时，一马公司也拨出四亿美元，在槟城买了很多地，声称要用来盖廉价屋，照顾弱势。

然而，尽管撒了很多钱，纳吉依然在槟城不太受欢迎。在江南大叔演唱会那晚，纳吉上台致词，他问在场观众：「准备好迎接江南大叔上台了吗？」

「Yes！」观众大声回答。

接着纳吉又问，准备好迎接国阵重新拿回槟城政权吗？

「No！」观众这回大喊。

这让纳吉非常难堪。因鸡奸案被判坐了几年牢、刚刚出狱没多久的前副首相安华（Anwar Ibrahim），声势不断看涨。口才很好的安华当时带领一个反对党联盟，选前民调显示他极可能赢得即将在五月五日举行的全国大选。纳吉可不想成为巫统史上第一个被赶下台的首相，于是他转而向刘特佐要更多钱。

三年来，纳吉与罗斯玛放任刘特佐掌控一马公司。罗斯玛很享受刘特佐带来的珠宝与豪宅，她儿子也顺利成了电影界大亨，如今换纳吉需要大笔资金来应付眼前的政治危机。

刘特佐当然知道自己得找出一大笔钱给纳吉，但问题是这些钱要挪用也不是那么简单的事。尤其，在安华二月间发表的

竞选宣言中，其中一项就是要求公开一马公司的账目，如果当选，安华声称将关闭一马公司。

为了自保，刘特佐只好想办法筹更多钱。再一次，他找上了高盛。

高盛啊，要不要再来一次？

每年一度在瑞士滑雪度假中心达佛斯（Davos）举行的世界经济论坛（World Economic Forum），是一场全球顶尖精英的大型聚会。吸引了各国领袖、华尔街巨富以及财星五百大企业主管。大家都看到来自世界各国的专家在论坛上讨论各种议题，不过那只是这场论坛的「公开」活动，其实在媒体捕捉不到镜头、只限特定人士参与的小会议室里，才是这些精英们谈交易的地方。

一月底，高盛负责「成长中市场」、来自纽约的副董事长麦可·伊凡斯（Michael Evans），在莱斯纳居中安排下，打算在达佛斯会见一个重要的人：马来西亚首相纳吉。在论坛的公开场合，纳吉强调马来西亚是回教世界的民主典范，而他是称职专业的国家领袖。

「我们必须照顾年轻人，我们必须让年轻人有工作！」他在接受ＣＮＮ评论员法里德·扎卡里亚（Fareed Zakaria）访问时说。

然而，此刻与伊凡斯、莱斯纳见面，纳吉关心的是另一件

事。与两位高盛高层寒暄之后，纳吉很快就开门见山地说，二〇一二年高盛曾经替一马公司发行债券，他问高盛要不要再来一次？而且就像先前那两次，速度要快、要低调。其实，高盛原本就预期将来能在马来西亚接到更多生意，但纳吉在距离前一次债券发行计划的三个月（其实不到）之后，就主动把生意送上门，简直是天上掉下来的礼物。

纳吉说，他要再发行三十亿美元债券。对高盛而言，显然又是海捞一票的机会。

之所以需要这笔钱，照纳吉的说法，是因为他打算与阿尔巴投资公司合作，在吉隆坡规画一个新的金融区，并且取名为「敦拉萨国际交易中心」（Tun Razak Exchange），以纪念他的父亲。他希望，能将吉隆坡打造为亚洲最先进的金融中心。纳吉不断解释，这个计划，阿尔巴投资打算投入三十亿美元……

伊凡斯说，当然，高盛非常乐于配合。通常华尔街银行要争取一笔生意，得准备厚厚的一叠提案报告，详细说明如何进行、报酬率多少、潜在投资者有哪些人等等。但这回，高盛似乎什么都不用准备，光是见面就能拿下如此庞大的生意。当高盛亚洲区总裁戴维·莱恩听到这件事时，他怀疑其中有鬼。但再一次，盖瑞·康恩与马克·舒华兹（新任亚洲区董事长、莱恩的新顶头上司）都大力支持这个计划。于是，高盛展开了新的「触媒专案」（Project Catalyze），替马来西亚展开另一次的债券发行计划。

大马银行里，有一个首相的秘密账户……

紧接着三月，正当高盛准备全数吃下一马公司的三十亿美元债券时，发现一件很可疑的事：一马公司要求把这笔钱，直接汇入一个瑞意银行账户。

负责这笔交易的一位新加坡律师黄凯文（Kevin Wong，音译），在一封电子邮件上提出警示，将如此庞大巨款存入一家私人银行，是非常不寻常的。但是，高盛没有理会黄凯文的警示，在一份提交给一马公司与阿尔巴投资公司的简报中，高盛表示理解客户的关键需求，包括「执行期间保持高度机密」以及「速度」。也就是说，这起交易必须快，而且必须保密——至于为什么得如此，一马公司没解释，似乎也没人在意。不过，高盛为这批债券的潜在投资者准备的说明书中，倒是有强调一马公司与阿尔巴当时尚未有具体的营运计划书。

这一次，高盛已经驾轻就熟。三月十九日，香港 PFI 部门比照前两次的方式，买下全部三十亿美元债券。这次，兼任马来西亚财政部长的首相纳吉，亲自签署一封档案替债券背书，如果一马公司无法偿还，将由政府代偿。光是这笔生意，就让高盛赚了近三亿美元。加总起来，过去十二个月，高盛靠着替一马公司发行三次债券，赚了六亿美元——这个金额，比一般其他相似规模的债券发行，远远高出两百倍。如此暴利，不可能不引起关注。

二〇一三年三月，当高盛这次债券发行计划即将结案，刘

特佐透过蓝莓机传了一则讯息给吉隆坡大马银行（AmBank）职员余金萍（Joanna Yu），提醒她有一笔「681 American pies」将从海外汇入一个叫做「AMPRIVATE BANKING--MR.」的神秘账户。只有刘特佐、大马银行几位高层等极少数人，才知道这个账户的所有人，就是首相纳吉。刘特佐告诉余金萍，「PM」不要他的名字、地址、身分证号码出现在汇款单上。刘特佐很清楚，在选前的敏感时刻要特别小心。

任何与这个账户相关的活动，「都必须严格监控与追踪，如果有任何人接触这个账户、复制复印件，我们都必须知道。」刘特佐写道。

刘特佐补充，最怕的，是被反对党拿到这个帐户的资料并且公开踢爆。刘特佐与余金萍讨论如何将这笔巨款拆成较小笔的金额，以避免冲击到马币汇率。

隔天，高盛一将三十亿美元存入瑞意银行，立刻就有高达十二亿美元被侵吞——先透过库拉索的基金，再转入一家登记于英属维尔京群岛的空壳公司。这家名叫 Tanore Finance Corporation 的空壳公司，登记负责人是胖子 Eric。然后，再从 Tanore 账户分两笔汇入纳吉的秘密户头，共六亿八千一百万美元。这两笔汇款的美方拆款银行，都是刘特佐平常往来频繁的富国银行（Wells Fargo），尽管汇款单上没有收款人的相关资料，富国银行似乎也觉得无所谓，就这样放行了——反正只是每天数以兆计资金流动中的一小笔而已。

刘特佐是在二〇一一年，经由大马银行董事经理谢德光

（Cheah Tek Kuang）的协助，替纳吉开设了这个秘密账户。刘特佐大约在十年前，从华顿商学院毕业返马后，认识谢德光的。赢吨公司成立早期，刘特佐就是向大马银行借贷。由于刘特佐承诺将来会给大马银行更多生意做（例如替一马公司提供咨询、承销将来发电厂的挂牌上市等等），因此当刘特佐说要替纳吉开设账户时，谢德光欣然允诺协助。

次年，刘特佐将一亿七千万美元汇入纳吉的账户。为了避人耳目，刘特佐与谢德光将这笔汇款标示为「内部转账」躲过法遵部门的法眼。

大马银行的大股东之一，是澳纽集团（Australian and New Zealand Banking Group，简称 ANZ），但纳吉在大马银行开设秘密账户，澳纽集团从头到尾完全被蒙在鼓里。纳吉利用这个账户里的钱，收买政客、买珠宝、在超跑车专卖店 Signature Exotic Cars 花了五万六千美元。在刘特佐的指示下，大马银行的余金萍负责处理所有汇入与汇出事宜。随着选举愈来愈接近，这个账户也愈来愈活跃。

那位马来西亚老兄所提供的档案，简直太扯了

由于涉及的金额庞大，刘特佐需要找「友善的」银行配合才行。为了确保不会出状况，Tanore 在瑞士的安勤银行开户，安勤是阿尔巴所拥有，负责人又是刘特佐的合作伙伴阿末·巴达维。为了解释这笔六亿八千一百万美元的汇款理由，刘特佐

拟了一份假的贷款合约，声称这笔钱是 Tanore 公司「借给」「AMPRIVATE BANKING--MR」这个账户的，而且合约上称这个账户属于「财政部长」——而不是首相——名下的一家公司。但造假得如此明显的合约，其实很难逃过银行的法眼。

在安勤银行的瑞士总部，银行执行长伊多尔多·李曼（Eduardo Leemann）不敢相信刘特佐竟然提供如此草率的贷款合约。五十几岁的李曼是瑞士人，曾经担任高盛私人银行部门负责人，他在一九九〇年代加入安勤银行的前身「AIG 私人银行」（AIG Private Bank），见多了巨额转账，他知道刘特佐的粗糙手段会给他惹来麻烦。

没错，平常刘特佐很谨慎，但此刻他很急迫，而且如今涉及的事情太多，使得他再也无法细心布每一个局。三月二十五日，第二笔汇款准备要转账当天，李曼打电话给阿末·巴达维。

「阿末，我们那位马来西亚老兄所提供的档案，简直太扯了，我只是老实跟你说……这……这会让我们惹上麻烦。」李曼紧张到声音有点发抖：「这些档案太不专业、太草率、太粗糙。我手上收到的这些档案简直是笑话，老实说，阿末，是笑话！你看，这么大一笔钱，他怎么可以这样乱拆一通——这里一笔九百万、那里一笔两千万……一看就知道是假的……我觉得……这太扯了！你赶快去跟刘特佐说，要嘛，赶快在六个小时内弄一份我们法遵部门可以接受的档案，要嘛，我们的麻烦大了。」

于是，阿末·巴达维立即联络刘特佐。「特佐，我们所收

到的档案，太扯了，问题很大。」他写道。

李曼最担心的，是其他相关银行——尤其是美国的银行——如果发现异常，通报主管机关。他说，安勤银行特别请法律专家看过这个案子，「只要有任何一家银行吹一声口哨，向主管机关报告……那我们事情就大条了。」

刘特佐要阿末·巴达维赶紧想办法。当时，他经手的汇款太多——有的要给首相、有的要给生意伙伴、有的要拿去买豪宅开派对——多到他无法每一件事情都能安排妥当，也愈来愈仰赖瑞意银行、安勤银行高层的朋友来帮他确保这些汇款都能畅行无阻。

一马公司的法律顾问卢爱璇发现，刘特佐愈来愈胖，很可能与压力太大有关。刘特佐也承认，晚上常常失眠。但他已经无法回头，只能继续往前冲。至于安勤银行的汇款问题，尽管李曼很担心，但在阿末·巴达维的背书下，仍然顺利放行了。

在一马公司的黑钱支助下，纳吉在二〇一三年大选中如虎添翼。随着投票日愈来愈接近，刘特佐掌握钱脉，将数以百万计的现金撒向全国各地。他透过蓝莓机不断向余金萍下指令，要她从纳吉的账户付钱给巫统政客。由于要处理的支票实在太多了，她心里很不爽，在背后叫刘特佐「肥仔」。其中有些汇款，是经由纳吉另一位弟弟、CIMB银行执行长纳西尔·拉萨（Nazir Razak）的私人银行账户。

五月五日投票后，纳吉险胜，躲过了一劫，刘特佐再度立了大功，纳吉感激在心。不过，对纳吉而言那次选举只能算惨

胜，不仅没有赢得槟城，得票率也比反对阵营低。之所以可以继续执政，是因为选区规画对执政的巫统有利。虽然安华声称选举舞弊，但大势已去。

大选过后，媒体仍然紧盯不放……

虽然纳吉安然过关，但刘特佐却有了新的麻烦。

没错，纳吉仍大权在握，刘特佐在一马公司的所作所为暂时逃过了反对党的围剿，但选举期间的庞大支出，以及高盛从一马公司所赚取的暴利，开始引起更多记者的关注。例如，《The Edge》就对 PSI 合资计划、董事长巴克沙列的突然辞职等问题表示质疑，只可惜当时《The Edge》的记者尚无法取得具体违法事证。

《The Edge》的老闆童贵旺也展开一波新的调查，选后没多久，该报刊登了一份针对一马公司的调查。这篇长达两千字的专题报导指出，一马公司如何集资了一百亿美元，结果却只投资了两座发电厂；质疑为什么原本投资 PSI 的十八亿美元，会拿去买开曼群岛的基金，而且金额变成二十三亿美元？不过，报导中除了指出一马创始初期有刘特佐的参与，完全没有提到刘特佐的其他角色。

国际媒体也开始耳闻，高盛从一马公司海捞一票。传出耳语的，主要是东南亚的投资银行，因为这些银行当地主管都被伦敦、纽约总公司的老闆修理，怪他们错失了这么好赚的生意。

还有盖瑞・康恩自己，也在纽约与记者见面时主动提起这笔交易。

选举期间，《华尔街日报》刊登了一篇报导，标题是〈GOLDMAN SEES PAYOFF IN MALAYSIA BET〉（高盛押注大马终有回报），两位记者 Alex Frangos 与 Matt Wirz 细述高盛如何替砂拉越与一马公司发行债券，大赚两亿美元。然而，实际上金额不只两亿美元，而是六亿美元，但已经足以让高盛跳脚。高盛发言人对外表示，客户之所以找上高盛，是因为高盛具备「公开市场」所缺乏的「提供复杂财务方案」能力。

紧接着八月间，《Focus Malaysia》财经周刊，以封面故事报导〈谁是刘特佐？〉。报导中提到刘特佐与阿布扎比的关系，质疑与他相关的投资案——包括购买 EMI——并且怀疑钱都是来自一马公司（不过该篇报导并未提出证据）。但一马公司倾全力灭火，「据一马公司所知，刘特佐的角色是零。」《Focus Malaysia》引述一马公司执行长沙鲁・哈米的话说。

看来，媒体已经盯上了。刘特佐是否心生警觉？没有。刚刚到手的三十亿美元，并不是全部都给了纳吉与他的政治盟友，还有一大笔流到刘特佐的账户里。而他开心庆祝老闆胜选的同时，也在选购能衬託他「好莱坞亿万富豪」身分的艺术品。

不见天日的艺术品

纽约，2013 年 5 月

刘特佐心跳加速，紧张地拿着电话。「三千七百五。」他喘着息说。

电话另一头，是佳士得拍卖公司的当代艺术专家卢瓦克·古泽（Loïc Gouzer）。当时，古泽人在佳士得位于洛克菲勒大楼的纽约总部拍卖大厅。古泽向拍卖官示意，出价三千七百五十万美元。拍卖官笑着说：「这次，会成功买到吗？」

墙上挂着的，正是刘特佐在抢标的作品：尚·米榭·巴斯奇亚（Jean-Michel Basquiat）的〈瘾君子〉（Dustheads）。这幅七呎高、完成于一九八二年的作品灵感来自非洲面具，是以压克力、油画棒、喷洒珐琅等原料完成的两个大眼人。这位来自布鲁克林的涂鸦大师在一九八八年去世时，只有二十七岁，因此市场上所遗留的巴斯奇亚作品并不多，价格不断上扬，这幅〈瘾君子〉正是收藏家最爱的作品之一。

原本，每次加价级距是五十万美元，但刚刚刘特佐直接价格「跳级」喊价，一次提高了一百万美元，企图让对手知难而

退。

然而，另一位同样以电话委託的匿名投标人显然没有被刘特佐的跳级喊价吓跑，继续追加五十万美元。接着，价格不断攀高——三千八百万、三千九、四千、四千一、四千一百五、四千二、四千两百五，双方互不相让。就在这时，刘特佐深深吸一口气，再次「跳级」喊出四千三百五十万，古泽再向拍卖官示意。这回，对方没有跟进。

「看来没人要追价了，」拍卖官说完，接着落槌：「成交！四千三百五十万美元！」

加上拍卖公司所收取的服务费之后，总成交价为四千八百八十万美元，创下巴斯奇亚作品的最高价纪录。刘特佐当时人在佳士得的包厢里，成交那一刻，整个包厢欢声雷动，里奥纳度、史威兹·毕兹、麦克法兰等人，大大恭贺他一番。

那一天，是马来西亚大选的十天之后。刘特佐以买下世界上最昂贵的画作之一，来纪念纳吉的胜利。刘特佐是在大选之后，才以 Tanore 公司的名义在佳士得开立账户。当时 Tanore 已经从高盛的债券发行中进帐十二亿美元，刘特佐打算用这笔钱，来打造世界级的艺术收藏。

▌四年之中，掏空了五十亿美元

只有刘特佐自己知道，过去四年来，他总共捞走了多少钱。其实，就算他自己，恐怕也无法掌握精确的数字。二〇〇九年

以来，他从 PSI 时期捞走十五亿美元；二〇一二年的两次高盛债券发行，他捞走十四亿美元；这回，再增加十二亿美元。除此之外，马来西亚公务员退休金账户有一笔借给一马公司底下名叫「SRC International」的十亿美元，目前不知所踪。换言之，总共超过五十亿美元被他掏空。这些钱当中，超过十亿美元被他挥霍掉，超过十亿美元拿去买豪宅、买公司，超过十亿美元付给了首相与其他政客。

为了填补被掏空的财务黑洞，刘特佐寄望于将发电厂挂牌上市后，能赚进数十亿美元。他认为自己可以继续这样玩下去，就像马多夫，总相信自己有办法钓到下一个冤大头、继续支撑他的金字塔骗局，而且马多夫一玩就是四十年。

马多夫——以及其他——骗局，一旦找不到新的资金，整个局就会垮掉。但刘特佐认为政府的钱是用不完的，他可以取之不尽。一般人的负债得背一辈子，但政府往往可以撤销自己捅出来的债务。刘特佐要玛浩尼（PSI 的投资长）放心，纳吉最后一定会同意将所有亏损一笔勾销。纳吉的父亲敦阿都‧拉萨，希望马来西亚是一个以民主自豪的国家，但刘特佐的所作所为，却使得这个国家与敦拉萨的梦想渐行渐远。

从高盛到私人银行，西方金融机构为虎作伥，与刘特佐联手掏空马来西亚。沉迷于艺术收藏的刘特佐，完全无视于六成以上的马来西亚家庭每月收入低于一千六百美元。一马公司的十亿美元负债，全都得由后代子孙扛下。纳吉口中信誓旦旦，要让马来西亚在二〇二〇年跻身已开发国家的生活水平，但这

个国家的政治领袖们自己赚得饱饱的，却无法为老百姓实现这个目标。马来西亚人均所得约一万美元，相当于美国的五分之一，正陷入所谓的「中等所得陷阱」，不算穷，但也还没致富。过去，日本、韩国、新加坡、台湾都达到已开发国家的水平，但如今受贪污腐败之苦的马来西亚——以及巴西、俄罗斯与其他许多国家——却迟迟难以翻身。

其实，拍卖会当天，刘特佐不只买巴斯奇亚的画，他同时花八百万美元，买了另外两幅亚历山大·考尔德（Alexander Calder）的作品。那一天对佳士得而言，是历史性的一天，当天总业绩高达四亿九千五百万美元，创下拍卖史上的最高纪录。根据欧洲艺术基金会（European Fine Art Foundation）的统计，那一年全球艺术市场规模来到四百七十亿欧元，较十年前暴增了一五〇％。

刘特佐企图透过艺术品，来打造自己的文化气息，可以向同样是艺术收藏家的史威兹·毕兹，炫耀自己的巴斯奇亚收藏。但其实他根本不重视这些作品，也不把这些作品展示出来。相较于别的资产，艺术品有个优点：很不容易追踪，而且可以很快变现。他需要一个安全又隐密的地方，来存放这些艺术品。

日内瓦免税站，艺术品的开曼群岛

在日内瓦市中心南方，有七座扁平的白色仓库。这里不是Pictet、Julius Baer 这类私人银行坐落的旧市区，而是离此不远

的一个工业区。这些仓库与一般工业区的简陋建筑差不多，外面停放着货车，只是门禁较为森严，门口还有虹膜扫描仪。

这里叫做「日内瓦免税站」（Geneva Freeport），是当地有钱人存放私人物品——金条、珍贵红酒及艺术品——的仓库。

长期以来，历史悠久的免税站一直是当地贸易商暂时存放各种商品、免于被课征地方税的地方。政府愿意牺牲税收，主要原因是希望这些商品能带来更多经济活动与投资。「日内瓦免税站」的主要股东是日内瓦市政府，从十九世纪以来，就是当地榖物、木材等商品的免税转运中心。渐渐地，有钱人开始利用这个免税站来运送黄金等私人物品，最后成了长期存放这些物品的仓库。存放在免税站的物品，没有期间限制，换言之，想放多久都可以，政府永远抽不到税。

二〇一三年，瑞士财政部长估计存放在免税站里的物品，总值超过一千亿法郎，包含一百二十万件艺术作品、三百万瓶顶级红酒。如果开放让民众参观，这些仓库将是全球收藏最丰富的博物馆，里头的作品比罗浮宫、普拉多博物馆还要多。除了免税之外，这里也是个隐密的好所在，对于里头存放的东西，政府不会过问太多。

想也知道，这里是洗钱者的天堂。或许，刘特佐是经由卡登得知这个好地方，因为卡登存放了好几台名车——包括一台Bugatti Veyron、一台Pagani Huayra——在这里。

刚开始，掏空来的钱，刘特佐主要用来买豪宅与饭店，外加豪赌与开派对。在美国，当客户用现金买房子，房地产业者

本来就无须特别向政府申报，何况刘特佐有许多空壳公司作为掩护。但房子毕竟是有形的不动产，万一发生什么危机也无法移动。刘特佐一直很怕外界知道，其实他才是时代华纳阁楼、好莱坞鸟街豪宅的真正主人。就在不久前，美国房地产新闻网站报导里札买下「桂冠公园」豪华公寓的消息，不过该篇报导以为卖方是洛希尔的银行家，不知道刘特佐的真正身分。除了买下 EMI 与总督饭店集团等公司股权之外，他也用二〇一三年发行债券捞到的那笔钱，买下英国内衣品牌 Myla（显然是罗斯玛喜欢的牌子）。同样的，这些公司股权要脱手也不是那么容易。

而且，瑞士的银行也不再如过去那么替客户保守秘密。二〇一三年美国司法部推出一项新政策：愿意协助查缉逃漏税美国居民的瑞士银行，将可免于被起诉。看在刘特佐眼中，这意味着不能再仰赖瑞士的银行，包括瑞意银行在内，很快就开始与美国司法部合作，并开始对刘特佐的资金往来提出质疑。至于有李曼在的安勤银行，也不容易摆平。随着一马公司愈来愈受到关注，刘特佐需要更难被追踪、更容易变现的资产。

艺术市场正中他下怀。看在「防制洗钱金融行动小组」（Financial Action Task Force）眼中，艺术品就像珠宝，是非常难以管理的金融市场。负责撮合买卖双方的业者——从纽约、香港或日内瓦的小型拍卖公司，到苏富比、佳士得等大公司——都没有揭露买家身分的义务，有时候他们连隐藏在空壳公司背后的卖家真正身分都无法掌握。虽然瑞士银行保密的传

统已经被破解，日内瓦免税站仍可继续保有机密，不必对外揭露客户名单。有一家瑞士艺术品仓库的老闆伊夫士・波维尔（Yves Bouvier），二〇一〇年在新加坡樟宜机场附近开了一家类似日内瓦免税站的仓库，《纽约时报》称这种仓库为「艺术世界里的开曼群岛」。

包厢搞不好比艺术品还重要

刘特佐和麦克法兰频繁地造访纽约的各大拍卖行，占据「买家包厢」（skybox）——从这里可以看到拍卖大厅，观察拍卖现场，并隐身于此透过电话参与竞标。一七〇〇年代创立于伦敦的佳士得，员工们往往自视甚高，很多花钱向他们购买艺术品的富豪，都不被他们看在眼里。而刘特佐这帮人在他们看来，就是一批暴发户。有时候，麦克法兰代表 Tanore 公司竞标，曾以七十一万四千美元买下马克・瑞登（Mark Ryden）的画、三十六万七千美元买下爱德华・鲁沙（Ed Ruscha）的作品，但基本上，佳士得高层认为，刘特佐就是 Tanore，Tanore 就是刘特佐，这位马来西亚人是在为公司采购收藏品。

不过，实际上，刘特佐一直设法撇清自己的角色，例如他都是用胖子 Eric 与麦克法兰的名义投标，有一次则是用 Eric Tan 的 Gmail 账户向佳士得预定一间十二个人的买家包厢。

「这包厢最好够豪华，」佳士得一位员工写信给同事说：「对这位客户来说，包厢搞不好比艺术品还重要。」

那天晚上，刘特佐花了五百五十万美元，买下梵谷的名作〈黄房子〉（La maison de Vincent à Arles）。过去，刘特佐都是顺利透过安勤银行汇出款项给佳士得，但是这一次，安勤银行的法遵挡下了汇款。于是，刘特佐只好写了一封电子邮件——用 Eric Tan 的 Gmail 账户——给佳士得，为这次购买梵谷作品的付款延迟致歉。后来，刘特佐是从别处调钱来还给佳士得。

总计从二〇一三年五月到九月之间，刘特佐以 Tanore 的名义，买了一亿三千七百万美元的艺术品。除了 Tanore 之外，他也以其他人头的名义购买如梵谷、罗伊‧李奇登斯坦（Lichtenstein）、毕加索与安迪‧沃荷的作品，到了二〇一三年的年底，他持有的艺术品总值估计已经高达三亿三千万美元。他将所有艺术品都存放到日内瓦免税站，同时设法隐藏购买这些作品的资金来源。于是，他再度以 Eric Tan 的名义，写了许多封电子邮件给自己，表示要将「Tanore 买的艺术品」转赠给他。

根据这些电子邮件，「胖子 Eric」表示，为了感谢刘特佐的「慷慨、协助与信任，尤其是在我人生的谷底时所给予的协助」，要将这批艺术品「送」给刘特佐。而且每一封电子邮件的结尾，都很突兀地加上一句话，强调这项礼物「在任何情况下皆不可被视为一种贪污行为」。刘特佐显然太天真了，怎么会有人轻易将一幅一亿美元的作品送给人家当礼物？另外，麦克法兰也收到来自「胖子 Eric」的礼物，那是一幅比较便宜的

马克·瑞登作品。不过，这些礼物根本没有人能享用，因为全都被锁在日内瓦免税站、有湿度控制的保险库里。

这一来，刘特佐已经把好几亿美元藏在一个安全的地方。但其实还有一种东西，比艺术品更方便携带，那就是：珠宝。为了讨罗斯玛欢心，或许也为了吸引别的名媛、为了彰显自己的身分，刘特佐大肆收购珠宝。

珠宝商与银行家

Topaz 号，2013 年 7 月

曼苏尔亲王的豪华游艇 Topaz 号上，大伙儿兴致勃勃。这艘游艇耗时四年打造，耗资五亿美元——相当于五架 F-35 战斗机的成本。纳吉此刻正在船上，庆祝自己的胜选。在其中一个主厅里，纳吉与曼苏尔亲王的哥哥、阿布扎比皇太子莫哈默亲王（Sheikh Mohammed）交谈。

这场会面，是刘特佐在二〇一三年七月初安排的。出席的人还有莱斯纳，以及曾经与纳吉在达佛斯碰面的高盛副总裁麦可·伊凡斯（Michael Evans）。纳吉意气风发，刘特佐提供的资金让他稳住政权，现在阿布扎比准备要给他大笔资金、高盛从旁协助，打造一个以他家族为名的金融中心。纳吉转向伊凡斯与莱斯纳，肯定他们目前为止的表现，并且保证将来还会有源源不绝的合作机会。

「你们有看到别家投资银行在这艘船上吗？」纳吉笑说。

这场会面之后，纳吉在圣托佩（Saint-Tropez）与朋友吃晚餐，大约有八位出席，多是来自马来西亚与中东的友人。一如

平常，刘特佐的好友杰米・福克斯在现场弹奏与演唱。

其实，当天有一位高盛高层，没有出席这场聚会，这个人就是不断质疑一马公司的亚洲区总裁戴维・莱恩。就在七月间，才四十三岁的他突然宣布退休。他的质疑是正确的，却被高层当耳边风。

建造 Topaz 号的部分资金来源，正是来自高盛付给一马公司的钱。这次，刘特佐花了三百五十万美元租用一个礼拜，同样也是来自一马公司的钱。除了纳吉之外，刘特佐也得讨罗斯玛欢心，他已经让她儿子成为好莱坞制作人、在伦敦买了豪宅，但他知道罗斯玛最爱的一样东西，就是钻石。

那年夏天，就在 Topaz 号停靠在蔚蓝海岸边时，美国知名珠宝商洛琳・施华滋（Lorraine Schwartz）也来到摩纳哥，刘特佐邀她到游艇一起玩。他跟施华滋买过多次珠宝，两人本已非常熟。他也不断向罗斯玛推荐施华滋。自从影星荷莉贝瑞在二〇〇〇年戴着她的珠宝走红地毯之后，施华滋的事业开始扶摇直上，很多好莱坞明星都是她的死忠顾客。二〇一三年六月，刘特佐传简讯给施华滋，提出一个特别的要求：他要一颗十八克拉的「顶级粉红钻石，镶在钻石项链上。急。」七月初，施华滋找到了理想的样本，原本刘特佐打算请阿末・巴达维去拿，但施华滋决定亲自飞到法国来。

施华滋登上游艇后，刘特佐介绍她与众人认识，包括阿末・巴达维、罗斯玛与她的马来西亚朋友，并且一起欣赏施华滋手上的钻石。在钻石评鉴上，「艳彩」（vivid）是颜色外观的

最高等级，施华滋找到的这一颗甚至高达二十二克拉，超过刘特佐原本预期的十八克拉。她们七嘴八舌，讨论该搭配什么样的项链，结果大家达成结论：用多颗小钻石串成的项链，再搭配这颗钻石，最适合罗斯玛。

Black 代表罗斯玛的心，rock 则是她爱的钻石

两个月后，九月底，刘特佐的庞巴迪私人飞机在纽泽西泰特伯勒（Teterboro）机场上空盘旋。所有想在最短时间抵达曼哈顿的富豪，都会选择在这个机场降落。

飞机停靠后，刘特佐和里札、胖子 Eric 与麦克法兰一起走下飞机。他们刚去了拉斯维加斯赌博，但纳吉夫妇在纽约参加联合国大会，刘特佐得赶回来见罗斯玛。纳吉很喜欢与各国领袖见面，很少缺席各种高峰会。这趟来纽约，他还想跟高盛执行长贝兰克梵见面。

至于罗斯玛，则比较关心珠宝。几个礼拜前，刘特佐（又是用 Eric Tan 的 Gmail 账号）传讯息给施华滋，告诉她这位马来西亚第一夫人即将到纽约，请她将项链拿去给罗斯玛。刘特佐要施华滋将收据寄给他以 Eric Tan 的名义所成立的另一家空壳公司 Blackrock Commodities（Global）——乍看之下会以为是美国知名的投资公司 Blackrock，其实两家公司根本无关。（刘特佐曾跟人家说，Black（黑）代表罗斯玛的心，rock（石头）则是她爱的钻石。）刘特佐还特别向施华滋强调，买项链

这件事一定不能让外界知道。

「正如过去好几次提醒的，别在电子邮件上提起刘先生的名字，他只是介绍人，不是购买人！这是非常敏感的事！」刘特佐用 Eric Tan 的 Gmail 账户写给施华滋助理的电子邮件上写道。

选举过后，纳吉将六亿两千万美元汇回给 Tanore，其中部分金额后来流入 Blackrock 在新加坡发展银行的账户。刘特佐用 Eric Tan 的账户写信给发展银行的法遵部门，声称 Blackrock 是一家珠宝批发商，因此往来金额较为庞大。原本发展银行不肯放行，导致汇给施华滋的款项延迟，不过最后刘特佐还是成功说服银行法遵，发展银行也将款项汇出。光是前面提到的这件钻石项链，要价高达两千七百三十万美元，也成了世界上最昂贵的珠宝之一。

不过，当时项链尚未完成，但罗斯玛急着想看看设计。纳吉夫妇住在中央公园附近 Columbus Circle 的东方文华饭店（Mandarin Oriental），而刘特佐住的时代华纳阁楼基本上算是饭店的一部分（就在客房的楼上），因此他去找纳吉夫妇可以顺利避开媒体的追踪。九月二十八日，刘特佐与施华滋一起到了罗斯玛下榻的房间，将设计图给罗斯玛看，罗斯玛很满意。虽然那是刘特佐买给罗斯玛最昂贵的一条项链，但不是最后一条。

与此同时，纳吉正忙着招商。在东方文华会议室里，高盛执行长贝兰克梵安排了几位重量级人士与纳吉碰面，与会者包

括约翰·鲍尔森（John Paulson，著名避险基金的老闆，金融风暴期间他大赚了四十亿美元）、戴维·邦德门（David Bonderman，私募基金 TPG Capital 的创办人），以及纳吉女儿诺雅娜（Nooryana Najib，她念完乔治城大学之后加入 TPG 伦敦分公司，当时派驻于香港）。

▌与我的朋友拿汀斯里罗斯玛在 # 旧金山

二〇一三年三月，为高盛大赚一笔而走路有风的莱斯纳，从香港搭乘国泰航空飞往吉隆坡看 F1 赛车。就像新加坡的 F1，这场大赛成了东南亚富豪聚在一起谈生意与玩乐的好借口。

莱斯纳坐在商务舱，被他旁边一位比他年轻几岁的美女深深吸引。这位美女六尺高、黑长发，有着高脸颊与厚厚的双唇。莱斯纳觉得她有点面熟，似乎在哪见过。

原来，她是美国名模、电视名人吉摩拉·席蒙斯（Kimora Lee Simmons）。飞机起飞后不久，她开始把包包与外套放到她与莱斯纳之间的空位子上。由于她与莱斯纳都是贵宾会员，国泰航空通常会安排两人之间的位子空着，让他们放东西。但莱斯纳向席蒙斯抗议，两人也因此争执起来。

席蒙斯在美国知名度很高，因为她曾有个实境节目《Kimora: Life in the Fab Lane》，讲述她如何一边照顾与前夫拉瑟·席蒙斯（Russell Simmons，Def Jam Recordings 老闆）的两个女儿，一边打造自己的时尚王国。紧接着，莱斯纳与她不

再吵了，而是相互来电。四个小时的航程后，莱斯纳向席蒙斯求婚——这也是莱斯纳把妹的常见伎俩。

虽然两人没有马上结婚，但莱斯纳出门谈生意，往往都会带着席蒙斯同行，她也与纳吉夫妇成了好朋友。在亚洲，见面三分情，对谈生意而言是很重要的。大选之后，从南法到美国，莱斯纳几乎与纳吉形影不离。其实在纽约碰面之前，莱斯纳还陪着纳吉夫妇到旧金山，参加马来西亚主权基金国库控股办公室的开幕仪式。那天，拥有庞大粉丝追踪的席蒙斯，在Instagram 上传了一张自己与罗斯玛出席国库控股开幕仪式的照片，罗斯玛穿着绿色传统马来服装，席蒙斯则穿着红色低肩礼服。

「与我的朋友拿汀斯里罗斯玛在＃旧金山」她在贴文上写道。

很显然，那天并不是她们第一次共同出席活动。她在另一则贴文秀了一张她与莱斯纳和纳吉的合照，两位男士穿着开领白色衬衫与外套——这是两人非常罕见的一张合照。

莱斯纳与席蒙斯在二〇一三年底——认识九个月后——结婚，两人的爱情故事也登上了《People》杂志。对平常习惯了低调、连社群媒体都敬而远之的高盛银行家而言，这可不是件好事。高盛需要赚马来西亚的钱，但不需要昭告天下。

莱斯纳所带领的部分高盛员工，非常需要刘特佐。刘特佐的积极行动，让他们相信未来能从他身上赚到更多钱。先前，刘特佐的金威公司买下 EMI 的部分股权，但现在他想要主导

一项大型并购，成为真正有名的投资家。如果能同时买到一家
赚钱的好公司，也能确保他的掏空计谋不会被拆穿。

我想当真正的企业家

纽约，2013 年 7 月

　　刘特佐正与纽约地产商史帝夫·威特考夫（Steve Witkoff）在餐厅吃庆功宴，从他们的位子可以俯瞰中央公园，远望知名的广场饭店（Plaza Hotel）以及邻近的亨姆斯雷公园大道饭店（Helmsley Park Lane Hotel）——一栋于七〇年代完工的四十七层老旧大楼。

　　哈利·亨姆斯雷（Harry Helmsley）是纽约房地产界传奇性的人物，自从他（一九九七年）与太太先后过世之后，他的后代陆续将多笔房地产脱手，其中，这栋公园大道饭店是最值钱的一栋。这栋大楼坐拥中央公园美景，倘若更新重建价值不菲。经过一番抢标之后，刘特佐与威特考夫成功在二〇一三年七月以六亿五千四百万美元得标，而且他所提供业主的头期款高达一亿美元——比一般行情高出一倍以上。如今两人边用餐，边讨论要如何打掉这栋大楼，重建为一栋「亿万富豪大楼」。

五间阁楼加装户外泳池，每间卖一亿美元

金融危机爆发以来，许多像威特考夫这样的纽约地产商，以较小资金参与这类发展计划，让口袋较深的外国金主来负担主要的开发经费。刘特佐以金威公司名义当了 EMI 小股东之后，就一直想自己带头併购一家公司。正好当时他从一位知名房地产律师马丁·艾德曼（Martin Edelman）口中，听说威特考夫对争取公园大道饭店发展计划有兴趣，于是请艾德曼介绍他与威特考夫认识。

一头鬈发的艾德曼，先后毕业于普林斯敦大学与哥伦比亚大学，接着在纽约执业长达三十年，当时他加入了最顶尖的事务所之一 Paul Hastings。他说话快，人缘很好，工作很拚，与客户交情很好。多年来，透过多次合作关系，他在中东有很丰厚的人脉，除了担任阿布扎比的穆巴达拉基金主权基金法律顾问，莫哈默亲王也常常向他请教跨国投资房地产的问题。先前，穆巴达拉基金的主管介绍刘特佐认识艾德曼，现在艾德曼则介绍刘特佐认识威特考夫。

当时，威特考夫还以为刘特佐是真材实料的富豪，觉得他口袋深不见底。刘特佐同意占股八五％，而威特考夫负责剩下的一五％。威特考夫公司主管有一次向刘特佐询问出资的细部计划，刘特佐回复：「刘氏家族的财富从爷爷开始，目前传承到第三代。」另一位主管则在一封给富国银行（负责提供融资的银行）也表示刘特佐的资金「来自家族信託」。

接下来几个月，威特考夫集团不断讨论要如何重建公园大道饭店。由于纽约当地法律规定，新建筑必须保留原有的饭店，因此他们请来瑞士建筑师事务所 Herzog & de Meuron 合作设计这栋高达一千呎的大楼。根据 Herzog & de Meuron 的草图，这栋预计于二〇二〇年完工的大楼将会成为中央公园南端最高大楼。刘特佐非常兴奋，建议在五间阁楼加装户外泳池，预计每间可以卖到一亿美元。

公园大道饭店案在二〇一三年十一月敲定，刘特佐挪用一马公司的钱，透过多家空壳公司、家人的银行账户与美国律师事务所的信託账户，迂迴地支付了两亿美元的前期款项。这回，刘特佐终于能靠这个案子扬名立万，不过他有了另一个念头。

原本他一心想利用这几项投资，让他所编造的资金来源故事更可信。不过，这会儿他发现自己似乎想错了方向，或许他应该买下这些资产之后，再把资金移到别处，因为这一来这笔资金的来源就更名正言顺了：正当投资所赚来的钱。于是，他在二〇一三年十二月，就将部分股权以一亿三千五百万美元，转让给穆巴达拉基金。出让股权的所得当中，绝大多数流入了刘特佐、刘特升与刘福平开设于新加坡瑞意银行的私人账户。这笔钱，是出售纽约知名房地产发展计划的股权而来，他心想，应该就能从此切断与一马公司之间的关联。

能与穆巴达拉基金成交，刘特佐还得感谢一个人：欧泰巴大使。不久前（十二月）在与欧泰巴的生意伙伴阿瓦塔尼碰面时，刘特佐答应会在年底汇款给他们两人。其实，当时他准备

投入另一项并购案，而且与高盛有关。

数天之内，获利高达六〇〇%

刘特佐与高盛之间的关系愈来愈密切，并且认识了高盛派驻杜拜、负责投资银行业务的哈森·索基（Hazem Shawki）。当时，美国德州的传奇石油大亨奥斯卡·怀特（Osar Wyatt Jr.）在休斯敦的 Coastal Energy 想要脱手，在高盛「非正式」协助下，刘特佐曾经于二〇一二年找上 Coastal Energy。但怀特认为他拿不出钱来，要他去找更大咖的金主合作。这回卖掉公园大道饭店持股之后，刘特佐口袋满满，于是找了阿布扎比的 IPIC 合作，IPIC 旗下的西班牙能源部门 Cespa（Compañía Española de Petróleos，也称为 SAU），同意与刘特佐的空壳公司合作，联手向 Coastal 开价二十二亿美元。

就在双方谈判期间，高盛的法遵部门要求停止与刘特佐合作，主要质疑他的财富来源。当年高盛拒绝让他开设私人银行账户，也是同样的理由。

最后，怀特同意出售，刘特佐参与投资五千万美元，其余款项皆由 Cespa 出资。一周后，Cespa 以买下刘特佐的持股为名，汇款三亿五千万美元给刘特佐的空壳公司。也就是说，短短数天之内，刘特佐获利高达六〇〇%。

索基当时已经从高盛跳槽到 IPIC，他告诉阿布扎比高层这笔钱是为了感谢刘特佐引介这项并购机会。不过，索基有所

不知的是，这其实是分赃，钱都落入刘特佐与卡登的口袋。针对刘特佐与 Cespa 之间的协议，高盛对外一律否认知情。

刘特佐后来用这次赚来的钱，在伦敦五月花区买了一栋办公室，这里也成了他旗下内衣品牌 Myla 的企业总部。如果有人问起他的钱从哪来？他会说是卖掉纽约公园大道饭店的持股，然后又脱手 Coastal Energy 的股权赚来的。

他的企业王国正在成形，从纽约的地产商、银行到律师，没有任何人知道真相。不过，其实就在公园大道饭店交易拍板定案后，一个意外插曲差点让他的骗局曝光。

三四

五十万笔 emails 和档案

曼谷，2013 年 10 月

自从在二〇一一年离开 PSI 之后，沙维亚·朱士託（Xavier Justo）原本不要再提起这件事。

他与瑞（士）法混血的女友蘿拉（Laura）一起在东南亚旅行，两人后来在一个与世隔绝的沙滩上举行婚礼，并打算在泰国曼谷附近的苏美岛，兴建一间豪华度假村。度假村里有宽敞的主建筑，客房依着山坡而建，有泳池、网球场，四周环绕着棕榈树。那是朱士託的梦想之岛，是他重新展开新生活的地方。

打造这个度假村的工程费用庞大，让他想起前东家 PSI 说要付、却迟迟没给他的钱。

过去两年，他努力平复心情。被好友欧霸一脚踢出公司（详见第二一章），本就让他很受伤，后来又听说欧霸到处说他的坏话，更让他怒不可遏，决定展开反击。于是在二〇一三年秋天，他传了封电子邮件给 PSI 投资长玛浩尼，让对方知道自己手上握有杀伤力强大的资料。

　　他手上握有的，是 PSI 的电脑档案备分，近五十万笔电子邮件与档案。这些资料显示刘特佐、玛浩尼与欧霸如何从一马公司掏空资产，以及如何隐藏真相。两年来，朱士託按兵不动，因为他不确定万一这笔资料公开会有什么后果。但是今天，他忍不住了，决定与玛浩尼约在曼谷谈判。

　　坐在曼谷香格里拉饭店等待玛浩尼时，朱士託知道自己正在冒极大的险。因此当玛浩尼出现，他紧张得心都快跳出来。

　　他开始向玛浩尼细数 PSI 过去如何坑他，原本该给他的遣散费后来大幅缩水。这回，他要拿回自己应得的两百五十万法郎。但玛浩尼不为所动，坚称没有任何证据显示他有任何不法行为，因此 PSI 也没有任何理由付给朱士託一毛钱。两人的谈判最后没有达成协议。

　　朱士託继续传送电子邮件给玛浩尼，试图逼对方同意付钱。「表面上看起来光鲜亮丽，实际上都是抽佣、抽佣、抽佣！」他在其中一封邮件上写道。

　　四年来，玛浩尼觉得自己的位子稳如泰山，也许是因为他相信纳吉与沙特阿拉伯王子会保护他。他也许对于以后的发展感到不安，但也觉得没有人敢找他麻烦。因此在其中一封电子邮件上，他语带威胁地暗示朱士託。

　　「我实在不想看到这件事发展到最后，是你被毁灭。」

　　但这封信不但没有威胁到朱士託，反而刺激他决定找买家，买下他手中的资料。

砂拉越报告：里札哪来的钱？

二〇一三年十二月，克莱儿·鲁卡瑟布朗（Clare Rewcastle-Brown）正在她伦敦公寓的餐桌上，打开 MacBook Pro 工作。她正准备为她的部落格《砂拉越报告》（Sarawak Report）写一篇文章。

鲁卡瑟布朗在一九五九年出生于砂拉越，父亲是英国警察，母亲是护士。她从小在砂拉越的热带森林玩耍、在温暖的大海里游泳。一九六〇年代回到英国求学毕业后，她成为 BBC World Service 的记者。但她没忘记砂拉越，在二〇一〇年架设《砂拉越报告》部落格，批判砂拉越首席部长泰益必须对当地环境遭到破坏、政府贪污腐败负责。

一头金褐色头发、五十四岁的鲁卡瑟布朗，嫁给英国前首相葛登·布朗（Gordon Brown）的弟弟。虽然身为政治家族的一分子，鲁卡瑟布朗认为所有政治人物都必须对自己的行为负责。

不过，此刻她正要写的题目，与砂拉越无关。几个礼拜前，她从马来西亚的消息来源那里听到关于纳吉儿子里札经营红岩电影公司的事。虽然里札声称钱是中东金主出的，但马来西亚精英当中没有几个人相信。她还听说，钱是来自马来西亚的国营单位。受到好奇心驱使，她飞到洛杉矶收集更多与红岩电影公司相关的资料。

其中，有一起《阿呆与阿瓜》（*Dumb and Dumber*，一九

九四年由金凯瑞与杰夫·丹尼尔斯主演的喜剧）制作人在那年夏天提告的官司，引起她的注意。

这起官司的起因，是红岩电影公司买下了这部片的续集《阿呆与阿瓜：贱招拆招》（*Dumb and Dumber To*）的版权，却将原本的拍摄团队一脚踢开。二〇一三年七月，红岩电影公司向法院提出诉讼，要将原本的两位制作人史帝夫·史塔伯乐（Steve Stabler）与布莱德·克利维（Brad Krevoy）排除在续集的制作团队之外。但两位制作人反控红岩电影公司，主张他们拥有参与续集拍摄的权利。其实，当时红岩电影公司才和《华尔街之狼》的前任制作人雅莉珊德拉·米占（Alexandra Milchan，同样被红岩电影公司踢出团队）达成和解，现在又涉入另一起官司。

麦克法兰与里札的「管理不当与虚荣会把红岩电影公司拖垮。」两位制作人说。麦克法兰与里札自己缺乏成功制作电影的经验，他们在诉讼中说，尽管有里札的「家族资金」当后盾，但成功仰赖的不只是金钱──这正是好莱坞对红岩电影公司议论纷纷的重点之一。来年，双方在达成和解后撤告，红岩电影公司同意在电影中让史塔伯乐与克利维挂名执行制作人。

看在鲁卡瑟布朗眼中，这起官司背后另有内情。她开始大量阅读《好莱坞报导》（*Hollywood Reporter*）与《洛杉矶时报》上所有关于里札与麦克法兰的采访报导，她发现，两人对于资金来源的交代十分可疑。他们只说资金来自中东与亚洲，但从没提起任何细节。

　　这非常不合理，鲁卡瑟布朗心想。里札哪来如此大笔钱成立电影公司？这是她想要解开的谜题。

三五

里奥纳度的批判

纽约，2013 年 12 月

十二月十七日，一个气温降至零度以下、有风有雪的夜晚，观众在曼哈顿市中心五十四街的 Ziegfeld Theater 门外，等着入场参加《华尔街之狼》的首映会。

麦克法兰、里札与里奥纳度、玛格・罗比（Margot Robbie）、强纳森・希尔（Jonah Hill）一起站在红地毯上让记者拍照。虽然刘特佐先前一直想保持低调，但这一天他实在无法抗拒，他穿着深蓝色西装外套搭配枣红色领带，一定要去见证自己这项非凡成就。

短短几年，他从一个没没无闻的马来西亚小富豪，摇身一变成了好莱坞最热门电影的重要推手。那一晚，他可不愿意缺席，他要与身边的人一起庆祝这项成就，要让外界对他刮目相看。他邀请来参加首映会的对象，包括他的家人、女友 Jesselynn（与刘特佐的妈妈坐在一起）、一马公司的卢爱璇、史威兹・毕兹、IPIC 的卡登、纽约地产大亨史帝夫・威特考夫（Steve Witkoff）与马丁・艾德曼（Martin Edelman）。

刘特佐也与另外两位红岩电影公司的创办人一起站在红地毯上，但没有与主角们合影。不过，有人偷拍到电影开场之前，他与里奥纳度两人走在一起。里奥纳度一直与刘特佐保持密切往来，一个月前他们才一起在纽约的 TAO 夜店，欢度里奥纳度的三十九岁生日。后来，麦克法兰还因为开了超多瓶香槟而登上《纽约邮报》第六版。当时，刘特佐的奢华派对已经成了好莱坞关注的话题，电影《龙虎少年队》（*22 Jump Street*）里甚至有首歌〈*Check My Steezo*〉提到他的名字——

「刘特佐！我在看你，刘特佐！有李奥在这里，你不再需要独自拍照……。」

迟来的生日礼物，价值……三百三十万美元

刘特佐与红岩电影公司另外两位老闆尽所能地巴结里奥纳度，希望能继续找他拍电影，如果能接着拍《恶魔岛》（*Papillon*）最好，要不等拍下一部片也行。《华尔街之狼》首映会的几个星期后，刘特佐以 Eric Tan 的名义，送了一幅价值三百三十万美元的毕加索油画给里奥纳度，作为「迟来的生日礼物」。随这幅油画〈静物与牛头骨〉（Nature Morte au Crâne de Taureau）送给里奥纳度的是一张手写卡片，上面写着：「亲爱的李奥，迟来的生日祝福！这是送给你的礼物！」接着，他传了一封通知函给替他保管巴斯奇亚拼贴画作〈Red Man One〉（要价九百二十万美元）的瑞士画廊，将该画拥有

者的名字改为里奥纳度。这份通知函上有里奥纳度的签名，并且注明「本画作所涉及的各种直接或间接争议」都与里奥纳度无关。此外，刘特佐还送了一张摄影大师黛安・阿勃斯（Diane Arbus）的作品——要价七十五万美元——给里奥纳度。

私底下，里奥纳度很乐于接受这些馈赠，但在红地毯上，他表现冷淡得多。因为有些影评人认为，这部由史柯西斯执导的电影过度美化了乔登・贝尔福的恶行，带来的负面影响远大于正面的意义，里奥纳度此时不宜太张扬。

「这部电影不仅是对华尔街的控诉，也是对我们文化的控诉。我们不停地消费，不停地追逐无止境的财富，只顾自己，不顾他人死活。」他在接受访问时表示。

首映会两天之后，鲁卡瑟布朗上传了一篇文章，标题是〈华尔街之贪——踢爆！马来西亚的钱！〉。这篇文章有着典型的鲁卡瑟风格：文章中有事实的揭露，也有她自己的臆测。基本上，文章提出一个重要的疑问：拍电影的钱，到底是谁出的？她还提到里札以三千三百五十万美元买下「桂冠公园」公寓，同样的：钱从哪来？

她猜想，或许，钱是来自刘特佐。这位名不见经传的马来西亚人出现在首映会的红地毯上，而且看来与里奥纳度关系密切，还参加里奥纳度不久前的生日派对。她在马来西亚有许多读者，也渐渐切入问题的核心，文章最后结尾是她的观察：

「很多人也许好奇，刘特佐会不会是因为与马来西亚政府高层有关，以及与首相继子之间交情匪浅，才让他能如此轻易

取得资金，或许，他才是真正幕后主导者。」

　　这段话，让红岩电影公司非常受不了，该公司的律师很快写了一封信，要求鲁卡瑟撤下文章并道歉。信上说，拍摄经费并非来自马来西亚。以里奥纳度与史柯西斯的才华，不需要有问题的资金。

三六

登白宫，见奥巴马

纽约，2013 年 12 月

冲进曼哈顿五十二街上的四季餐厅，里奥纳度直奔包厢。

一九五○年代以来，四季餐厅一直是企业精英最爱光顾的餐厅，银行家、律师、广告公司主管在这里边吃边谈生意，《君子》杂志在一九七○年代称之为「权贵午餐」（power lunch）。当年的贝尔福也是常客之一，《华尔街之狼》中有一幕，就是饰演乔登·贝尔福的里奥纳度与饰演乔登·贝尔福第二任妻子的玛格·罗比，在这家餐厅用餐。

其实，在前一晚，首映会结束后，里奥纳度和几位好友如奥兰多·布鲁（Orlando Bloom）与陶比·麦奎尔一起参加在同样坐落于五十二街上 Roseland Ballroom 举行的庆功宴。里奥纳度的行程很紧凑，隔天上午，他就得赶来四季餐厅，参加这场奥斯卡金像奖会员聚餐。金像奖会员高达六千人，涵盖演员、导演与其他电影专业人士，每年的奥斯卡金像奖得主，就是由他们投票选出来的。

这场午宴是由负责发行《华尔街之狼》的派拉蒙电影公司

安排，但里奥纳度赶着去搭飞机，无法留下来吃完午餐。史柯西斯也要赶飞机，因此没有出席，但里奥纳度的到场非常重要。奥斯卡金像奖会员中，最有影响力的是年纪较大的白种男性，其中有好些人对这部电影颇为不满，认为片中的色情与嗑药镜头太多。里奥纳度到场后一一与众人致意，尽可能与在场的会员打好关系。十分钟后，里奥纳度悄悄离开，留下玛格·罗比在现场讲笑话给大家听。

已经在这一行沉浸多年的里奥纳度，对于这种新片上映的各种活动早已非常熟悉，不过他行程表上的下一个约会，才更吸引他。

一台车子已经等在四季餐厅门口，准备接他去机场。他即将飞往华盛顿，要将《华尔街之狼》的 DVD 亲手交给奥巴马总统。

▍一百二十万美元政治捐献，支持奥巴马

一如往常，华盛顿的气温比纽约高了几度，也没下雪。不过，当里奥纳度通过白宫安检时，仍穿着深色长外套与帽子。与他同行的，有史柯西斯、里札，以及纳吉的另一个儿子季平（Norashman Najib）。陪同这一行人晋见奥巴马总统的，是奥巴马最仰赖的一位募款大将法兰克·怀特（Frank White）。脸上常带着微笑的怀特，是位创业家，因为提供信息科技服务给美国政府而致富。

　　二〇〇八年的美国总统大选，他替奥巴马募到一千万美元的小额捐款。二〇一二年，他被任命为奥巴马全国竞选连任团队副主席。在芝加哥出生成长、毕业自伊利诺大学的怀特，姊姊嫁给米歇尔的表兄弟，也是白宫举行国宴的常客。他与刘特佐之间，往来也相当密切。

　　二〇〇八年大选期间，怀特因缘际会认识了知名饶舌歌手普瑞斯（Pras Michél）与摩根史坦利的投资银行家舒密克·杜塔（Shomik Dutta）。当时，普瑞斯计划转型，想要做生意，从一位夜店推广员口中听说了挥金如土的刘特佐事迹，几年后（二〇一二年），普瑞斯也成了刘特佐派对里的常客。

　　就像里奥纳度与史柯西斯，普瑞斯视刘特佐的亿万财富为自己的赚钱机会。于是两人关系愈来愈紧密，后来普瑞斯介绍刘特佐认识了怀特。

　　脑筋动得快的刘特佐，一直想着可以如何利用怀特这条人脉。过去，他曾透过欧泰巴（详见第三章）深入阿布扎比、透过图尔基王子接近沙特阿拉伯皇室，这回，他能不能透过怀特，来取得自己在美国的影响力？照理说，他的野心有点不自量力，但正巧在当时，有部分华盛顿人士对马来西亚有着高度兴趣。奥巴马就任以来，一直与纳吉保持良好互动，并藉此加强美国对亚洲国家的影响力。只是白宫、国务院以及一些退休外交官如美国前驻马大使约翰·马洛特（John Malott），都呼吁奥巴马要小心纳吉，因为他们认为纳吉愈来愈展现反民主倾向。二〇一三年大选中输了华人与印度人选票之后，纳吉转向加强他

的马来人支持者，并开始用英国殖民时期的《煽动法》（Sedition Act）对付反对党领袖、学生与学者。

但是，白宫——尤其是副国家安全顾问班杰明·罗兹（Ben Rhodes）——仍坚持纳吉是位改革派首相。这主要是因为马来西亚前驻美大使贾马鲁丁（Jamaluddin Jarjis，二○一五年因直升机意外丧生）的长期游说，这位纳吉长期好友，是打造美马关系的重要推手，积极安排奥巴马造访马来西亚。贾马鲁丁的女儿曾在新加坡的高盛实习，并与莱斯纳交往过一段时间。

为了与白宫建立关系，刘特佐参与了奥巴马的竞选连任活动。而他所仰赖的人，就是普瑞斯。二○一二年，他从一家岸外公司的账户汇款两千万美元，到普瑞斯名下的两家公司。这笔钱号称是刘特佐「送」给普瑞斯的，但随后普瑞斯从其中一家公司支出一百二十万美元的政治捐献，给一个支持奥巴马、名为「黑人要投票」（Black Men Vote）的超级政治行动委员会（Super PAC）。这么做，对普瑞斯而言是非常冒险的，代替另一个人捐款给某位候选人是违法的，他的代表律师后来辩称，普瑞斯是「错误语意」受害者。

此外，刘特佐也同时与怀特合作，并且让怀特大赚了一笔。二○一二年，刘特佐将一马公司的一千万美元，透过阿末·巴达维所控制的 MB Consulting 公司汇给了怀特。二○一二年十月，怀特投桃报李，安排了奥巴马与红岩电影公司见面。麦克法兰事后在 Instagram 上传了一张自己与奥巴马在白宫握手的合照。当奥巴马于十一月大选中连任成功后，刘特佐希望能到

白宫给奥巴马祝贺。十一月下旬，怀特安排刘特佐出席奥巴马办的假日派对，刘特佐后来也将自己与奥巴马夫妇的合照向朋友们炫耀。不过，有另一个场合，白宫安检人员则是请刘特佐离开，似乎美国政府对于这位来历不明的马来西亚年轻人已经心生疑虑。

　　尽管如此，刘特佐加码投资怀特，希望能透过他影响美国政策。二〇一三年五月，怀特与普瑞斯、杜塔合作在华盛顿成立了一家「杜塞博资本管理公司」（DuSable Capital Management），没多久，该公司告知美国证管会，它将募资五亿美元投资再生能源与基础建设。依据该公司所提出的计划，阿尔巴将占大股，怀特自己出一小部分资金。同时，杜塞博也登记成为一马公司的游说代表。年底，怀特安排了另一次晋见奥巴马的机会，这回出席的是里奥纳度等人。

　　里奥纳度与史柯西斯亲自将《华尔街之狼》的 DVD 亲手交给奥巴马，但这件事很少见诸媒体，因为白宫怕会影响接下来的奥斯卡评审结果。那一年，《华尔街之狼》被视为挑战《药命俱乐部》（*Dallas Buyers Club*）、《自由之心》（*12 Years a Slave*）与《地心引力》（*Gravity*）的强劲对手，那天下午，有人看到里奥纳度与史柯西斯在白宫对街的 W Hotel 喝茶，但两人都没向媒体提起与奥巴马见面的事。

沮丧的一晚，入围五项却全部落空

奥斯卡将在三月间公布，趁这段空档，刘特佐与亲友依惯例到滑雪胜地度假。这一年他们决定去科罗拉多的小镇亚斯本（Aspen）。同行的有艾莉西亚·凯斯、史威兹·毕兹、麦克法兰与女友安东妮特·柯斯塔。整个小镇名人云集，除了前述几位，里奥纳度、陶比·麦奎尔、妮可·舒可辛格与男友、F1世界冠军赛车手路易斯·汉米尔顿（Lewis Hamilton）等人，也赶去参加刘特佐安排的餐聚。

在其中一次的晚宴中，主演《格雷的五十道阴影》的达珂塔·琼森（Dakota Johnson, Melanie Griffith 与 Don Johnson 的女儿）坐在刘特佐旁边，刘特佐还以为她是哪冒出来的陌生人。习惯了与超级巨星往来的刘特佐，已经没时间认识像达珂塔·琼森这种等级的明星了。

「她吃完东西，居然没有说声谢谢。」刘特佐过后向朋友抱怨。

有一度，他还巧遇正好也去了亚斯本的芭莉丝·希尔顿。虽然两人已经不像二〇一〇年时那么常碰面，但仍保持很好的关系，两人后来一起去吃比萨。

那一周在亚斯本度假中心，大伙儿的热门话题是《华尔街之狼》、里奥纳度会不会拿到奥斯卡奖。这部电影上映后，票房非常成功，全球高达四亿美元，几乎是拍摄成本的四倍。

虽然刘特佐仍在挖东墙补西墙，但他此刻似乎展现出成功

投资者的能力。他已经买下一半股权的总督饭店集团正在扩张，而且成了五星级连锁饭店。他在 EMI 的一三％持股，拜串流音乐与全球音乐产业复苏之赐，也开始赚钱。《华尔街之狼》是他截至当时为止最成功的投资，而且红岩电影公司还有好几部重量级的作品等着登场。倘若可以成为好莱坞规模最大的电影公司，那么就会有足够的现金让他填补一马公司的财务大洞。

随着奥斯卡脚步愈来愈近，《华尔街之狼》得奖的呼声也愈来愈高。一月，里奥纳度以饰演乔登·贝尔福一角拿下「金球奖」，在致得奖感言时他感谢「麦克法兰、里札与刘特佐」愿意冒险投资这部电影（其实在电影最后的感谢名单上，也有刘特佐的名字）。不过，里奥纳度终究还是再度与奥斯卡奖擦身而过，三月初，最佳男主角奖被《药命俱乐部》的马修·麦康纳（Matthew McConaughey）捧走。对《华尔街之狼》而言，那是非常沮丧的一晚，入围五项却全部落空。对于坐在波诺（Bono）、U2 吉他手 The Edge 后方的里札与刘特佐来说，也是败兴而归的一天。

这部电影迟迟无法在马来西亚上映，主要是因为当地政府要求至少需剪掉九个部分，才能公开放映，但是，负责发行的派拉蒙电影公司与史柯西斯、红岩电影公司都反对这么做。

不过，没关系，他们手上还有更强卡司，即将造访马来西亚。

「政府与政府之间」的合作计划……见鬼了

二○一四年四月二十七日，奥巴马成为五十年来第一位造访马来西亚的现任美国总统。最经典的画面之一，是纳吉与奥巴马的一张自拍照。奥巴马站在纳吉身后，而纳吉虽然手上拿着手机，但眼睛却没有看镜头。「我与奥巴马总统自拍。」纳吉稍后发的一则推特上写道。

那是纳吉在国际舞台上风光无比的一刻。两位领导人一早去了国家回教堂——纳吉的父亲就是葬在此处，而且纳吉打算透过奥巴马这趟造访，强化自己与美国之间的关系。多年来，由于前首相马哈迪经常抨击西方国家且有极权倾向，美国总统都与马来西亚保持距离；然而，这一次，奥巴马将马来西亚列入他造访亚洲——包括日本、韩国与菲律宾——的行程之一。与奥巴马同行的副国家安全顾问罗兹表示，马来西亚是该区域的「关键国家」，当时中国大陆主张拥有南海主权，奥巴马在稍后的联合声明中表示，将协助训练马来西亚海军与提供军备。

奥巴马造访马来西亚那段期间，刘特佐向朋友们夸耀自己是幕后功臣之一。就在奥巴马抵达前几天，一马公司与怀特的杜塞博资本管理公司签下一份数百万美元的合作案，计划在马来西亚投资太阳能发电厂。明明杜塞博是一家不折不扣的民间公司，一马公司在一份对董事会的报告中，却指称这是一起「政府与政府之间」的合作计划。

几个月后，太阳能发电厂计划告吹，一马公司花了六千九

百万美元买回杜塞博的股权，也让怀特再次海捞一票。他后来表示，这项合作案目的是「为马来西亚带来太阳能发电、为美国创造就业机会，并为马来西亚争取美国的支持」，他完全不知道一马公司是「被掏空的受害者」。

不过，尽管这趟奥巴马访马之行没有带来刘特佐预期的结果，但他有另一个好消息：他开始与全球知名的大美女约会。

三七

大小，很重要

纽约，2014 年 1 月

曼哈顿三十二街韩国区的 New Wonjo 餐厅，坐落于帝国大厦的影子之下。那是一家二十四小时营业的馆子，窗户上有块塑料牌子写着菜单，菜单上都是亚洲美食。刘特佐通常在派对结束后，喜欢到这种餐馆吃东西。

这一晚，他与麦克法兰等几位朋友唱完 KTV 后一起去，外面很冷，就在大伙儿吃着火锅、喝着热汤时，澳洲名模米兰达·可儿（Miranda Kerr）走了进来。

她刚结束一场正式宴会，身上还穿着礼服，在这餐馆里显得很突兀。三十岁，有着柔软褐色头发、深邃蓝眼睛与招牌雀斑的她，是来找刘特佐的其中一位朋友，于是坐下来与大伙儿一起用餐。没多久，她与刘特佐聊起她的护肤品牌 KORA Organics。当她听说刘特佐是个亿万富豪投资家、是 EMI 与公园大道饭店的股东，而且还跟好莱坞的制片公司有往来，就不断向他请教经营上的问题。

也许刘特佐觉得自己如今已非吴下阿蒙，也许他只是压力

大，总之他不再像过去那么腼腆可爱，反而有点傲慢无礼起来。例如，前阵子在拉斯维加斯，他直接指着一位英国名模罗西·霍纳（Roxy Horner）的腰部，告诉对方「妳需要减肥了」。她非常生气，但刘特佐似乎觉得自己是出钱的老闆，不必理会她怎么想。不过，此刻对米兰达·可儿，他的表现截然不同。当米兰达·可儿说想要扩张 KORA 时，他还赞美她很有企图心。

成长于澳洲农业小镇甘内达（Gunnedah）的米兰达·可儿，早已不再是个乡下小孩。十三岁那年赢得澳洲模特儿大赛之后，她就远赴美国，成了知名内衣品牌「维多利亚的秘密」的专属模特儿。二〇一三年，她的收入高达七百万美元，是全球仅次于 Gisele Bündchen 的女性模特儿，H&M、施华洛世奇、联合利华等知名品牌，都找她代言产品。

然而，光靠名模赚取的收入，还不足以开创新事业。她已经厌倦了名模生涯，想要转行做生意，觉得刘特佐或许能帮她。隔天早上，她请快递送了一批 KORA 产品到刘特佐在时代华纳大楼的家。

十月间才与演员奥兰多·布鲁（Orlando Bloom）离婚、育有一个三岁儿子的米兰达·可儿，常常登上八卦媒体。她在家乡的父母接受电视台采访，抱怨女儿已经遗忘了家人、说她应该回来家乡学习骑马与挤奶。二〇一四年一月，米兰达·可儿大部分时间都待在纽约，虽然几乎每一次出门都引来狗仔队偷拍，但她仍然将自己与刘特佐的这段新恋情隐藏得很好。

二月二日，刘特佐邀了米兰达·可儿到纽泽西的 MetLife

球场，一起看职业美式足球的超级杯大赛。那是她第一次到现场看超级杯，同行的还有里札与麦克法兰。在另一个包厢看球赛的凯特·阿普顿与 Katie Holmes 过来打招呼。虽然狗仔队拍到米兰达·可儿，却没注意到同样在包厢里的刘特佐。

接下来交往的日子，刘特佐用他唯一擅长的方式讨好米兰达·可儿：他传简讯给珠宝商洛琳·施华滋（Lorraine Schwartz），说他需要一条心型钻石项链，价位约一百万到两百万美元之间，还特别强调「大小很重要」。最后施华滋为他准备一条心型钻石项链，刻有「MK」字样，要价一百三十万美元。刘特佐用他透过公园大道饭店与 Coastal Energy 交易洗来的钱，买了这条项链给米兰达·可儿当情人节礼物。

两人出门约会，都会请米兰达·可儿的贴身助理克莉丝·福克斯（Kristal Fox）掩护。即便是对很熟的朋友，刘特佐也守口如瓶，坚称自己「只是在帮她」。不过，几个礼拜后，米兰达·可儿的生日派对上，恐怕很难不注意到两人之间的特殊关系。刘特佐为她租下纽约 Chelsea Piers 的场地，办了一场九〇年代风格的派对，找了 Salt-N-Pepe、Mark Morrison 与 Vanilla Ice 来表演，当然还包括老班底里奥纳度、杰米·福克斯、奥兰多·布鲁与史威兹·毕兹等人。

到了周末，刘特佐租下曼苏尔亲王的 Topaz 号，在赫逊河上开派对。派对结束后，一台直升机将刘特佐、米兰达·可儿与她的澳洲朋友，载往大西洋城赌博。

一个晚上，买了一百三十万美元的珠宝

一边与米兰达・可儿交往，刘特佐一边仍得设法博罗斯玛欢心。二〇一四年一月，他传了封简讯给施华滋，问她是否人在洛杉矶。正好施华滋也在，于是带着珠宝直奔罗斯玛下榻的Hotel Bel-Air——一栋位于比佛利山庄，有十二英亩庭园、很多好莱坞巨星光顾的西班牙豪宅风格建筑。施华滋与罗斯玛和刘特佐一起吃晚餐，吃完后，罗斯玛邀请两人到房间继续聊。

施华滋将珠宝摊在桌上，让罗斯玛一一挑选。她指着一只十八克拉白金镶钻手镯，然后施华滋把这手镯拿起放一旁。这只要价五万两千美元的手镯，只是一场珠宝大采购的开场，接下来这位马来西亚第一夫人很快就选了二十七条项链与手链。这批珠宝总共要花多少钱，当下没有人提起。几个月后，账单寄到刘特佐名下的Blackrock公司，总金额一百三十万美元——以罗斯玛的标准而言，还好而已。这笔买珠宝的钱，连同罗斯玛住在Hotel Bel-Air一个礼拜的三十万美元开销，都是刘特佐埋单。

从二〇一三年四月到二〇一四年九月，刘特佐以Blackrock公司的账户，花了两亿美元在全球各地——拉斯维加斯、纽约、香港、杜拜——购买珠宝。钻石不但比艺术品方便携带，而且更难追踪。位于巴黎的跨政府组织「防制洗钱金融行动小组」，二〇一三年发表的一份报告中指出，洗钱者与恐怖组织利用钻石来偷渡资金。在美国，像施华滋这样的珠宝商依法并没有义

务查询顾客的资金来源。更棒的一点是，当你带着钻石从一个地方到另一个地方，完全不必经过任何金融机构。

刘特佐所买的这些珠宝，并不是全部落入罗斯玛口袋。有一次在拉斯维加斯，刘特佐意外发现当天是常常一起开派对的一位亚裔加拿大名模生日，大伙儿要去吃晚餐途中，刘特佐临时跑进 Cartier 专卖店，买了一只名表直接拿给这位名模。这只表，要价八万美元。

不过，罗斯玛的确让刘特佐花了很多钱买钻石。当菲律宾前总统马可仕在一九八六年垮台时，据说伊美黛留下一千两百多双鞋子；而罗斯玛最爱的则是柏金包与珠宝——数以亿元计的耳环、项链、坠子等。

从外人眼中看来，刘特佐的社会地位正渐渐提高，他与超级名模交往，谈大生意，与马来西亚首相夫妇维持密切关系。围绕在他身边的人——无论是一起吃饭或一起看超级杯——仍然对他的财富议论纷纷。然而，倘若你仔细观察就会发现，他比过去更忙碌与焦躁，吃饭与派对期间更频繁地接电话。他的收件匣里有愈来愈多电子邮件，随时可能毁了他的一切。

三八

失控中的平静

吉隆坡，2014 年 3 月

　　一马公司董事会开始之前，董事们诵读《古兰经》，为三月间在南中国海上失踪的马航 MH370 班机上两百三十九名乘客与机组员祈祷。这架飞机从吉隆坡出发，预计飞往北京，没想到起飞后一个小时，机长就与塔台失去联系，接着飞机从民航雷达上消失。

　　接下来几个礼拜，北京媒体抨击马来西亚救难团队毫无章法，先是搜索马来半岛东北方的南中国海，后来军方雷达却显示飞机是在马来半岛西边的安达曼海域失踪。从无法找到飞机残骸，到每天讯息杂乱的搜救情报，都显示马来西亚政府的无能，让纳吉脸上无光。

　　替罹难者祈祷之后，一马公司董事会要面对一个严肃的问题。当天，董事会邀请马来西亚德勤会计师事务所（Deloitte Touche）的管理合伙人（managing partner）陈东辉（Tan Theng Hooi，依马来西亚当地媒体音译）提出报告，而他将带来一个坏消息。

德勤是在数周前才接下一马公司的会计业务，而一马公司急着要德勤在数周之内，完成截至二〇一三年三月三十一日、已经延误的当年度财报。但就在德勤整理一马公司的帐务同时，德勤位于新加坡的东南亚总部收到许多电子邮件与信件，指控一马公司的财务报表造假。陈东辉说，指控者提到许多问题，包括：账面上有一笔二十三亿美元的开曼群岛来历不明基金、超额购买发电厂、异常的庞大负债与极少资产等等。有三十年经验的陈东辉，看起来似乎有办法解决这些问题。

「这些都不是新的指控，而且都没有提供给德勤具体证据，因此德勤无法往下追查。」陈东辉告诉董事会。

一家愿意乖乖听话、当橡皮图章的会计师事务所

其中一封信件来自四十一岁反对党政治人物潘俭伟，他已经默默调查一马公司好几年。与一般政治人物不同，头发灰白的潘俭伟对商业运作非常熟悉，他曾经创办一家科技公司，二〇〇八年将公司卖掉之后投身政治，来年在选举中获胜当选议员。毕业于牛津大学，主修哲学、政治学与经济学的潘俭伟，质询炮火猛烈，因此执政党非常讨厌他。

潘俭伟在二〇一〇年开始对一马公司感到好奇，起因是KPMG 针对该公司对 PSI 的投资财报，注明了一段「强调事项」(emphasis of matter)。看在一般人眼中，这个会计上的专有名词很陌生，但潘俭伟知道，这意味着会计师对一马公司的财

务有所疑虑。潘俭伟是公共账目委员会的成员之一，负责监督政府支出，因此他曾经提案要求委员会展开调查，但遭委员会主席否决。不过，到了二〇一四年，随着《The Edge》陆续揭发可疑的开曼群岛基金，潘俭伟也掌握了更多事证。

前面提到，一马公司将 PSI 旗下一家拥有两艘钻油船的公司股份，卖给香港的 Lobo Lee，但一马卖股取得的不是现金，而是一笔在开曼群岛新成立的「基金单位」，并且号称价值有二十三亿美元。那是一笔假交易，目的是要掩盖被刘特佐在二〇〇九年掏空的钱。瑞意银行的杨家伟却刻意误导 KPMG，试图让 KPMG 相信真有这笔基金存在，而不是空有「基金单位」。但在 KPMG 眼中，这笔交易怎么看都有问题。

由于 KPMG 始终不愿认可一马公司财报上的这笔开曼群岛基金，是否真的值二十三亿美元（甚至是否真的存在），因此一马公司在二〇一四年一月——继先前撤换 Ernst & Young 之后——将 KPMG 撤换。当时亟欲扩展亚洲市场的德勤，决定接下这门生意。

不过，撤换 KPMG，也给刘特佐带来困扰。因为当时他急着需要一家愿意乖乖听话、当橡皮图章的会计师事务所。一马公司负债百亿美元，现金却只剩下两千万美元，很快就会见底。刘特佐的如意算盘，是赶快将一马公司的能源部门挂牌 IPO，若能吸引国际投资者埋单，就可望进帐五十亿美元以上。

这个如意算盘有点太理想，但刘特佐没有别的选择，因为他掏空的洞已经太大了。而高盛、德意志银行等急着想争取一

马公司 IPO 生意的大银行，也让刘特佐相信此事大有可为。就算募集到的资金低于五十亿美元，也足以暂时填补一马公司的财务黑洞。然而，眼前更重要的一件事，就是让德勤愿意配合演出。

就像 KPMG，德勤一开始也是对于开曼群岛的基金有所保留。因此，刘特佐找了阿末·巴达维帮忙，由阿尔巴投资公司为这笔投资提供担保。照理说，德勤应该对这笔基金的真实性有所警觉，一来已经收到检举信函，二来已经有两家会计师事务所拒绝接受一马公司的说词。但很显然，德勤觉得有阿尔巴传来的这张纸就够了。

当时的一马公司账面上已经债台高筑，而且没什么收入，唯一能让财报转亏为盈的方法，就是重估公司所拥有的土地资产价值，一马公司希望，财报上能有两亿六千万美元的盈余。

会计师本应保持独立客观的角色，但陈东辉不仅同意配合调整资产价值的数字，甚至动用自己的媒体关系，公开替一马公司说好话，化解外界疑虑。由于德勤帮了很大的忙，因此当陈东辉要求承揽一马公司底下其他公司的业务时，一马公司董事会立刻同意，当时的董事长、纳吉的亲密战友洛丁（Lodin Wok Kamaruddin）还肯定德勤的「专业与客观」。

一马公司坚持要在帐上认列这笔开曼群岛的基金，一来有了这笔资产才能降低财报上的负债，二来也可以拿这份财报去给《The Edge》等媒体看，堵住媒体的批判声浪。但其实，只有刘特佐——或许还有阿末·巴达维、杨家伟——知道真相：

开曼群岛那笔基金，根本是空包弹。

快，给我西瓜，给我红 T 恤！

五月间一个晚上，天即将破晓，在帕拉佐饭店赌场里，刘特佐对侍者提出了一个非常罕见的要求。已经喝得半醉的刘特佐，要服务生给他一颗西瓜。

赌场里的百家乐桌，围绕着很多人，其中多是辣模，也不认识眼前这位身材矮胖、筹码一注高达二十万美元的傢伙是何方神圣，只是窃窃私语着，他就是拍《华尔街之狼》的幕后金主。

当时刘特佐手气很坏，连输了好多把。当服务生从厨房找来了一颗西瓜，刘特佐一把将西瓜抢过来，把西瓜滚到赌桌上，将桌面上的纸牌震到四处乱飞——据说，这样可以带来好手气。

结果，他照样输。喝了一大口约翰走路 Blue Label，他对身边的侍者说：「红 T 恤，给每个人一件红 T 恤。」

侍者赶紧出去张罗，回来时手上捧着一大叠帕拉佐饭店卖给观光客的红色 T 恤，场内约二十人——包括里札与麦克法兰——每人一件。

「我朋友根本看不下去，」一位当天晚上在场的年轻女士说：「桌上的赌注，相当于他一辈子能赚到的钱，足够供他上大学、买车、买房、买一切东西。」

这就是典型的刘特佐作风。还有一次，喝醉的他掉了一个

五万美元的筹码，却浑然不觉，幸好身边的朋友提醒他才捡回来。至于帕拉佐饭店那晚，他们一行人赌到天亮，刘特佐给侍者们的小费，是一百万美元——创下该饭店史上最高纪录之一。

到底谁是爆料者？

四月间，何启达在《*The Edge*》发表了一篇文章，要求一马公司公布开曼群岛那笔基金管理人的名字，并要求将这笔钱汇回来。五月，新加坡一份报纸依据内部人士爆料，点名一家香港公司「桥梁全球」（Bridge Global）就是基金管理人，随后 Lobo Lee 立刻将「桥梁全球」网站上所有与他有关的内容——包括他的名字——全部删除，也让该报觉得可疑。这则消息让刘特佐非常愤怒，他相信是瑞意银行里头有人在搞鬼，要瑞意银行彻查到底是谁去爆料。结果被指为爆料者的是杨家伟的顶头上司凯文·史旺比赖，虽然他否认与这件事有任何牵扯，但刘特佐还是将他从所有一马公司相关的合作案上除名。

一整个夏天，刘特佐继续寻找到底谁是爆料者。精心设的局，看来岌岌可危，刘特佐也变得更疑神疑鬼。就在这时，他要杨家伟离开瑞意银行，来替他工作，杨家伟也答应了。从这时候开始，刘特佐不再亲自用电话或电子邮件处理重大交易，而是由杨家伟出面负责，有任何重要档案也是透过杨家伟转交。

次年春天，刘特佐邀请杨家伟一起去拉斯维加斯的美高梅大花园体育馆（MGM Grand Garden Arena），看美国拳王佛洛

伊德・梅威瑟（Floyd Mayweather Jr.）与菲律宾拳王曼尼・帕奎奥（Manny Pacquiao）对打。这位跟在刘特佐身边的新加坡年轻人，也从此迷恋上这种出入有私人飞机的生活，瞧不起那些没有搭过私人飞机的同事。赚了上千万美元的他，开始在新加坡与澳洲买房子。

杨家伟变有钱了，但也付出了代价。因为刘特佐是个没安全感、脾气很坏的老闆。杨家伟与瑞意银行的老同事仍然保持联络，他向同事抱怨刘特佐的坏脾气，例如他会在私人飞机上对着电话另一端的人怒吼。这样的刘特佐，与杨家伟过去所认识的刘特佐非常不一样，杨家伟心想，也许刘特佐已经失控了。

高盛败给德意志，莱斯纳亲自找刘特佐

七月间向一马公司董事会提案时，莱斯纳使尽全力希望能替高盛争取到一马公司 IPO 的生意。其实，一马公司的财务岌岌可危，光是贷款利息的负担，就让它在短短两个月内亏损一亿四千万美元，因此一马需要尽快 IPO 才行。原本这门生意对高盛来说就像家常便饭，但眼前莱斯纳遇到一个麻烦。

当初（二〇一二年）买下阿南达・克里斯南（Ananda Krishnan）的发电厂时，一马公司给予克里斯南可以在 IPO 之前，以低价买进股票的权利。当莱斯纳向一马公司董事会解释，如果要向克里斯南买回这项权利，需要花好几千万美元，听到这件事，有些董事非常生气，觉得被克里斯南占尽便宜。

不过，其中有些董事知道，克里斯南透过旗下别的公司暗中汇款给一马公司的慈善基金。这是马来西亚政客交换条件的常见手法：政府以超出市场行情的价格买下某样资产，然后卖方另外捐钱给巫统，最后再流入政客的口袋。「高盛是代表一马，还是代表克里斯南？」其中一位董事、也是马来西亚一家纺织公司老闆 Ashvin Valiram 问莱斯纳。「当然是代表一马公司。」莱斯纳故作轻松地回答。

不过，最后高盛与一马公司之间开始渐行渐远。那年的年初，一马公司以 IPO 为诱饵，吸引其他几家银行贷款给一马。由德意志银行领军的银行团，决定联贷两亿五千万美元给一马，而当时德意志银行在马来西亚的新主管，正是原本服务于高盛的 Yusof Yaacob。至于高盛，由于担心《华尔街日报》上各种负面报导，决定暂时与一马保持距离，因此拒绝贷款给一马。

当一马最后选择了德意志银行与马来亚银行（Maybank）负责 IPO 承销，莱斯纳气死了，他去找刘特佐，要他让高盛也参一脚。两年来，莱斯纳用自己的账户替一马公司转手超过两亿美元，有些是给他的钱，有些是透过他的账户去贿赂官员。几个礼拜前，刘特佐才和他在线上讨论应该买「蛋糕」——也就是钻石——给罗斯玛，接着莱斯纳汇出四百一十万美元买了珠宝送给罗斯玛等人。在这种情况下，他问：一马公司怎么可以拒高盛于门外？最后，一马聘请高盛担任 IPO 的顾问。

这段期间，高盛几乎没有在管莱斯纳，任由他全世界到处旅行，花长时间待在美国陪他的新婚妻子席蒙斯。虽然莱斯纳

在纽约中央公园附近、完工于一九一三年的建筑经典玛宽大楼（Marquand）买下一栋四千六百平方呎的五房公寓，他大部分时间不是待在洛杉矶比佛利山庄的豪宅，就是飞到亚洲。隔年，他在英属维尔京群岛注册的空壳公司花了两千万美元，买下一艘一百七十呎长、六个船舱的豪华游艇「Sai Ram 号」。

由于莱斯纳的处事风格难以捉摸，常擅自行动，无视公司的相关规定，因此高盛一直没有擢升他，多年来也让他很不爽。不过，这一年六月，高盛升他为东南亚区董事经理，主要原因是莱斯纳的确为高盛赚进太多钱，怕他被别家银行挖角、把客户也全部带走。看在想大举在新兴市场插旗的贝兰克梵眼中，莱斯纳与安卓亚·维拉是同事们应学习的典范。

「看到莱斯纳与安卓亚·维拉在马来西亚的成就了吗？」贝兰克梵在纽约的一场会议中说：「我们需要做更多那样的生意！」才刚经历过金融危机的高盛，承诺要以客户的利益为己任、更重视公司治理，但在马来西亚，它却从一马公司身上大捞特捞，无视于因此受害的马来西亚人民。

万一东窗事发，游艇比较容易移到别处

喜欢游艇的，并不是只有莱斯纳。

虽然刘特佐的骗局随时可能被拆穿，但并没有阻止他继续挥霍。他还有一样东西没有到手，就是超级豪华游艇。一年前，荷兰的 Oceanco 就开始为他打造一艘船身长三百呎、有直升机

停机坪、健身房、电影院、三温暖与蒸气室的豪华游艇。这艘游艇当然不能跟曼苏尔亲王的 Topaz 号比，但仍是世界上最豪华的游艇之一。有了这艘游艇，他再也不必跟别人租船了。

他与 Oceanco 高层密切联系，确认每一个细节，就像过去安排派对，要找谁来表演、要准备哪些食物与饮料，他都会紧盯每一个细节。这回，他要他的游艇完美地交货。「关于主卧舱的设计，或许你可以找 Tempur 的顶级床垫专家协助。」他在一封寄给 Oceanco 的电子邮件上写道。

多年前在槟城，刘特佐得去向别人借游艇，把人家游艇上的照片换掉，佯装成他自己家的游艇。如今有了这艘游艇，他的「亚洲亿万富豪」身分就更不会引人质疑了。当然，他买船也许还有另一个考虑：万一东窗事发，游艇比较容易移到别处。

刘特佐现在得生出两亿五千万美元付给 Oceanco，加上其他开销，他已经没有退路。德意志银行的联贷案，算是为一马公司的 IPO 打了头阵。不过，在二〇一二年，一马公司高层在没有事先告知董事会的情况下，擅自承诺阿布扎比 IPIC 旗下的主权基金阿尔巴，让阿尔巴拥有以低价买进 IPO 股票的选择权。之所以给阿尔巴这个大甜头，主要是为了答谢当时 IPIC 愿意替一马公司的债券背书。

为了让 IPO 更顺利，一马公司高层声称，必须以几亿美元买回阿尔巴手上的选择权，这笔钱得先向德意志银行贷款。这当然是阿尔巴执行长阿末·巴达维与董事长卡登联手策画的阴谋，当德意志银行的钱一转入一马公司，马上就被搬走，汇

到一家看起来很像「阿尔巴投资」，但其实是刘特佐私人空壳公司的银行户头。

其实，这时候刘特佐大可用贷来的新资金，填补一马公司的财务黑洞，但他没有这么做，反而把钱拿去买了夏天即将交货的豪华游艇。多年来，一路过关的刘特佐，已经无法看见自己到底面临什么样的风险。这艘豪华游艇上的第一场派对，有一座 Oceanco 赞助的龙形大蛋糕，为刘特佐的姊姊刘 May-Lin 庆生。

这艘游艇，刘特佐取名为「平静号」（Equanimity），意味着他所需要的沉着与平静——尤其是身处困境之时。

PART 4

三九

没现金，免谈！

曼谷，2014 年 6 月

曼谷的「阿西娜广场饭店」（Hôtel Plaza Athénée）里，《砂拉越报告》作者克莱儿·鲁卡瑟布朗（Clare Rewcastle-Brown）四处张望，搜寻跟她约好在这里碰面的男人。

她要找的，是年约四十岁的瑞士人，名叫沙维亚·朱士託，一位 PSI 的前员工。当一个身材壮硕、皮肤黝黑的男人趋前自称是朱士託时，鲁卡瑟布朗吓了一跳。她是在二〇一四年六月透过一位中间人，与朱士託约在这里碰面，原本以为对方是个秃头、戴眼镜的老先生，结果发现眼前这位朱士託跟她一样紧张。

「我们所面对的人，权力很大，而且心狠手辣。」朱士託说。

朱士託正在找别的管道，拿回他自认应得的钱，也就是看谁愿意付钱，买他手中与 PSI 有关的档案。

与鲁卡瑟布朗搭上线，纯粹是偶然。他在二〇一一年离开 PSI 之后，他到新加坡看 F1 赛车。原本他想在新加坡与 PSI

执行长欧霸见面谈判，但欧霸没有出现。因缘凑巧，他在新加坡遇到一个与马来西亚前首相马哈迪熟识的人，于是将名片给了对方。

整整两年多过去，档案仍在他手上。到了二○一四年夏天，对方表示要安排他与鲁卡瑟布朗见面。当时的鲁卡瑟布朗正在调查一马公司弊案，非常需要有人提供与 PSI 相关的资料。两人见面之前，朱士託传了一份手中的档案样本给鲁卡瑟布朗——一张条列出电脑里的档案名，标题写着「上万封与交易有关的电子邮件、传真与纪录」的纸条。这正是鲁卡瑟布朗正在找的关键资料，于是，几个礼拜后两人约在曼谷见面。

PSI 电脑里的档案，如今存在随身碟里。朱士託向鲁卡瑟布朗开价两百万美元，表示那是他应得、但 PSI 欠他的钱。虽然鲁卡瑟布朗老公的哥哥当过英国首相，但同样是首相，却不像马来西亚首相那样能轻易拿出好几百万美元。

朱士託很坚决地说：「给我现金，否则免谈。」

为了能取得这批档案，鲁卡瑟布朗只好四处寻找金主，花了七个月，终于找到愿意出这笔钱的人。

刘特佐一定有从 PSI 高层口中，听到关于朱士託开口要钱的事，但他完全不理解鲁卡瑟布朗与朱士託见面，对他的杀伤力有多大。假如当时他知道这一点，他会怎么做呢？看起来，应该是刘特佐没有把朱士託当回事，否则用区区几百万美元将他打发根本不成问题。

不再是普通的富豪，而是超级富豪了

在慕尼黑，米兰达·可儿穿着印有紫色花朵的绿色裙子，下车时许多摄影师在旁边频频按快门，一路跟着她走进精品品牌 Escada 分店。那一天，是二〇一四年七月二十九日，天气非常炎热，米兰达·可儿前去参加 Escada 旗下的新香水品牌 Joyful 发表会。这款香水标榜「极简」，因此米兰达·可儿只化了淡妆，长发自然地洒落肩上。「生活可以很平凡，你知道吗，一束鲜花就能让我非常快乐，就像看日出与日落，也能为我带来很平凡的快乐。」她在受访时说。

但过去几个礼拜，米兰达·可儿的生活可一点也不平凡。好几家英国媒体都在揣测她是不是与澳洲赌场富豪詹姆斯·帕克（James Packer）交往。澳洲媒体在六月间发现，米兰达·可儿搭乘帕克的豪华游艇 Arctic P，出现在地中海的塞浦路斯，「知情人士」透露两人不是交往，而是米兰达·可儿想找帕克投资她的化妆品牌 KORA Organics。

不过，媒体的揣测搞错了对象。在慕尼黑的活动结束后，刘特佐派了专机把她载到意大利的那不勒斯。这趟旅程，刘特佐规画了一个月，还找了专家规画好每一个行程。刘特佐也安排自己的豪华游艇「平静号」，开到意大利附近海域。

拥有了这艘游艇之后，刘特佐不再是普通的富豪，而是超级富豪了。这艘游艇的内部装潢很有亚洲特色，大量采用木头、竹子、大理石与金色叶子，可以容纳二十六位乘客、二十八名

船员——如此高的「宾客／船员比率」，是为了确保宾客都能
享受到最好的服务。光是维护一艘这样的游艇，每年就要花上
千万美元。而这次出航，游艇上没有别的宾客，除了刘特佐、
米兰达・可儿之外，就只有——一如往常——米兰达・可儿的
贴身助理克莉丝・福克斯（Kristal Fox）。

今天，亿万富豪是新皇族、是现代版的路易十四。刘特佐
所到之处，都有人——船员、银行家、艺术商人——供他使唤。
几个礼拜前，他传了一张照片给洛琳・施华滋（Lorraine
Schwartz），照片上是米兰达・可儿佩戴着 Tiffany 珠宝，好让
施华滋知道米兰达・可儿的品味偏好。几天前，他收到施华滋
寄来的一整组珠宝，有钻石耳环、项链、手链与戒指。在船上
待了约十天，刘特佐送了好几件给米兰达・可儿。

其实，这些开销已经让刘特佐有点吃不消。虽然他从一马
公司掏空了五十亿美元，可是要花的钱也很惊人——要与共谋
的人分赃、要支付奢华生活所需等等——因此他常得调头寸。
不久之前，他大手笔聘请一家美国公关公司 Edelman，替他处
理愈来愈多的负面报导，有时候一个月得付超过十万美元。后
来，他还另外找了一家英国业者 Schillings，替他想办法建立好
名声。

▍一马公司的救命钱，却被他拿去买豪华游艇

要付的账单愈来愈多，刘特佐开始拖欠，包括船员的薪水

也付不出来，最后只好用他买来的名画去抵押，向苏富比金融公司贷了一笔钱。

最近送给米兰达·可儿的这批珠宝，要价两百万美元，由于他是老客户，施华滋让他晚几个月再还钱。手边没钱的刘特佐，决定再度把歪脑筋动到一马公司。照理说，他已经从一马捞走了这么多，这笔相对金额不高的珠宝，应该不难从别的账户中挤出钱来支付。但他没这么做，反而一心想从一马公司捞更多钱放到自己口袋——或许他相信只要接下来顺利 IPO，就不会东窗事发。

德意志银行上一次（五月分）借给一马公司的钱，已经被他偷偷搬走——这笔钱原本可以舒缓一马公司的资金压力，却被他拿去买豪华游艇。这回，他打算再向德意志银行借七亿五千万美元，理由跟上回相同：在 IPO 之前，需要一笔钱付给阿尔巴投资。

早就听说高盛靠着做一马公司的生意大赚一笔，德意志银行当然也跃跃欲试，但光靠自己一家吃不下这么大生意。为了多找几家中东银行加入，刘特佐在二〇一四年九月十日，以 Eric Tan 的 Gmail 帐户写电子邮件请欧泰巴大使协助。欧泰巴于是联络了第一海湾银行（First Gulf Bank）、阿布扎比商业银行（Abu Dhabi Commercial Bank）与一家科威特金融业者，一起加入由德意志银行领军的联贷案。高盛一度想加入，但发现一马公司提供的抵押品，是财报上提列的那笔号称值二十三亿美元的开曼群岛「基金单位」，由于一马公司迟迟无法应高盛

要求、提出这笔基金真实存在的相关证明，高盛最后决定退出。

这笔联贷案，阿尔巴执行长阿末・巴达维也从旁协助，要求德意志尽快拨款；一马公司的财务主管倪崇兴（Terence Geh）也催促德意志银行，声称纳吉希望尽快拿到钱。

一马公司指示德意志银行，将七亿两千五百万美元直接汇到「阿尔巴」的账户。这种做法完全不符常规，一般来说这么大一笔钱，银行必须直接汇入贷款者的账户；不过，对德意志银行来说，既然收款账户是一家阿布扎比主权基金，应该没什么问题。

德意志银行没想到的是：收款的「阿尔巴」（Aabar Investment Ltd.）并不是真正在阿布扎比的「阿尔巴」（Aabar Investments PJS），而是一家由阿末・巴达维设立、名字雷同的空壳公司（详见第二六章）。德意志把钱汇入假阿尔巴开在新加坡瑞士信贷银行的户头两天后，一亿美元从这个户头流到一家由胖子 Eric 所拥有的空壳公司账户。

刘特佐必须一次又一次地设局，主要是因为有太多人要分赃。胖子 Eric 所拥有的空壳公司账户收到一亿美元之后，汇了一千三百万美元到欧泰巴登记于英属维尔京群岛的 Densmore 公司开设于新加坡瑞意银行的账户。另外，阿末・巴达维的老闆卡登，也分到一千五百万美元。

刘特佐当然也不例外，收到钱之后，他立刻付给施华滋。几个月后，他又买了更多珠宝——包括要价三百八十万美元的钻石坠子——送给米兰达・可儿。总计为了取悦这位超级名模，

他买了八百万美元的珠宝。

马来西亚已陷入与阿根廷相似的危机

二〇一四年九月，有人向当时高龄八十九岁、在执政党巫统里仍举足轻重的马来西亚前首相马哈迪检举，提供了部分一马公司的电子邮件副本，显示刘特佐在背后操弄一切。马哈迪早就对此有所怀疑，这下手上终于有证据了。于是他在私底下运作，希望逼纳吉负起责任、引咎辞职。一马公司负债之严重，马哈迪在一篇部落格上写道，已经让马来西亚陷入与阿根廷相似的危机。这回对一马公司提出指控的，不再是什么小媒体，而是政坛上辈分最高的人物。

在这之前，媒体对于刘特佐所知不多，对于他到底有多少身家也只能用猜的，因此刘特佐所雇用的公关公司曾经发出一项声明，强调刘特佐不曾接受政府的资金。但如今，有愈来愈多证据陆续曝光。同样取得这些电子邮件档案的鲁卡瑟布朗，也在《砂拉越报告》发表了一篇文章，标题是：〈刘特佐的奢华与马来西亚的发展资金〉，在这篇文章中，她质疑一马公司为什么要对外隐瞒刘特佐的角色？

「马来西亚人民应该可以确定，刘特佐所挥霍的，」她写道：「都是人民的血汗钱。」

在吉隆坡的德勤会计师事务所里，大家都被这个消息吓到了。事务所正准备送出截至二〇一四年三月止、依法必须在九

月底之前送出的一马公司财报。过去一马公司也没准时过，但今年不同，如果不及时送出，恐怕会影响接下来的 IPO。

如何变出二十三亿？

为了自保，德勤要求一马公司必须将开曼群岛的二十三亿美元基金赎回。一马公司董事会显然也误以为这笔基金真的存在，因此指示高层依德勤的要求办理。

从一开始掏空一马公司，刘特佐就是靠着会计手法把财务黑洞掩藏起来。换了三家会计师事务所，黑洞仍然存在。过去，他有恃无恐地愈掏愈多、尽情挥霍，但现在他突然发现：或许得拿一些钱出来还给一马公司了。问题来了：他没有二十三亿美元可以还给一马公司，他必须另外找个愿意拿钱给他的冤大头。于是，他请出身瑞意银行的杨家伟帮忙。

他与杨家伟两人心想：先前德意志银行汇入的钱，已经被挥霍剩下几千万美元了，要如何将这几千万美元，变成二十三亿美元？

杨家伟想到了一个点子，并且找了新加坡专门提供财务管理服务的傲明集团协助。这点子是目前为止最疯狂的一个，按道理讲是不可能成功的。

首先，他们将部分从德意志银行借来的钱，转到开曼群岛这笔基金的账户。接下来，以一马公司的名义「赎回」基金。紧接着，一马公司拿到的这笔钱，再透过一连串傲明集团所协

助安排的岸外金融工具，最后又回到开曼群岛基金的账户。然后，同样的流程再来一遍：一马「赎回」基金，拿到的这笔钱再透过一连串岸外金融工具，最后回到开曼群岛基金的账户。同一笔现金，就这样重复移转。他们只存入了几亿美元，同样的流程重复五、六次之后，从不知情的人看来，一马公司总计成功赎回了十五亿美元根本不存在的基金。

既然基金已经赎回了，德勤于十一月初也就核签了一马公司的财报。德勤没有发现，从头到尾根本是同一笔现金在循环移转。一马公司账面亏损了两亿美元，对接下来的 IPO 计划非常不利，但批评声浪似乎都被成功压下来。刘特佐似乎创造了奇迹，在一份公开声明中，一马公司宣称赎回了一半的开曼群岛基金，IPO 或许会照计划进行，但仍有一个问题：德意志银行终于发现不对劲。这笔基金是当初联贷案的抵押品，但德意志银行起了疑心，倘若德意志银行要求一马还钱，一马恐怕没有足够的现金可还。

刘特佐需要好的公关。于是，就像很多有钱人，他想透过举办慈善活动打造自己的好形象。

乐善好施的刘先生

纽约，2014 年 10 月

在艾莉西亚·凯斯与史威兹·毕兹夫妻开场介绍后，刘特佐起身走向讲台，全场响起热烈掌声。

地点是在华尔街的高级意大利餐厅 Cipriani，作曲家、社交名媛狄尼丝·瑞契（Denise Rich）为了纪念因癌症过世的女儿盖布瑞儿（Gabrielle Rich），每年都举办一场「Angel Ball」慈善活动，为癌症研发经费募款，吸引许多好莱坞巨星、歌手与大企业家参与。几个月前，狄尼丝·瑞契致电刘特佐，即将在十月十九日举行的年度大会中，将推举他为年度「盖布瑞儿天使」（Gabrielly Angel）。

系着黑色领带的刘特佐走上台，当掌声暂歇，他停了一会儿环顾全场。这里曾经是纽约证交所，有挑高的天花板与希腊式圆柱，他看到很多他认识的人，很多他的朋友。

首先是狄尼丝·瑞契，她的前夫马克·瑞契（Marc Rich）曾遭美国联邦政府以逃税罪名起诉，后来逃到瑞士，最后获得美国前总统柯林顿特赦。离她不远的，是当晚同时获颁

「启发天使」的欧泰巴大使夫妇。坐在这对夫妻对面的，是艾莉西亚・凯斯与路达克里斯。另外，还有芭莉丝・希尔顿、刘特佐常光顾的纽约夜店 1Oak 的老闆瑞奇・阿齐瓦（Richie Akiva）。

他的得奖感言一开始，说他在二〇一二年二月到瑞士做了生平第一次全身体检，医生说，他可能得了二期肺癌。

「我简直如晴天霹雳，」这段话刘特佐说得不太自然：「那是从此改变我人生的一刻，我不知道自己该怎么办。」

他说他打电话给——边说还边指一指坐在台下——阿末・巴达维，阿末・巴达维推荐他到全球顶尖的德州大学安德森癌症中心（MD Anderson Cancer Center）。经过六个月的彻底检查，医生告诉他其实只是受到感染，并不是癌症。

这段经历，刘特佐说，改变了他看待人生的方式，于是他在几个月后成立了「金威基金会」（Jynwel Foundation），并开始花更多时间投入慈善事业。二〇一三年十月，他捐了五千万美元给安德森癌症中心。

这段演讲全程录像，也让我们看到刘特佐的标准作风：捏造混合着真实与半虚构的故事，刻意误导那些想要挖掘真相的人。或许，他害怕自己得癌症是真的，但他说这话的目的，其实是要编织另一个故事。

「我希望藉由这个机会，让纽约的朋友们更了解我的出身背景。」他说。

其实，台下已经有人不耐烦，但刘特佐必须善用这次大好

机会。他再次重述自己的爷爷在一九六〇年代移民马来西亚致富，并开启家族的慈善事业传统，捐很多钱给亚洲各国，包括捐给「孤儿」。爷爷不久前过世——也是因癌症——他说这是为什么他会捐款给安德森癌症中心。

「爷爷做的每一件事，深深影响着我的每一天。」他说。

他爷爷的确是不久前去世，刘特佐应该也与爷爷很亲，但爷爷并不富裕，也不是他口中的大慈善家。而刘特佐也没那么有慈善精神——他忙着搞一马公司的钱，金威基金会在二〇一二年也没什么动静。金威基金会虽然承诺要捐一亿美元给慈善团体，但真正付出去的钱很少，直到二〇一三年刘特佐的负面新闻开始如滚雪球般愈滚愈大，基金会才开始积极把钱捐出去。

为了带风向，Edelman 建议刘特佐大量发布与慈善捐款相关的消息，例如他捐很多钱给《国家地理杂志》的原始海洋计划、给联合国等等。他也打算捐钱给母校，请了一位建筑师为华顿商学院设计一栋新大楼，命名为「金威永续商业学院」（Jynwel Institute for Sustainable Business），打算捐一亿五千万美元。这样的大手笔，几乎直追洛克菲勒与卡内基。

看来刘特佐又稳下局面了，德勤完成财报签证、一马公司的 IPO 计划继续进行、现在还得了个慈善奖。他还要金威替他制作一支短片，在短片中美国亿万富豪兼慈善家汤玛士・卡普兰（Thomas Kaplan）赞赏刘特佐是个说话算话的人，还有哥哥刘特升、艾莉西亚・凯斯与穆巴达拉基金的高层主管，也出现在影片中。

当时刘特佐甚至在偷偷进行一专案前为止规模最大的并购计划：与穆巴达拉基金联手，从 Adidas 手中买下 Reebok，金威内部称这个计划为「快充专案」（Project Turbocharged），如果成功，刘特佐将奠定他在商场上的地位。在 Reebok 担任创意顾问的史威兹·毕兹也有参与这个计划，刘特佐亲自到 Reebok 总部波士顿参与谈判，好几个礼拜都住在四季饭店里。此外，他也打算买下美国时装业知名设计师 Tom Ford 公司的二五％股权。刘特佐看上这些全球最受瞩目的品牌，最主要目的就是想转移外界关注焦点。

然而，他没时间继续谈判下去了。在马来西亚，纳吉的秘密账户曝了光，刘特佐得想办法避免一家澳洲银行坏了他的好事。

四一

秘密账户曝光，纳吉白金卡被停用

吉隆坡，2014 年 12 月

十二月初，负责处理纳吉秘密账户的大马银行（AmBank）行员余金萍（Joanna Yu）非常惊慌。

「这段期间压力很大，ANZ 查得很严。」她传了封简讯给刘特佐，ANZ 指的就是大马银行大股东澳纽集团。「我们必须尽快把账户关掉，拜託了。」她说。

「OK！」刘特佐虽然回复讯息给她，但迟迟没有进一步动作，纳吉的秘密账户也没有关闭。余金萍愈来愈担心，传了很多封简讯给刘特佐，说明情况有多么严重。

原本替纳吉秘密账户护航的执行长谢德光已经下台转任顾问，新上任的执行长是澳纽集团派来的阿索·拉玛穆迪（Ashok Ramamurthy），而他已经发现纳吉的秘密交易。当时纳吉在大马银行开了好几个账户，已经全在拉玛穆迪的掌握中。二〇一四年底，纳吉的账户收到好几笔巨额存款，让他觉得事态严重。

原来，几个月前纳吉大手笔收买政客，花了很多钱，为了

避免账户出现透支引起银行的法遵注意，刘特佐紧急请助理带了大笔现金，存入大马银行的分行。

这么做是严重失策，余金萍知道了之后要求刘特佐别再这么做。但刘特佐不理她，继续请助理带着大笔大笔装在袋子里的现钞，到大马银行的分行。虽然存入的总金额才一百四十万美元，但分行柜台出现如此大笔现钞，一定会触动银行内部的洗钱警报。拉玛穆迪必须采取行动，他通知了大马银行董事会，并且通报了马来西亚国家银行。

这让刘特佐暴跳如雷。「这是机密账户！」他要余金萍转告谢德光，请他挡下拉玛穆迪。

太迟了，余金萍告诉刘特佐，澳纽集团已经知道有这个账户存在，而谢德光也将在十二月底退休。

在澳洲墨尔本的澳纽集团总部，银行高阶主管觉得问题非常棘手。如果秘密账户曝光，身为大马银行最大股东的澳纽集团，势必陷入重大公关危机。拉玛穆迪曾在澳纽集团服务二十年，而且澳纽集团财务长沙恩·艾略特（Shayne Elliott）也是大马银行董事会成员。

就像所有进军新兴市场的西方银行一样，澳纽集团当初投资大马银行，是想搭上马来西亚的经济成长列车，但万万没想到会发生这种事。让澳纽集团头痛的，不仅是纳吉的秘密账户，因为大马银行也曾贷款给一马公司，并且与德意志银行和马来亚银行（Maybank）一起参与一马公司的 IPO 计划。为了降低可能的损失，董事会立即要求大马银行退出 IPO。

如果纳吉的秘密账户曝光，对马来西亚国家银行来说也很为难。因为早在二〇一一年，谢德光就已经将纳吉秘密账户的事告知央行总裁洁蒂·阿兹（Zeti Akhtar Aziz），说纳吉——依据刘特佐的说法——即将收到来自中东的大笔政治献金。在那次之后，洁蒂再也没听到任何与纳吉帐户有关的消息。这回事态敏感，洁蒂要求内部对纳吉账户展开调查。掌管央行十几年，洁蒂被认为是亚洲最称职央行总裁之一，为了顾及自己的名声，她打算彻查到底。

至于余金萍为了自保，打算尽快辞职。而这一切发展，纳吉都被蒙在鼓里，他还要求大马银行不得关掉他的账户，因为他老婆还需要用钱。

我用自己的钱买珠宝与衣服，有错吗？

圣诞节前，纳吉夫妻一行人搭乘政府专机，飞到夏威夷的檀香山度假。数天后，纳吉夫妻走进檀香山精华区 Ala Moana Center 的香奈尔专卖店。先前，刘特佐买了两千七百三十万的施华滋珠宝送她，但平常金额不大的珠宝通常是纳吉刷卡支付。

那天在香奈尔店里，罗斯玛选购完成后，纳吉掏出信用额度高达一百万美元的白金卡。过了一会儿，香奈尔一位门市小姐很紧张地趋前告诉纳吉，这张信用卡无法使用。纳吉很不高兴，用手机传了一则讯息给刘特佐。这张卡，是大马银行发给他的。

「我的白金卡没办法刷过，你可以现在就打电话给大马银行的信用卡部门吗？」

刘特佐立即传讯息给余金萍，过没多久，香奈尔的刷卡机通过了纳吉的消费，总金额十三万六百二十五美元。对罗斯玛而言，这只是笔小钱。几个月前在意大利萨丁尼亚岛上，纳吉才替她刷了七十五万欧元买珠宝。

自二〇〇八年算起，罗斯玛血拼的足迹遍布全球各地——从比佛利山庄的罗迪欧大道（Rodeo Drive）、伦敦骑士桥（Knightsbridge）的哈洛斯百货（Harrods），到纽约第五大道上的萨克斯（Saks），刷卡——有些是纳吉名下、有些是她自己的卡——金额超过六百万美元。私底下，对于自己搭政府专机到处血拼，她一点也不以为意；不过，在二〇一二年的Bersih运动之后，她操作了许多公关活动试图改造自己的公共形象。据她自己说，她的钱来自持续多年的储蓄习惯。

「我用自己的钱买了一些珠宝与衣服，有错吗？」她在自传上写道。

但马来西亚人没那么好骗。

「她说钱是她从小时候开始存的，不可能的！」二十四岁、就读于马来亚大学的Anis Syafiqah Mohd Yusof说。网络上，人民对于第一家庭的奢华作风也非常不以为然，例如有个网站收集了罗斯玛拿着不同柏金包的照片。站出来抗议的人其实冒着极大的风险——甚至可能因此坐牢——但这个政权太腐败，人民再也不愿保持沉默。

当罗斯玛忙着血拼，纳吉在夏威夷则另有要务。两天后的圣诞节前夕，纳吉与当时正好和家人在夏威夷度假的奥巴马，一起打高尔夫球。这可是非常难得的机缘，因为除了英国首相戴维·卡梅伦（David Cameron）、副总统乔·拜登（Joe Biden），很少政治领袖有机会和奥巴马一起打高尔夫球。虽然马来西亚国内反纳吉的声浪隆隆，奥巴马仍视他为美国在亚洲的重要盟友。

不过，当天的球叙结束得有点尴尬。第十八洞的果岭上，奥巴马第一次推杆把球打到球洞左边，接着又再度打偏。换纳吉上场，同样在第二次推杆时失手。奥巴马拍拍纳吉肩膀安慰他，然后两人一起离开球场。

清空电脑，删除所有档案，连主机都不翼而飞

那年十二月，德意志银行非常不安。

德意志银行原本以为可以像高盛一样，从一马公司身上大捞一票，没想到此刻却身陷谎言的泥淖。按照双方的贷款条件，一马公司必须定期提供最新财务报表给德意志银行，而且德意志银行指定要看那笔开曼群岛基金投资——也是贷款的抵押品——的相关资料，但一马公司财务长倪崇兴拒绝配合。

照理说，这笔基金应该由一马公司的关系企业 Brazen Sky 所持有，并存放于新加坡瑞意银行，但倪崇兴以「政府机密」为理由，不肯交出相关帐户资料。如果被发现账户里根本没有

钱，德意志银行就会收回贷款，一马公司会有大麻烦，也别指望 IPO 了。

一马公司董事会也很担心，因为就在十二月，一位与马哈迪交好的巫统政治人物提出检举，怀疑一马公司涉嫌舞弊，导致警方上门调查。虽然最后警方没有带走任何档案就离开，但已经让一位董事吓坏了，担心自己与其他董事会不会也受到牵连。

德意志银行不接受倪崇兴的借口，于是在二〇一四年圣诞节之前，刘特佐决定先下手为强，下令一马公司高层将所有放在吉隆坡总部的档案销毁。虽然刘特佐在一马公司没有正式职务，也很少出现在办公室，却能指使公司的员工。当初从常春藤名校找来的高材生，因为质疑刘特佐的角色而纷纷离开，如今留下来的，都是对他忠心耿耿的员工。他们要员工把笔电、手机都带到信息部，让信息部的工程师将里面的资料全部删除。包括公司主机里的资料，也被全部清空。

一马公司告诉员工，必须这么做是因为公司电脑被黑客入侵了（《砂拉越报告》就是因此取得电子邮件备分的），为了确保资料安全只能出此下策。但这听起来并不合理，若真是被黑客入侵，只要切断网络即可。

没多久之后，连整台主机都不翼而飞了。很显然，刘特佐已经走投无路。多年来，他靠着与纳吉的关系暗中操控一马公司，并且对风险有着异于常人的承受能力，问题在于：他很少把未来想清楚，他没有备案，也不知道该怎么解套，这下，他

慌了手脚。

其实，销毁公司内的档案没什么用，因为到处都有相关档案的副本，例如沙维亚·朱士託手上就取得了一部分，刘特佐根本不可能得逞。由于德意志银行不断施压，倪崇兴最后只好伪造帐户资料，提供 Brazen Sky 在瑞意银行的假对账单。

一马公司董事长、同时也是纳吉人马的洛丁（Lodin Wok Kamruddin）在二〇一四年十一月五日的董事会上，告诉其他董事，公司必须尽快卖掉资产、结束营业。光是利息支出，一年就要八亿美元，一马已经接近破产，至于 IPO 更是痴人说梦了。

就在一马风雨飘摇之际，朱士託开了关键的一枪。

四二

爆料者与纳吉的十亿美元

新加坡，2015 年 1 月

有一天上午，何启达与他的老闆、财经杂志《*The Edge*》董事长童贵旺走进新加坡富丽敦饭店（Fullerton Hotel）中庭。这栋灰色花岗岩的新古典主义建筑在一九〇〇年代的英国殖民时期，曾是新加坡邮政总局所在地，现在成了新加坡河口知名的五星级饭店，附近就是高楼林立的金融中心。

见到两人走来，鲁卡瑟布朗趋前告知他们，線民已经在吧台区等候。原本两人以为，鲁卡瑟布朗口中的一马公司弊案線民是个马来西亚人，没想到眼前的这位朱士託是个高大帅气的瑞士人。一边喝咖啡，朱士託一边拿 PSI 的部分电子邮件给两人看，同时强调想看全部的档案，要先给两百万美元。

「我们必须先确认这些电子邮件的真实性。」何启达说。

硬盘拿去吧，钱以后再说，我相信你们

由于鲁卡瑟布朗自己无法支付这么大笔钱，但自从与朱士

託见面后，就一直在寻找愿意拿出这笔钱的人，而童贵旺是非常明显的对象。童贵旺答应与朱士託见面，而且带了两位信息高手一同前往确认档案真伪。

当天下午，这几人再度约在富丽敦饭店的一个会议室里碰面，两位信息专家仔细检查朱士託的硬盘，花了几个小时一一检视其中的档案与电子邮件，看看有没有被动过手脚、修改过日期等等。

电脑用户通常都会留下所谓的「数位足迹」，虽然无法百分之百确定，但两位信息专家认为硬盘中的档案应该没有被动过手脚。接下来，他们讨论要如何付钱。朱士託不收现金，也不想用汇款——因为他担心账户里突然收到一大笔钱，会引起银行法遵人员的疑心。他同意当场先把硬盘交给对方，日后再讨论要如何拿钱。

「我相信你们。」朱士託说。

于是，鲁卡瑟布朗与何启达取得了记者生涯中最大条的独家内幕。

就在他们开始研究这些资料之前，美国《纽约时报》在二〇一五年二月八日于头版刊登了一篇关于刘特佐的报导，该篇报导追踪时代华纳公寓的可疑资金来源，指刘特佐为纳吉的白手套，细数他如何买进公寓、豪宅之后再移转给里札。《纽约时报》也发现刘特佐一直在改口，先是说自己帮有钱朋友代为买办，后来变成是在替自己家族置产。该报也指出，红岩电影高层原本说刘特佐是股东，后来改口只提阿末·巴达维。此外，

也提到罗斯玛对昂贵珠宝的喜好。

「对于一位担任首相职务、掌管家族资产的人而言，所有花在旅游、购买珠宝或任何报导中提到物品的钱，都没有任何不寻常之处。」纳吉办公室在给《纽约时报》的声明中说。

该篇报导在马来西亚被疯转，不受纳吉掌控的媒体纷纷跟着转载。但对他另外四位弟弟而言，纳吉这份声明是压垮骆驼的最后一根稻草。多年来，几个兄弟早就看不惯罗斯玛愈来愈离谱的挥霍行径，据说她染一次头发要花掉一千多马币，相当于一般人一个月的薪水。如今纳吉的这份声明，暗示父亲敦拉萨担任首相时赚了很多钱，于是兄弟们决定发表另一份声明驳斥纳吉的说法。

「只要是污蔑先人，不管他动机为何，我们都不会姑息。」兄弟们在声明中写道，算是对纳吉与罗斯玛非常含蓄的批评。

然而，「拉萨」家族名声已经难以挽救。

捞走这么多钱，他怎么可能相信自己会全身而退？

鲁卡瑟布朗已经准备发表她的调查。二月二十八日，她在《砂拉越报告》上传了一篇文章，标题为〈世纪之劫〉（Heist of the Century），揭开一马公司的内幕。文中举证历历，刘特佐如何透过 Good Star 掏空一马公司。其中一份电子邮件显示，一马公司执行长沙鲁·哈米催促德意志银行尽快将钱汇给

Good Star；另一份档案显示 Good Star 是一家注册于塞席尔、与刘特佐有关的空壳公司，投资部门主管是「薛力仁」。另外，还有一些合约书，证明 Good Star 付了数千万美元给欧霸。鲁卡瑟布朗挥出这记重拳几天之后，《The Edge》也跟进，公布它所调查到的独家内幕。

　　一连串新闻在巫统内部引爆大反弹。由马哈迪领导的人马公开呼吁纳吉辞职下台，甚至有资深官员窃听纳吉电话，侧录到他与刘特佐讨论如何将一马公司的弊案全部推给中东的同伙。纳吉要刘特佐暂时离开马来西亚、保持低调，直到事情尘埃落定。表面上，纳吉公开否认涉及任何一马公司弊案，并指示国家总稽查署展开调查。由巫统主导的国会公共账目委员会（Public Accounts Committee）也要刘特佐出面说明，但没有人知道他人在何处。

　　刘特佐应该知道会有这么一天到来。多年来，他周旋于首相、沙特阿拉伯王子、马来西亚银行家与阿布扎比主权基金高层之间，捞走这么多钱，他怎么可能相信自己会全身而退？

　　《砂拉越报告》的文章发表后几天，刘特佐表现得似乎早有准备。一般人遇到这种情况，很快就俯首认罪，纳吉甚至与家人讨论请辞下台的可能性。但刘特佐不轻易就范，原因之一或许是人的求生本能，但或许也是因为行骗多年之后，他已经不再能分辨是非之间的界线，或许他真的相信自己有在为国家做事，搭建与外国政府之间的桥梁，提高国家能见度。

　　他搭着私人飞机，到不同国家灭火，不断传送大量讯息给

同伙。他告诉穆巴达拉基金执行长哈尔敦，马来西亚政府并没有发现任何不当行为的证据，媒体上的报导是来自「伪造的」PSI 电子邮件。「未来这几个月会有来自特定政治派系制造的纷扰。」刘特佐写给哈尔敦，并且暗中传送附件给欧泰巴大使，试图展现「一切都在掌握中」。

「向《砂拉越报告》爆料的人言过其实，指控毫无根据。」刘特佐也传讯息给大马银行的余金萍，不过余金萍没有回复他，因为她正忙着关闭纳吉的账户。终于，在大马银行董事会的施压下，再加上账户里经常出现透支，纳吉只好将账户关闭。对余金萍来说，她当然知道开设秘密账户是违法的，即便开户的人是首相，但刘特佐掏空规模之大，恐怕远远超乎她的想象。

就在刘特佐传送最后一封简讯给余金萍之后几天，马来西亚警方搜索了大马银行，当警方来到银行位于双子星大楼附近一栋摩天大楼的总部，直接走向余金萍的座位，要余金萍将电脑与手机交给警方，她也立即配合警方。警方没有侦讯任何其他银行主管，余金萍的前任主管谢德光已经在几个月前退休，接他位子的拉玛穆迪则在三月初仓卒辞职，会到澳洲的澳纽集团任职，不久之后离开。

天啊，首相秘密账户里共收到十亿美元……

由于《砂拉越报告》指证历历，马来西亚警方必须采取行

动，也成立了一马公司弊案调查小组，小组成员包括国家银行、马来西亚警方、反贪污委员会以及检察总长。

根据警方取得关于纳吉账户的证据——包含余金萍与刘特佐往来的简讯内容，整起事件的过程非常惊人。接下来几个礼拜，国家银行官员在总裁洁蒂‧阿兹的带领下，爬梳所有档案，并发现一个令人震撼的事实：从二〇一一到二〇一四年间，纳吉的个人账户总计收到超过十亿美元的汇款。其中金额最大的一笔是六亿八千一百万美元，来自一家不为外界所知的 Tanore 公司，该公司于新加坡的安勤私人银行有一个账户。由于这个发现太震撼，专案小组决定暂时不对外公布。

《砂拉越报告》中完全没有提及纳吉的秘密账户，国家银行目前为止也没有证据显示纳吉的钱是来自一马公司，不过央行决定扩大调查范围，并向新加坡警方请求协助，提供与刘特佐相关的帐户资料。新加坡可疑交易报告办公室（The Suspicious Transaction Reporting Office）于三月十三日回复，有一个刘特佐于新加坡瑞意银行开设的公司账户，在二〇一一到二〇一三年之间从 Good Star 收到五亿美元。而 Good Star 正是《砂拉越报告》中提到的那家公司。虽然对于资金的追查有了新进展，但仍无法证明一马公司的钱流入纳吉账户。

马来西亚国内外的调查都有所斩获，正当刘特佐与纳吉焦头烂额的同时，弊案中另一个主要人物也遇到了麻烦，这个人就是 IPIC 的卡登。

四三

夜店里的丁字裤

特拉维夫，2015 年 4 月

　　以色列特拉维夫一栋办公大楼后方，两名男子看着火焰吞噬几支随身碟。

　　一位是阿布扎比主权基金阿尔巴的执行长阿末·巴达维，曾经协助刘特佐拦截高盛付给一马公司资金的他，望着被风吹向空中的纸屑灰烬，他必须确定资料全部被焚毁。这些资料都是机密档案与照片，万一曝光会毁了他的老闆卡登。

　　这些资料，是法裔阿尔及利亚人拉参·豪斯（Racem Haoues）从卡登在法国的办公室与家中取得的。这些年来，卡登夜路走多了，也树敌不少，豪斯就是其中之一。他原本是卡登的贴身管家，负责张罗车子、私人飞机、居间传话等等。他的薪水其实不低，但眼看着卡登与阿末·巴达维多年来好几亿美元落袋，起了嫉妒之心。原本卡登答应给他分一杯羹，让他插股西班牙的一起房地产发展计划，后来却反悔；二〇一五年初，阿末·巴达维将他开除。

　　但豪斯早有准备。多年来，他暗中收集老闆的资料，包括

银行对账单、在法国每一笔房地产、替曼苏尔亲王买游艇的费用等等。他将一小部分资料泄漏给鲁卡瑟布朗，而鲁卡瑟布朗在二〇一五年三月底——也就是揭发刘特佐秘密的数周之后——公布了这些资料。根据她的报导，卡登名下一家注册于卢森堡的公司，在二〇一三年二月收到来自刘特佐的 Good Star 一笔两千万美元汇款。同时，报导中还刊出豪斯提供的照片，是卡登在世界各地狂欢的留影，其中一张是他在夜店跳舞，旁边有一位上空女郎在超大鸡尾酒杯里扭动。还有一张则是他与一名女子在沙发上亲热，前方还有水烟管。大部分照片都是他穿着 T 恤，在夜店里的猥亵样子，包括一张穿丁字裤女性屁股的特写。那些有钱的中东富豪到了西方，的确常会脱下他们的阿拉伯传统服饰，但卡登这种样子实在太超过了。

豪斯只是将一小部分资料给了鲁卡瑟布朗，他主要目的是要勒索卡登，倘若卡登不答应他的条件，还会有更多资料曝光。这些资料中，与曼苏尔亲王相关的部分格外敏感。

最后是由阿末·巴达维出面，替卡登支付三千万欧元给豪斯，取回所有档案之后，阿末·巴达维飞到特拉维夫毁灭证据。

反正卡登已经垮台，就把全部责任推给他吧

卡登原本以为，危机就此解除。对他来说，只要曼苏尔亲王继续挺他，就没人敢找他麻烦。过去一年来，他用从一马公司偷来的钱，以五千一百万美元在纽约华克大厦（Walker

Tower）买了一栋阁楼、以四千六百万美元在洛杉矶买了两栋豪宅。由于卡登同时也是曼苏尔亲王所投资的夜店帝国哈克桑集团（Hakkasan Group）董事长，因此他在拉斯维加斯也算是举足轻重的人物。大约就在豪斯提出勒索的那段期间，卡登在凯萨皇宫开了一家新的 Omnia 夜店。在拉丁文中，Omnia 的意思是「一切的总和」，这家耗资一亿美元打造的全球最豪华夜店，能容纳高达三千五百人。二〇一五年三月开幕那天，请来超级 DJ、歌手凯文·哈里斯（Calvin Harris）来表演（酬劳也是天文数字），小贾斯汀的二十一岁生日，也是安排到这家夜店庆祝。

然而，卡登太乐观了。皇太子莫哈默亲王决定采取行动，瞒着曼苏尔亲王对卡登展开调查。调查结果找到了厚厚的一叠贪污舞弊证据，显示卡登权力太大，不再把皇室放在眼里。二〇一五年四月二十二日，卡登的 IPIC 执行长位子被拔除；几个月后，阿末·巴达维也被踢出阿尔巴。事情发生时，卡登人在西班牙出差，以为只是正常的职务调动，还老神在在地跑去看皇家马德里队（Real Madrid）和马德里竞技队（Atlético Madrid）的足球赛。他不知道事态的严重性：皇太子正在清理门户，皇室成员会受到保护，但他的处境危急。

对刘特佐而言，卡登垮台意味着他失去一位重要同伙。当时并不清楚阿布扎比当局会挖掘多少内幕出来，但他知道自己的处境也很危险，于是立即展开行动。

就在卡登被拔除职务的几天后，刘特佐搭着私人飞机前往

阿布扎比试图将危机降到最低。他的计划，是把一切推给卡登，万一他们透过 IPIC 掏空一马公司的事情曝光，就让已经垮台的卡登担下全部责任。毕竟，在这之前刘特佐就避免自己的名字出现在所有档案上，从头到尾在公文上签字的都是卡登和阿末·巴达维。

「一直有谣传说，我是卡登的哥儿们，但如果一马公司汇入 IPIC 的资金最后没有入账，那是 IPIC 内部的问题。」在一场会面中，刘特佐告诉欧泰巴的合伙人阿瓦塔尼。

在与 IPIC 新执行长、同时也是阿布扎比能源部长的苏海尔（Suhail Al Mazroui）会面时，刘特佐自称能协助 IPIC 收拾卡登留下的烂摊子。

当时，IPIC 的新管理团队查过账，发现有数十亿美元不翼而飞，而且手上还持有三十五亿美元一马公司的债券——看来一马公司已经没有能力偿还。一马公司危在旦夕，德意志银行已经知道开曼群岛基金是空包弹，因此要求一马公司必须提前偿还先前联贷的十亿美元。刘特佐提议，不如先由 IPIC 拿出十亿美元还给德意志银行，交换条件是马来西亚财政部长、同时也是首相的纳吉出面担保，将以现金与其他资产全额偿还 IPIC。

虽然没有人知道一马公司要从哪里生出这笔钱来还给 IPIC，但新任执行长没有其他选择只能接受。在与纳吉讨论后，苏海尔同意刘特佐这项安排，双方在不久后正式签约。

你应该关闭账户，这家银行已经被盯上

在阿布扎比期间，刘特佐还有另一个麻烦要解决。欧泰巴大使告诉他，瑞意银行一直向他查询许多问题。主要是因为新加坡政府已经展开调查，瑞意银行必须查核所有与刘特佐和一马公司有关联的账户。瑞意银行此刻风声鹤唳，掌管亚洲业务的布鲁纳已经下令易有志留职停薪。

位于瑞士卢加诺的瑞意银行总部，法遵部门主管试图逼易有志签署一份保证书，声明他在一马公司与刘特佐的交易中并未收受贿赂。但易有志不愿当代罪羔羊，躲到中国大陆避风头，由于压力过大还得了忧郁症。瑞意银行法遵部门全面彻查与刘特佐有关的所有往来交易，因此找上欧泰巴与阿瓦塔尼——他们的空壳公司同样在瑞意银行开设账户。

「你应该关闭账户，这家银行已经被盯上。我已经把我大部分资产移走，很快就会把账户关掉。」他对阿瓦塔尼说。

他甚至向阿瓦塔尼伸出援手。刘特佐说他打算买一家银行，来存放自己家族的资金，目前已经找到一家位于 Barbados 的傲明银行（Amicorp），该银行出价一亿五千万美元；刘特佐问阿瓦塔尼，是否愿意以他与欧泰巴名下的 Equalis Capital 名义，出面买下这家银行。有鉴于过去几个月来的风风雨雨，阿瓦塔尼拒绝了刘特佐。

刘特佐只好将部分账户的资金转到傲明集团旗下的银行，同时另外寻找可以藏钱的地方。这时，他再度求助于莱斯纳。

莱斯纳在二〇一五年初，未经公司许可，以公司的名义写了一封推荐信给卢森堡一家小型私人银行 Banque Havilland。照理说，当时所有银行都与刘特佐保持距离，但有莱斯纳的信背书，而且信上谎称高盛已经针对刘家资产进行过「尽职查核」，于是 Banque Havilland 接受了刘特佐开户。

刘特佐试图压下所有质疑的声音，同时隐匿自己的财产。但这么做太被动了，他必须更主动出击才行，他要先下手为强。

四四

强人纳吉，强度关山

泰国苏美岛，2015 年 6 月

六月底一个湿热的午后，朱士託在他苏美岛的度假村休息。突然，全副武装的泰国警察冲进来将他按倒在地，给他铐上手铐。接着警方大肆搜索他的办公室，带走了电脑与档案。他被架上飞机去了曼谷，到了曼谷又被一台面包车载往监狱。

两天后，仍穿着被捕那天的衣服——灰色 Hugo Boss 的 T 恤、米黄色短裤与拖鞋，朱士託被带到媒体面前。泰国警察局长向媒体宣读了关于案子的内容，五名持枪警员围绕着戴着手铐的朱士託，旁边的桌上摆着从他家扣押的电脑。通常，只有在逮捕到大毒贩时，警方才会摆出这种阵仗，一般勒索案件是不会这么大费周章的。

等候审判期间，朱士託与其他五十名嫌犯一起被关在曼谷监狱里。拥挤脏乱的环境，连张床垫都没有，他根本都睡不着。后来一位自称英国警探的保罗·费尼根（Paul Finnigan）来探视他，两人见面后，费尼根才表明自己真正的身分：他是 PSI 派来的。

费尼根向朱士託提出一个交换条件：只要他向警方认罪，圣诞节前他就能出狱。如果愿意配合，费尼根保证欧霸会帮他。几天后，玛浩尼也来到监狱看他，提出相同的条件。于是，已经心力交瘁的朱士託签署了一份长达二十二页的「认罪」声明，并且为窃取 PSI 资料出售给《The Edge》向 PSI 道歉。

这只是 PSI 等人计划抹黑朱士託的第一步，试图让外界怀疑朱士託手中电子邮件的真实性，引导外界认为这是马来西亚反对党试图推翻纳吉首相的阴谋。「这起案件在马来西亚被政治化，但我们是犯罪受害者。」PSI 在一份声明中说。

朱士託被逮捕隔天，巫统旗下的英文报纸《新海峡时报》引述伦敦一家网络资安公司 Protection Group International 不具名人士表示，经过检视相关电子邮件之后，发现这些档案曾遭变造。

雇用这家 Protection Group International 的，正是 PSI，而他们只检视了几个档案，而且全来自《砂拉越报告》网站。该篇报导刊出后，刘特佐立刻转寄给阿布扎比主权基金穆巴达拉基金的执行长哈尔敦，试图让他中东的朋友相信，那些被曝光的 PSI 信件都是被变造过的。

一个月后，朱士託仍然被关在牢里，等待面临审判。一位新加坡记者来采访他，采访前把提纲事先传到监狱，于是，费尼根事先拟好了答案，要朱士託照着念。朱士託告诉这位记者，《The Edge》原本答应要付钱给他，后来却反悔；而且，朱士託依照费尼根的指示，告诉记者当时在新加坡与鲁卡瑟布朗和

《The Edge》碰面时，《The Edge》曾经说要在他所提供的资料上动手脚。

后来再与马来西亚警方见面时，他又依照费尼根的指示再讲了一次。朱士託被告知，必须帮纳吉谴责鲁卡瑟布朗，而且无论如何绝不能提起刘特佐。当《The Edge》揭发了一马公司丑闻之后没多久，何启达与四位同事都一度遭马来西亚警方以违反《煽动法》被拘禁，只是随后全部被释放，显然警方是想杀鸡儆猴。

然而，档案被「动手脚」是毫无根据的指控。何启达在《The Edge》头版上刊登了一则声明，否认该报曾出钱买下档案，该报也没有在档案上动任何手脚。「我们有调查与报导真相的责任。」他写道。

机密档案的解锁密码是……SaveMalaysia！

截至目前为止，纳吉仍置身事外。但这情况即将出现转变：由国家银行与反贪污委员会带领的调查小组，深入调查纳吉账户的资金往来。

不过，对于账户中最大一笔来自 Tanore 的六亿八千一百万美元汇款，调查小组仍然没有头绪，不知道这家 Tanore 公司的负责人是谁，也不清楚为什么要付钱给纳吉。很显然，就算是政府出马，也未必能揭开岸外金融的真相。协助 Tanore 在英属维尔京群岛登记公司的 Trident Trust，只知道 Tanore 负

责人名叫 Eric Tan, 同样不见刘特佐的名字。

后来, 调查小组发现一笔较小金额——约一千四百万美元——的汇款, 是直接来自一马公司的账户。反贪污委员会认为, 光是这一小笔金额, 已经足以起诉纳吉。但问题是: 小组中有些成员反对, 例如警方就不愿意起诉现任首相。于是, 小组决定将调查报告提供给一家媒体, 让纳吉的账户往来秘密公诸于世。

正好在当时, 我服务的《华尔街日报》刊登了一则头版新闻, 详细揭露刘特佐如何掏空一马公司。这则报导引起一位与调查小组熟识的人士注意。几天后, 透过这位人士安排, 我们一位同事 Simon Clark 在伦敦与马来西亚的消息提供者碰面, 并取得相关资料。这些资料——包含纳吉帐户收到的汇款、资金移转的图表——内容非常爆炸性。

七月二日, 《华尔街日报》刊登了一篇标题为〈调查小组相信一马资金流入纳吉账户〉的报导, 详述调查小组如何追踪纳吉账户的资金流向。这篇报导是整起事件的重要转折点, 那一年《华尔街日报》点阅率最高的文章之一, 正是这篇报导, 吸引超过二十五万次浏览, 一马公司事件也成了全球大新闻。数天后, 我们进一步报导新加坡政府正针对刘特佐的资金往来展开调查。

这下子, 纳吉面对的是一家他完全无法掌控的媒体了。数天后, 我们收到一封来自纳吉律师的信函, 要求报社出面澄清, 否则可能挨告。《华尔街日报》的律师回复对方, 报社为这篇

报导担负所有责任。

纳吉在「脸书」贴文，指称这一切都是马哈迪在背后操作。「我必须明确地说：我绝对没有像我的政治对手所说的中饱私囊。」他写道：「很明显，这些莫须有的指控背后有政治操作，目的是推翻一位民选出来的首相。」

后来专案小组还提供更多机密档案给《华尔街日报》，档案的解锁密码是「SaveMalaysia」（救救马来西亚）。七月二十四日，检察总长阿都干尼（Abdul Gani Patail）告诉警察总长，他打算起诉纳吉，准备将档案送交法官，这些档案显示纳吉触犯了二〇〇九年反贪污法，最高刑期可长达二十年。对纳吉不满的人愈来愈多，包括当时的副首相慕尤丁（Muhyiddin Yassin）也引述《华尔街日报》的报导，要求对一马公司全面彻查。但警察总长在最后一刻倒戈，跑去向纳吉通风报信。

开斋节后的大报复

二〇一五年七月二十七日，也就是纳吉获知检察总长打算起诉他的三天后，他在吉隆坡希尔顿饭店举行晚宴庆祝开斋节。数千人聚集在一起，庆祝这个年度大节日，大伙儿的话题都离不开近来闹得满城风雨的政治话题，很多宾客觉得纳吉很快就会下台。身穿紫色丝绸马来传统服装的纳吉，坐在贵宾席区，与巫统政治人物握手寒暄。这些人当中很多人都想看他垮台，但只有纳吉知道，他即将对那些背叛他的人，展开无情的报复。

隔天一早，阿都干尼一如往常去上班，没想到却被首相府派来的人挡在办公室门外，这才知道纳吉已经将他撤职，而且不准他进入办公室。一个小时后，纳吉宣布撤换参与调查小组的警察政治部总监，当天稍晚，警察总部失火，烧毁了大量档案。

紧接着，纳吉将副首相与另外四位阁员免职，并下令公共账目委员会停止调查一马公司。与此同时，纳吉也将矛头指向媒体，内政部以「报导一马事件可能导致国家失序」为由，撤销《The Edge》的发行执照三个月。大动作清理门户之后，纳吉再度大权在握。

几天之后，英国首相卡梅伦飞到马来西亚进行官式访问。抵马之前，他在新加坡的一场演讲中提到，英国政府必须杜绝贪污者把钱搬到伦敦买房地产，其中最大的买家就是马来西亚的贪污者。这番谈话让纳吉非常生气，他与西方民主国家之间的蜜月期也正式宣告结束了。

偷偷申请了一本圣基茨和尼维斯护照

正当纳吉设法巩固政权，刘特佐则被迫取消《国家地理杂志》的远征活动。因为就在出发前，《华尔街日报》揭发了纳吉的秘密账户，新加坡政府也对他展开调查。

原本打算一起参加的人当中，还有当时正在拍摄全球暖化纪录片《洪水来临前》（Before the Flood）的里奥纳度。由于自

己不能去，刘特佐安排父母前往。于是，里奥纳度、一位陪同里奥纳度的内衣模特儿、刘特佐的双亲，以及一群《国家地理杂志》的科学家，花了三天时间乘坐直升机，在格陵兰岛上空拍摄北极熊。事后，里奥纳度宣布他名下的基金会捐款一千五百万美元给几个环保团体，其中之一就是《国家地理杂志》。

刘特佐也有捐钱给《国家地理杂志》。八月间，眼看纳吉已经稳住局面，刘特佐觉得可以放心了，于是搭乘私人飞机与直升机，飞到当时正在格陵兰岛外海的「平静号」，接下来一整个礼拜，他与《国家地理杂志》的科学家在一起，完全断绝与外界联系，把同伙们吓坏了。

「他真的就这样跑到天涯海角，完全断讯。」一位他在中东的同伙说。

或许，刘特佐很有把握，最糟的时机过去了。或许，他只是想让身边的同伙以为「没事了，一切如常」，并继续经营他的慈善家形象。他从北极返回后，写了一则讯息给另一位同伙：「很抱歉迟至今天才回复你，我之前在北极的保护区探险，那里收讯不好。」

他似乎对自己很有信心，但对于纳吉可能会把他拖下水很不安。过去一整个夏天，他告诉一马公司董事会：「如果他们要我背黑锅，我会让他们死得很难看！我只是照老闆指示办事而已。」当事情曝光时，纳吉要他离开马来西亚避避风头，所以他先后躲到曼谷、上海等城市，而且只有非常亲密的朋友才知道，他偷偷申请了一本圣基茨和尼维斯（Saint Kitts and

Nevis）的护照。

瑞士检察总长在八月间宣布，对一马公司可能涉及的不法行为展开调查，冻结了好几个账户，金额达数千万美元。这一来，刘特佐在新加坡与瑞士的账户全都被查扣，使得他只能仰赖泰币与人民币交易。

他与纳吉之间仍然保持联系，但已经有了嫌隙，彼此不再像过去那么相互信任。有位同伙问刘特佐为什么账户里的钱不见了，他马上推给罗斯玛。

「她买了这么多昂贵珠宝，你说她的钱从哪来？」

当你去找媒体麻烦，就表示你真有不可告人之事

二〇一五年八月二十九日，大约十万人聚集在吉隆坡街头。他们穿着黄 T 恤，T 恤上印着「Bersih」（马来语「干净」之意），游行抗议政府高层的大规模贪污。先前的「Bersih」运动后，内政部以「威胁国家安全」为名，将黄色「Bersih」T恤列为违禁品，但抗议者完全不理会这项禁令。他们高举纳吉的照片，并在照片上画着监牢的栏干，还有罗斯玛的画像，并在她的眼睛上画上「$」的符号。他们大声问：汇入纳吉账户的六亿八千一百万美元，可以买多少ＫＦＣ、多少米、多少巧克力？

除了吉隆坡之外，全马各地与部分海外城市也爆发游行抗议。在吉隆坡，群众一整个周末留在街头上，前首相马哈迪前

往探视并再度呼吁纳吉下台。许多抗议民众——老师、上班族——受够了这些贪污的权贵，也有人担心马来西亚会变成一个更极权的国家，忧心一马公司的债务会冲击未来的教育与社会福利支出，祸延子孙。

「当你去找媒体麻烦，就表示你真有不可告人之事。」一位出租车司机说。

此刻，纳吉眼中容不下任何反对他的人。法院不久前再度将反对党领袖安华以鸡奸罪判刑五年，引起美国与国际人权团体抗议。接着在净选盟游行两周过后，挺纳吉的群众穿着红色T恤走上街头，其中有些人承认，来参加游行是因为有人付钱给他们。「我们马来人也会站出来的！」纳吉在一次演讲中肯定「红衫军」的表现。

对反对阵营而言，仍有一线曙光。因为高等法院宣判，当局违法撤销《The Edge》的发行权，《The Edge》也继续对纳吉展开炮火猛烈的抨击。但纳吉的强势极权作风，已经让许多人开始感到害怕……

PART 5

四五

一位检察官之死

吉隆坡，2015 年 9 月

九月四日天刚破晓，印裔马来西亚人凯文·莫莱斯（Kevin Morais）发动他的马来西亚国产车 Proton Perdana 准备去上班。他所服务的马来西亚反贪污委员会（Malaysian Anti-Corruption Commission）办公室，位于吉隆坡旁的布城（Putrajaya），距离他家约一个小时车程。

但他再也无法抵达。

几个礼拜来，纳吉的整肃异己让莫莱斯一天比一天愤怒。五十五岁、留着一头黑长发的莫莱斯，一九八〇年代负笈伦敦修读法律后返马服务，如今成为马来西亚副检察长。在马来西亚，贪污案件总是层出不穷，莫莱斯经常得周末加班，眼皮下总是挂着两个大眼袋，看起来非常疲惫。

认识他的人从几个月前，就觉得他怪怪的。他告诉住在美国的弟弟，他对纳吉与罗斯玛的案件非常紧张。由于怀疑自己的电话遭窃听，他与弟弟都以 Malayalam 语（一种南印度方言）对话。他没有多谈工作细节，但似乎很害怕，常抱怨工作

压力很大。

谁是「jibby」？

当时，莫莱斯被临时指派到反贪污委员会，调查一马公司与纳吉账户的资金流向，并且负责起草纳吉的起诉书。

纳吉突然撤换阿都干尼之后，莫莱斯觉得自己的位子也岌岌可危。几天后，有人将一份起诉书草稿透过电子邮件泄漏给《砂拉越报告》的鲁卡瑟布朗。鲁卡瑟布朗公布这份起诉书之后，也让外界明白阿都干尼遭撤换的原因。检察总署与反贪污委员会展开调查，想知道是谁泄的密。警方逮捕了两位反贪污委员会的官员以及一名检察官，同时对鲁卡瑟布朗发出逮捕令，只是鲁卡瑟布朗人在英国，警方对她莫可奈何。

逮捕行动吓坏了检察总署官员，反贪污委员会很快就发布了一则声明，伪称纳吉收到的钱是来自中东的「捐款」，试图保护纳吉。为了暂时避开这一切，莫莱斯去了一趟伦敦（他在伦敦附近的小镇有一间公寓），他告诉弟弟他打算退休，而且写好了遗嘱。

后来警方释放了几位先前逮捕的相关人士，莫莱斯也返回马来西亚继续上班。九月初那天早上，离开住家数分钟之后，一台三菱 Triton 货车就尾随着他，没多久，这台货车突然加速，把莫莱斯的车子撞到路边，接着有人从货车上跳下，把莫莱斯抓上货车扬长而去。

莫莱斯大约一小时内遭到杀害，尸体被装入塑料袋，然后放入汽油桶里，再灌入水泥，最后弃置在一所学校附近的河床上。凶手也将莫莱斯的座车烧毁，刮掉引擎号码，丢弃在油棕园里。

见莫莱斯没去上班，他的同事决定报警。两周后，警方透过监视录像器找到了那台犯案的 Triton，循线找到莫莱斯的尸体。最后共七名嫌犯被捕，其中主谋者是一名军医。

对莫莱斯家人来说，警方对莫莱斯遇害的说法根本不通。他弟弟非常确定，莫莱斯是因为将纳吉起诉书外泄，被人发现之后遇害。他弟弟联络鲁卡瑟布朗，但鲁卡瑟布朗说自己并不知道提供起诉书的人是谁，只知道这份起诉书是由一位「jibby@anonymousspeech.com」以电子邮件传送给她的。「Jibby」是莫莱斯一位好友的名字，但也是纳吉（Najib）常用的昵称。到底传送起诉书给鲁卡瑟布朗的人是谁，至今仍是个谜。

莫莱斯的死，立即在反贪污委员会中起了寒蝉效应，每个人都担心自己的人身安全。然而，仍然有几位勇敢的检察官，冒着极大的生命危险，继续追查纳吉涉案的证据。

目前为止，看来暂时没人动得了纳吉了。但他不知道的是，其实远在太平洋另一端，联邦调查局的几位探员早已对他展开调查……

四六

快逃，他们要来抓你了

纽约，2015 年 2 月

对联邦调查局探员比尔·麦莫瑞（Bill McMurry）来说，媒体上关于纳吉庞大财富的报导，来得正是时候。

这位资深联邦调查局探员当时负责带领一个新成立的国际贪污调查小组，专门处理重大案件。直发、蓝眼珠且皮肤黝黑的麦莫瑞，乍看之下，你可能会以为他是那种在加州玩冲浪的选手，但实际上他来自纽泽西，人生中大半辈子在曼哈顿市中心的联邦调查局上班，打击国际犯罪。他侦办过最广为人知的案子，是破获人蛇集团首脑「萍姐」（本名郑翠萍，从一九八〇年代起从香港偷渡非法移民到美国），导致她二〇〇六年被判刑三十五年（不过郑翠萍服刑数年后，于二〇一四年去世）。

《纽约时报》关于刘特佐买美国房地产的报导，引起麦莫瑞与组员们的好奇。接着当读到《华尔街日报》揭发纳吉秘密账户的新闻后，他们决定：应优先调查这位马来西亚首相。

这个国际贪污调查小组在华盛顿与洛杉矶都设有分部，是美国司法部与联邦调查局打击各国——从俄罗斯、尼日利亚到

委内瑞拉——贪污权贵的主要单位。美国司法部之所以要协助外国打击贪污，并不是什么利他主义，而是美国政府多年来认为贪污事件不利于自由市场资本主义的运作，威胁到美国企业在国际市场上的利益。美国也担心「窃盗统治」（kleptocracy）会破坏国际秩序，就像阿富汗与叙利亚那样，成了孕育恐怖分子的温床。「贪污会造成人民对政府的不信任，不信任会导致政府失能，政府失能会带来恐慌与国家安全问题。」联邦调查局公共贪污部门主任杰弗瑞・沙列（Jeffrey Sallet）说。

拒绝与美国、瑞士合作

　　世界各国贪污的国家领袖与官员，有一个致命的共同点：他们都必须仰赖美国金融体系洗钱，都想在美国各地——纽约、洛杉矶、迈阿密——买房地产。美国司法部于二〇一〇年拟定「追回盗窃资产计划」（Kleptocracy Asset Recovery Initiative），与联邦调查局联手扣押与处置贪污官员在美国与世界各地的财产。如果涉案官员已经下台，美国会将处置资产所得的现金，汇还给该国政府。例如，在二〇一四年，司法部就查扣了前尼日利亚独裁者撒尼・阿巴嘉（Sani Abacha）藏在世界各地超过四亿八千万美元的存款。

　　不过，麦莫瑞的小组成员很快发现，一马公司案的情况与阿巴嘉不同。首先，刘特佐洗钱的技巧虽然高明，但主要都是透过大银行，因此相对容易查。过去，巴基斯坦洗钱分子通常

会先将现金藏好几年，然后再透过地下钱庄汇兑，几乎无法追踪。其次，一马公司涉及金额规模之大，是史上仅见。

麦莫瑞底下有一位探员，是三十四岁的劳勃·修齐林（Robert Heuchling），正试图破解这个高度复杂的案子。蓝眼珠、有着运动员体格的修齐林，毕业自西北大学新闻学院后，曾经投入美国海军，当时在联邦调查局已经服务五年。他被麦莫瑞指派负责一马案，是他探员生涯中所承办最重大的案件。他的组员中包括具有法务会计（Forensic Accounting）背景的贾斯汀·麦纳尔（Justin McNair），以及一组联邦检察官，他们可以取得美国金融系统的资料，并且与瑞士和新加坡的执法单位合作，很快就收集到很多资料。

不过，有个问题：洗钱本质上就是一种跨境活动，因此调查起来非常耗时。各国检察官们通常是靠着「司法互助协议」（Mutual Legal Assistance Treaties），彼此交流讯息。马来西亚与美国于二〇〇六年签署了「司法互助协议」，与瑞士之间也有类似的协议，但纳吉领导的政府却拒绝配合。

刚开始，纳吉曾私底下说他认为西方国家不会调查一马公司，因为美国通常不会干预盟友的内政。但他很快就发现，西方国家政府没那么天真。纳吉的亲信、新检察总长莫哈末·阿邦迪（Mohamed Apandi Ali）有一次和苏黎世一位检察官麦可·劳勃（Michael Lauber）见面，当面要求对方终止对一马案的调查，但遭劳勃拒绝。

纳吉政府也透过外交管道，希望联邦调查局放弃调查此案，

但踢到铁板。于是纳吉指示检察长不配合美国和瑞士的调查，使得他们无法取得马来西亚银行的相关资料。

至于在阿布扎比，由于调查下去势必会将曼苏尔亲王不能见光的生意摊在阳光下，因此也同样不愿对外张扬这件丑闻。阿布扎比当局不动声色地撤换了卡登，并且暗中展开全面调查。

整起弊案已经先后被《砂拉越报告》与《华尔街日报》揭发，不过截至当时为止，只有第一次于二○○九年大规模掠夺十五亿美元，有了明确事证，因此《华尔街日报》决定继续追踪纳吉在二○一三年是如何收贿，也因此发现阿布扎比涉入其中。

财务报表、大马线民与汇款玄机

看到《华尔街日报》传送给纳吉的提问后，刘特佐非常忐忑。因为我们从资金流向着手，发现了一马公司与 IPIC 财务报表的玄机。

首先，高盛在二○一二年为一马公司发行的三十五亿美元债券，是由 IPIC 提供担保；接着，一马公司财报上显示一笔十四亿美元给 IPIC，作为「抵押」，这笔款项在财报上被列为「非流动现金」——意味着这笔钱要等将来 IPIC 返还，目前不在一马公司的银行账户里。这是非常怪异的做法：为什么要发行如此巨额债券，然后又把一半收到的钱当成「抵押品」设定给债券的担保人？更奇怪的是：IPIC 的财报上，居然完

全没有提及这笔钱。

当时，《华尔街日报》有位关键深喉咙，我们给他取的代号是「大马線民」，这个人对于刘特佐的手法了如指掌，但由于他自己也涉入其中，因此有时候会刻意误导我们。例如，他提供我们一份汇款档案，显示一马公司的确从一马公司的银行账户，汇了十四亿美元给 IPIC 旗下的「阿尔巴」。「大马線民」希望我们就此相信，这笔钱真的汇给了 IPIC。

但实际上，根据这份汇款档案，钱并不是汇给真正的阿尔巴投资公司，而是汇到「Aabar Investments Ltd.」这家由卡登和阿末·巴达维在英属维尔京群岛注册的空壳公司。我们搜寻了岸外公司资料库之后，向阿布扎比当局查证，最后确定这家空壳公司与 IPIC 和阿尔巴主权基金完全无关。虽然不想让曼苏尔亲王难堪，但看在 IPIC 新上任的管理高层眼中，证据很明显：卡登之外，一定还有人涉案。他们怀疑其中一人就是刘特佐，于是展开调查。

原本「大马線民」提供我们这份汇款档案的目的，是要误导我们，这下反而让我们知道原来有这家空壳公司的存在，也给了《华尔街日报》一个大独家。我们将疑点一一提列，并写信询问纳吉：为什么一马公司说汇了十四亿美元给 IPIC，但 IPIC 当局却说没收到？

与 IPIC 有关的弊案看来已经事证明确，刘特佐现在担心二〇一二年那笔规模更庞大的掏空弊案曝光。对于我们在报导中指出，阿布扎比当局正在「调查」钱没入账的事，刘特佐特

别感到焦虑。我们可以直接联系阿布扎比当局，也让他很不安。他用假名写了一封电子邮件给欧泰巴与哈尔敦，附上《华尔街日报》给纳吉的信，底下写道：「马来西亚这边非常重视这件事，必须确定策略与口径一致。」

纳吉希望——他继续写道——阿布扎比维持双方谈好的说词，勿展开任何正式调查。一切可怪罪卡登。「注意：对一马公司的调查已经够多了，如果阿布扎比跟着调查，只会为这件事带来不必要的麻烦。」

对于《华尔街日报》先前提出的疑点，纳吉与一马公司都没有任何回应。当时一马公司的执行长已经换成阿鲁干达，四十岁出头的阿鲁干达能言善道，高中时是演辩冠军，曾服务于阿布扎比的银行，也认识刘特佐。直到《华尔街日报》刊登阿布扎比根本没收到一马公司声称汇出的十四亿美元报导后，阿鲁干达才积极反击，指称《华尔街日报》是阴谋推翻纳吉的势力之一。

纳吉与一马公司雇用的部分外国人士也口径一致。例如，保罗·史德兰（Paul Stadlen），这位英国年轻人是纳吉雇用的沟通顾问，在发言策略上扮演关键角色。「《华尔街日报》不断将匿名者的谎言当作事实，」一份声明中说：「他们是新闻界之耻。」还有阿瑞夫·沙贺（Arif Shah），也说我们无凭无据，而且介入马来西亚政治。他原服务于英国公关公司Brunswick Group，休假期间为一马公司工作。

如果加上先前被 Good Star 掏空的钱，《华尔街日报》当

时估计至少有三十亿美元不翼而飞。在首相府里，有人在讨论如何回应我们的报导。威胁要告我们，看来效果有限，因为他们发现《华尔街日报》显然挖掘得很深，取得了许多档案——从一马公司的内部纪录、未公布的官方审计报告，到刘特佐与余金萍的短讯副本——佐证。

这些档案有部分来自想要揭发纳吉、罗斯玛与卡登掏空阴谋的「大马线民」，有些则是来自忍无可忍的马来西亚公务员与政治人物，还有部分来自阿布扎比官员等其他相关人士。

《华尔街日报》详述纳吉是一马公司的关键决策者，以及刘特佐执行过程的细节。为了避免相关新闻一再见报，他必须恫吓我们。

▍意图恐吓，还是真敢动手？

二〇一五年十一月底，凌晨三点，汤姆·莱特（Tom Wright，本书作者之一）在睡梦中被电话惊醒。

当时他人在吉隆坡香格里拉饭店，电话那头是他的同事布莱利·霍普（Bradley Hope，本书共同作者）。霍普人在曼哈顿《华尔街日报》办公室，几分钟前，他接到一通「大马线民」的电话，说纳吉将会派警察到饭店逮捕莱特。

《华尔街日报》当时正在调查二〇一三年大选中刘特佐的角色，莱特是在前一天从槟城抵达吉隆坡。在槟城——刘特佐的家乡——采访时，莱特留下名片与手机号码。有人向刘特佐

通风报信，而刘特佐转告了纳吉。「大马线民」告诉霍普，政府已经追踪到莱特下榻于双子星大楼附近的香格里拉饭店。「大马线民」警告，警方即将到香格里拉抓人。

这个「警告」，事实上是一种恐吓，《华尔街日报》决定暂停这次采访行程，隔天一大早，莱特离开马来西亚，由于担心警方派人在吉隆坡机场拦截他，莱特驱车南下，从柔佛州的新山离境前往新加坡。

抵达新山海关时，莱特一度担心自己会被拦截逮捕，结果什么事也没发生，他畅行无阻地抵达新加坡。如此顺利地逃离，是「大马线民」故意放消息，要《华尔街日报》知难而退？还是纳吉发现莱特已经打算离开马来西亚，认为已经达成目的？

其实，《华尔街日报》已经取得所需资料，并在十二月刊登一篇报导，详细说明一马公司资金在二〇一三年大选中的角色──尤其是在槟城。包括许多执政党人士也接受我们采访，显然刘特佐在自己的家乡也很不受欢迎。

由于马来西亚已经终止对一马案的官方调查，因此对于《华尔街日报》的报导，马来西亚政府与一马公司要怎么辩解都行。但对于美国、瑞士与新加坡政府正积极展开的调查行动，纳吉一点办法也没有。随着调查范围愈来愈广，刘特佐的同伙也开始紧张起来。

我以后再也没办法待在这一行了，妳懂吗！

看到《华尔街日报》挖掘刘特佐内幕，PSI 投资长玛浩尼于十月间打电话给沙维亚·朱士託的妻子蘿拉。

蘿拉很愤怒，她希望丈夫尽快离开泰国监狱。八月间，曼谷法院判沙维亚·朱士託勒索 PSI 罪名成立，必须入狱三年，整场审判前后只花了五分钟。蘿拉觉得，玛浩尼应该有所行动，在她看来，朱士託先前已经按照 PSI 的要求，同意认罪并（在没有任何证据下）对记者声称《The Edge》与《砂拉越报告》打算变造档案，现在 PSI 该实现承诺，让朱士託出狱。

可是，这时玛浩尼开出新的条件。他要蘿拉去告诉媒体，鲁卡瑟布朗是故意要修理 PSI。「如果我这么做，你就保证朱士託能离开监狱吗？」蘿拉问。

「要不要这么做随便妳，」玛浩尼很强硬地说：「我很同情妳，但我自己麻烦也很大，我们都是，因为搞出这个大麻烦的是一个国家的首相。」

「弄清楚，到底是谁害我们惹上麻烦？我没办法给妳任何保证。」玛浩尼说。

「对你来说这件事只是跟钱有关，但对我们却是人生、家庭、一切！」蘿拉回答。

「不是的，蘿拉，这也关乎我的未来、我的人生，」玛浩尼打断她：「惹了这个麻烦，我以后再也没办法待在这一行了，妳懂吗？」

「那也只是工作，还是跟钱有关，我敢说你早就已经赚饱了，哪还缺一份工作？但是现在有个人还被关在苦牢里！」

「可是蘿拉，我所有财产都被扣押了！我现在同样一无所有，你以为我怎样？你以为我现在过得很好？觉得我没有付出代价？我现在也是靠着东借西借过活、付小孩的学费，妳知道吗？」

一个月后，朱士託仍被关在牢里。玛浩尼告诉蘿拉，随着美国和瑞士对一马案的调查愈来愈深入，情势也更加严峻。检调机关手上已经掌握了无数证据——银行汇款档案、不动产过户纪录、空壳公司注册资料、难以计数的电子邮件副本——足以拼凑出完整的掏空真相。

不过，直到当时检调机构仍未找到刘特佐以及与他最亲近的同伙，据传他们都藏身在台湾与印度尼西亚等国家。玛浩尼跟蘿拉说，瑞士政府根本什么都没查到，只是在做做样子。

此刻，蘿拉对玛浩尼已经彻底绝望，不再相信他可以帮助自己的丈夫脱困。二〇一六年一月，蘿拉联系瑞士驻泰国大使馆，数周后，她传送了许多档案给瑞士和美国联邦调查局，说明整起事件发生的经过，档案中包括她与玛浩尼通话的录音。

此刻，玛浩尼已经很明显在劫难逃。《华尔街日报》指出，联邦调查局已经正式对一马公司与纳吉展开调查，没多久玛浩尼就接到美国检调单位的传票。纳吉与里札显然有了最坏的打算，因此他们委任了美国知名大律师 David Boies 共同创办的律师事务所 Boies, Schiller & Flexner，该事务所指派一位年轻且

强悍的律师马修·施华兹（Matthew Schwartz），负责接下这个案件。施华兹对金融犯罪非常内行，先前美国破获马多夫诈骗案，他就是侦办此案的小组成员之一。

　　玛浩尼慌了，纳吉做了最坏打算，而刘特佐消失得无影无踪——这意味着他正偷偷与好友们继续在派对上狂欢。

四七

船照跑，酒照喝

韩国，2015 年 11 月

刘特佐的豪华游艇「平静号」此刻正航行在著名的「西北航道」上。

这条连结北大西洋与太平洋之间的航道，多年来因北极结冰而难以航行。但随着气候暖化，加速海冰融化，才使得像「平静号」这样的船只能顺利通过。当游艇从北太平洋、阿拉斯加附近出海后，船长将游艇开往韩国。当时是十一月初，刘特佐安排了好友与名人飞往首尔参加一场活动，然后再接大家到船上参加他的三十四岁生日派对。

尽管已经闹得满城风雨，刘特佐还是想成为活动与派对上的焦点，照样一掷千金。这场活动的主题是「在一起」（togetherness），参加的名人将自己的私人物品拍卖，拍卖所得全数捐给联合国。他们一起唱〈We Are the World〉，一起喝葡萄酒、香槟、韩国烧酒、浓缩咖啡口味的 Patrón 龙舌兰酒，一起吃着最上等的大白鲟鱼子酱、法式龙虾汤与黑松露意大利面。

他怎么还能面不改色地挥霍？

游艇上有个房间，他取名为「玫瑰花园」（Rose Garden），墙上贴着玫瑰花瓣与叶子。宾客中有杰米·福克斯与史威兹·毕兹，穿着正式晚宴服装与燕尾服。这不只是一场奢华派对，也是刘特佐洗刷恶评的场子——他嘲笑媒体上关于他的负面新闻，彷佛那些指控都是空穴来风，有一度他还整理了媒体对他的正面报导给大家看。他还特别请各国领袖——包括普丁、奥巴马——拍摄祝贺他生日快乐的影片。

不过，实际上，奥巴马对纳吉也不再像先前那么热络。十一月底，奥巴马再度前往马来西亚参加一场区域高峰会，那趟行程是早在一马案爆发前就安排好的。与纳吉举行一场闭门会谈后，奥巴马告诉记者，他在会谈中向马来西亚首相表达了透明与杜绝贪污的重要性。

刘特佐继续展现若无其事的样子。几个月前，他告诉朋友，他在纽约佳士得拍卖会上，出价一亿七千万美元抢标毕加索的名画〈阿尔及尔女人〉（Women of Algiers）；但最后败给一位卡塔尔（Qatar）买家，这位买家以一亿七千九百万美元买走，创下当时的历史天价。这是继沙特阿拉伯亲王的洛杉矶豪宅之后，另一件他买不起的东西。我们很难理解，媒体对一马公司的报导已经铺天盖地，他怎么还能面不改色地挥霍？

十二月，他像往年一样，与好友一起前往法国阿尔卑斯山区的滑雪胜地「谷雪维尔」（Courchevel）度假。他一如往常

地滑雪、开派对，彷佛完全不受新闻报导的影响。与他一起玩的，包括麦克法兰、史威兹·毕兹、艾莉西亚·凯斯、一马公司的卢爱璇、胖子 Eric、刘特佐女友 Jesselynn，几年来，他们足迹遍布全球知名的滑雪胜地，例如威斯特勒、亚斯本与谷雪维尔。

就像先前几年的假期，刘特佐精心安排整趟行程，有名厨提供的晚餐、按摩、名酒等等。不过，一切如常的背后似乎也透露出某种不安。刘特佐向同伴承认，他有点担心自己被暗杀，不过他没提到想暗杀他的人是谁。他一直有保镳同行，而且他特别指示助理 Catherine Tan，确保这趟谷雪维尔之行，任何人都不可以在 Instagram、脸书或任何社群媒体上贴文。

对于涉入这起弊案的人——Eric Tan、卢爱璇、杨家伟、薛力仁等——当然都不乐见刘特佐就此缴械投降，但令人意外的，是在媒体报导政府介入调查之后，像史威兹·毕兹、艾莉西亚·凯斯等名人都继续与他称兄道弟。

那趟滑雪之旅，以及接下来待在伦敦的那几天，他们讨论着如何扭转外界对刘特佐的评价。直到现在，那些受惠于刘特佐慷慨挥霍的人，仍然拒绝相信铁证如山的恶行。或许，艾莉西亚·凯斯与史威兹·毕兹都不看报纸，或许他们看了但不相信报导是真的，也或许他们完全不在乎刘特佐是用窃取来的钱，供他们吃喝玩乐。

至于麦克法兰，他能踏上好莱坞全拜刘特佐所赐，因此对这位马来西亚朋友全力相挺。麦克法兰似乎仍然相信刘特佐，

他告诉朋友，那些报导都是偏颇的，背后都有政治目的。谷雪维尔之旅期间，有天晚上他还建议刘特佐应该多把自己的慈善事迹贴在推特上，反击那些负面报导。

红岩电影公司最新推出的作品，是由马克·华柏（Mark Wahlberg）与威尔·法洛（Will Ferrell）主演的《家有两个爸》（*Daddy's Home*）。这部片当时才刚首映，麦克威廉还在做他的电影梦，仍在 Instagram 上分享他与大制作人的合照。

不过，有些明星似乎开始与红岩的人保持距离。例如里奥纳度，就婉拒主演红岩的新片《恶魔岛》（*Papillon*），最后红岩找了查理·汉纳（Charlie Hunnam）来演。里奥纳度没有参加韩国那场游艇上的生日派对，也没有跟着去佳士得拍卖会。原本史柯西斯打算与红岩合作开拍《爱尔兰杀手》（*The Irishman*）也没了下文，后来得知史柯西斯改与劳勃·狄尼洛的翠贝卡制作公司（Tribeca Productions）合作。

这不是好消息，刘特佐身边的名人正一个接一个弃他而去。但此刻还有更大的麻烦等着他：联邦调查局的行动，已经吓坏他的生意伙伴。为了挽救情势，他转向中国大陆求助。

四八

卖了名画，求助中国大陆

上海，2016 年 4 月

对于人在上海半岛酒店里的刘特佐而言，从马来西亚流亡的生涯还算惬意。饭店里有两家米其林等级的餐厅，从他的房间里，还可以遥望黄浦江另一头，矗立着一栋栋现代化的高楼大厦。

来到上海，是因为他想要力挽狂澜。联邦调查局的四处访查，已经让他美国的事业停摆，大银行不想与他有瓜葛。原本他计划和纽约地产商史帝夫·威特考夫与阿布扎比的穆巴达拉基金，在中央公园旁买下公园大道饭店，富国银行也拒绝提供融资。

于是，他到上海找绿地集团合作。四月二十六日，刘特佐传了一封电子邮件给穆巴达拉基金执行长哈尔敦，说他打算将手上公园大道饭店计划的持股转让给一位科威特皇室成员。这位科威特买家只是被他找来当人头的一位老友，事实上，当科威特买家取得股权后，就会转手将股权卖给绿地集团。

「二〇一五年，我遭受恶意媒体的抹黑，导致（公园大道

饭店计划）的融资受阻。」他告诉哈尔敦。不过，有了绿地集团加入，资金不再是问题。

这回他故技重施，同样搬出官方机构替他撑腰，只是这次换成了中国大陆政府。他打通管道找上绿地集团董事长，不仅给了公园大道饭店计划一线生机，也或许能让他获利出场全身而退。

由于担心联邦调查局采取进一步行动，刘特佐设法将其他财产变现。四月间，他委托苏富比替他卖掉先前买来的巴斯奇亚作品〈瘾君子〉。结果美国避险基金经理人丹尼尔·桑海姆（Daniel Sundheim）以三千五百万美元买下，比刘特佐三年前买进的价格少了一千四百万美元。除此之外，其他画作也被他在很短的时间内一一脱手。当初买这些画作，本来就是为了预防有这么一天，毕竟房子和公司股权都不如艺术品容易脱手。

就在这段期间，《华尔街日报》又登了一篇关于刘特佐涉入纳吉秘密账户的内幕，以及他如何在幕后操纵一马公司的细节。这篇报导刊出之后，「大马线民」从此与我们失联——或许他发现了，根本无法左右我们的报导。

《华尔街日报》试图追踪刘特佐的下落。布莱利·霍普飞到上海，半岛酒店柜台小姐证实刘特佐确实长期下榻于此；但是，当霍普到了饭店公寓门口时，警卫却坚称从来没有这个名字的人住在那里。他接着走到柜台，这回柜台小姐查询电脑，所有与刘特佐有关的资料全都消失无踪。霍普随后飞到香港，因为「平静号」正在那里维修，但船长说游艇主人并不在船上。

资产卖给中国大陆，四十亿美元入账

看来，刘特佐找中国大陆的国营企业合作的确是妙招。发展至今，一马案已经让纳吉与沙特阿拉伯和阿布扎比闹翻。马来西亚总检察长说，纳吉账户里的钱是来自沙特阿拉伯的政治捐献；但沙特阿拉伯拒绝公开承认有这回事，该国外长只愿意说他相信纳吉没有做错事。沙特阿拉伯的确有些捐款给马来西亚，但不愿意替纳吉政府的说法背书。

纳吉此刻需要做的，是设法填补一马公司的财务黑洞。一马公司当时已经负债一百三十亿美元，而且还要另外找钱出来还给阿布扎比，可是一马公司根本拿不出这笔钱。后来一马公司名下许多笔资产，都是由中国大陆的国营企业出资买下，包括位于吉隆坡的土地与发电厂，如果全数卖出，可以有四十亿美元入账。虽然不足以解决一马公司的财务黑洞，但不无小补。

想让麻烦彻底消失，刘特佐需要更大笔的交易才行。二〇一六年六月二十八日，他在北京与国务院国有资产监督管理委员会主任的肖亚庆见面。当时的他有纳吉撑腰，已经俨然是个马来西亚部长级人物，与中、马官员一起商讨一个庞大计划：引进中国大陆国有企业到马来西亚，兴建一条耗资一百六十亿美元的铁路，以及造价二十五亿美元的天然气管。

问题是：这几项建设的预算，全都被超估。一份刘特佐在会议前草拟的档案指出，这些建设将为中国大陆企业带来「优于市场的报酬」，但事实上，他提出的预算，比原先顾问公司

建议的金额超出一倍之多。同时在另一份档案中，双方商讨中国大陆国有企业要如何付款，「间接偿还一马公司债务」。根据一份会议纪录，肖亚庆在会议中表示必须让大众相信「所有计划都符合两国的共同利益。」

这正是习近平所推动的「一带一路」真相：北京从马来西亚的苦难，以及刘特佐的困境中，逮到一个将马来西亚收编为中国大陆附庸国（client-state）的机会。纳吉甚至开始与中国大陆领导人秘密讨论，如何让中国大陆军舰使用两个马来西亚海港。隔天的一场会议中，中国大陆公安部副总警监孙力军证实，中国政府已应马来西亚提出的要求，在香港监控《华尔街日报》，包括「全面监听住所／办公室／设备」，「追溯电脑／手机／网络资料」以及「全天候监控」——根据一份马来西亚的简报。

这份简报上还指出：「孙力军说他们将找出香港《华尔街日报》与所有马来西亚相关人士的联系纪录，一旦完成将会把所有资料透过非正式管道提供给马来西亚。」孙力军还承诺将透过中国的影响力，让美国等国家撤销一马案的调查。不过，最后中国大陆是否遵守承诺，抑或只是说给刘特佐听听，就不得而知了。

无论如何，一马案给了中国大陆绝佳机会，取代美国在马来西亚的影响力。纳吉在这时候舍奥巴马（其实奥巴马也已经对马来西亚不再有信心了）拥抱中国大陆，也是顺理成章的发展。中国国家主席习近平不断透过各种方式——例如强硬地主

张拥有南海主权，或是柔软地走外交路线，与邻国合作兴建高速公路、海港等基础建设——扩大中国大陆在海外的影响力。没多久，纳吉声称一马公司的问题已经获得解决，马来西亚国家总稽查署已经完成调查报告，不过政府将该报告列为机密，不对外公开。

与此同时，纳吉继续对政敌施压。一位反对党领袖取得了一份总稽查署的报告，发现一马公司的账目中有数十亿美元交代不出流向；结果四月间，他遭警方逮捕，并因触犯《官方机密法令》被判刑十八个月。《华尔街日报》刊登了这则消息之后，纳吉也威胁要告。还有一位净选盟成员，同样被拘禁。

所有涉入一马案调查的人，都面临恫吓——甚至生命威胁，大家都很害怕。许多马来西亚人都希望外国政府能把案件调查个水落石出，反贪污委员会部分成员也暗中将资料提供给联邦调查局。二〇一六年七月，美国司法部决定采取行动，而且让刘特佐、纳吉等同伙完全措手不及。

四九

美国司法部的震撼弹

华盛顿，2016 年 7 月

　　华盛顿宾州大道上的美国司法部里，总检察长洛丽泰・林奇（Lorretta Lynch）走上讲台。在马来西亚反贪委员会以及其他暗中与联邦调查局联系的官员协助下，美国终于破获史上规模最庞大的贪污案。

　　身旁站着多位司法部与联邦调查局官员，林奇在记者会上详述美国政府如何查扣超过十亿美元资产，包括纽约、洛杉矶与伦敦的豪宅，还有 EMI 股权、一台私人飞机、梵谷与莫内的名画，以及《华尔街之狼》的相关权利等等，全都是用从一马公司窃取来的钱取得的。司法部在加州——好莱坞所在地——法院起诉《华尔街之狼》。

　　「司法部绝不允许美国金融体系成为藏匿贪污者的温床，」林奇说：「全世界贪污者都要知道，我们会尽全力没收他们的犯罪所得。」

　　司法部的起诉书中，点名刘特佐（这也是刘特佐的名字第一次出现在检调单位公布的名单上）、里札、卡登与阿末・巴

达维。后来在附件中还出现欧霸、「PSI 主管」（也就是玛浩尼）、「高盛董事经理」（也就是莱斯纳，而且司法部还描述在阿布扎比与曼苏尔亲王会面时，莱斯纳与刘特佐之间如何互动。不过，莱斯纳所扮演的真正角色，一直到两年多以后才为外界所知）等名字。不过，最令人吃惊的，是起诉书中隐晦地将纳吉列为「马来西亚一号官员」，描述这位官员是「里札亲戚、在一马公司居高位」。稍后，司法部将罗斯玛列为「马来西亚一号官员的妻子」。

没想到，司法部的大刀这么快就砍到家门口

司法部间接点名纳吉涉案，吓坏了他身边的人，他们完全没想到美国竟然会直接冲着纳吉而来。虽然这只是民事官司，主要目的是查扣资产，但从此刻开始刘特佐不敢再踏上美国了，因为他担心刑事调查也同步在进行中。就连纳吉都刻意避免去美国，那年年底在纽约举行的联合国大会，他派了副首相出席。

纳吉没想到，司法部的大刀这么快就砍到他家门口。毕竟他与奥巴马打过高尔夫球、在联合国演讲过那么多回，他觉得没有人能动得了他。在马来西亚，纳吉有办法让自己免于司法侦查，因此他很难接受堂堂现任首相，会被独立的司法系统羞辱。

纳吉告诉家人，他完全不知道刘特佐掏空的金额如此庞大。但他这话很难站得住脚，或许他真的不清楚刘特佐的所有言行，

可是刘特佐在洛杉矶、纽约与伦敦买了豪宅过户给里札，他当然知情。司法部说，一马公司至少被掏空三十五亿美元，换言之，每年至少盗走十亿美元以上。林奇记者会之后，纳吉不知如何是好，因为他已经无路可走。一个星期后，他在一场记者会中说，美国司法部所查扣的，全都不是一马公司名下的资产。理论上，这样讲也没错，却完全避重就轻。

其实，在林奇的记者会前，《华尔街日报》就已经披露司法部的行动。当刘特佐看到报导时，他以为我们写错了，因为他的律师并没有收到任何来自司法部的档案。但司法部这个动作，让刘特佐变卖资产的计划功败垂成，他的豪宅、画作、甚至私人飞机，现在全被冻结。只剩下他在海上的豪华游艇「平静号」，由于不在美国的管辖范围内，因此未被查扣。

不过，刘特佐还有好几亿美元——搞不好超过十亿美元——藏在世界各地的秘密账户，而且仍可自由来去，生活不受影响。看在联邦调查局的麦莫瑞眼中，这意味着任务未竟全功。华盛顿一个反贪污团体「全球金融诚信组织」（Global Financial Integrity）估计，光是二○一二年，全球新兴国家遭窃取的公款就高达一兆美元，主要来自巴西、中国大陆、印度与俄罗斯。

不过，麦莫瑞仍然乐观，二○一六年中，联邦调查局与各国反贪污部门合作，包括与巴西联手调查一起与国营「巴西石油公司」（Petrobas）相关的丑闻——高阶主管与政府官员掏空该公司高达五十亿美元。这回，美国司法部决定要严惩一马

案的所有涉案人。

在稍后的一份新闻稿中，联邦调查局肯定马来西亚反贪污委员会所展现的「巨大勇气」，算是对所有暗中提供协助的马来西亚政府官员，表达最深的谢意。

换个角度看，其实也让人乐观不起来：为什么长达七年时间，金融业的查核机制无视于刘特佐的犯行？凭什么他仍然能逍遥法外，住在中国大陆与泰国的五星级饭店、或是自己的豪华游艇里？从卡登、莱斯纳到瑞意银行的共犯，为什么也置身事外？更别说在马来西亚，纳吉仍然大权在握。

接下来大家都等着看，美国、新加坡、瑞士与阿布扎比政府，会不会将所有涉案者绳之于法。光是查扣资产还不够，只有将涉案人关进牢里，才能有效吓阻这些跨国骗子。

五〇

白领犯罪者，绳之以法

纽约，2015 年秋天

二〇一五年秋天，高盛的法遵部门主管们正在一一检视莱斯纳以公司信箱所发出的电子邮件。

自从《华尔街日报》于二〇一六年七月揭发一马案丑闻之后，高盛内部针对马来西亚业务启动了一项调查。莱斯纳告诉负责调查的同事，他跟刘特佐一点也不熟。为了确认莱斯纳所言，高盛调阅了他与客户联系的所有纪录。通常，对于高度敏感的业务，华尔街银行家都会避免留下纪录，不是面对面谈，就是用自己的私人账户或手机简讯。

但莱斯纳太大意了。

二〇一五年初，为了替刘特佐背书，协助他在卢森堡的 Banque Havilland 开户，莱斯纳未经公司许可，擅自以公司名义写了一封推荐信（详见第四三章）。莱斯纳原本用的是私人信箱，照理说不会被高盛发现，但没想到他妻子的一位助理将这份档案误传回莱斯纳的信箱，也因此被法遵人员发现。

在高盛位于曼哈顿总部，大伙儿为了如何因应一马案争执

不休。对高盛而言，这起事件已经重创公司形象。有些不清楚莱斯纳所作所为的主管认为，此刻不宜让莱斯纳当代罪羔羊，例如证券部门主管之一帕布罗・沙雷米（Pablo Salame）就强烈主张，高盛之所以会被捲入这起丑闻，不能全怪莱斯纳。

「这些交易都是高盛执行的。」他曾经在内部开会时说。

不过，公开对外时，高盛坚守一贯立场：承揽一马公司业务的确承担了风险，赚取的是合理利润，并且声称不清楚刘特佐与一马公司之间的关系，也不可能知道一马公司会如何支配这笔钱。

他们都知道刘特佐的角色，却都没有提出异议

对莱斯纳而言，就算一马公司案未必由他承担责任，但当初瞒着公司为刘特佐写推荐信，却是铁证如山。二〇一六年一月，高盛强制莱斯纳休假，隔天他自请辞职，并于次月正式离开高盛。

接下来的数周，莱斯纳常常出现在香港中环的知名夜店 Club XIII（现已停业），他告诉朋友，高盛出卖了他。留着灰白胡子、形容憔悴的莱斯纳，觉得自己被牺牲，事实上这些交易都经过高盛在纽约的高层同意，他还说，高盛里很多人都知道刘特佐的角色，但都没有提出异议。

当初负责规画一马公司债券发行案的安卓亚・维拉，被拔擢为亚洲投资银行部主管。力挺一马公司案的盖瑞・康恩，在

二○一七年成为特朗普的国家经济委员会主席。

　　不过，莱斯纳也仅止于私底下抱怨，没有对外公开他的不满。高盛银行家向来有个默契，就是不对外谈论工作的内容，即便是在离职之后。何况他应该还以为自己的舞弊真相不会被揭发，因此想要向高盛争取好几百万美元的离职金。他需要钱来支应他与妻子吉摩拉·席蒙斯的奢华生活。有一度，他甚至向朋友开口借几百万美元。

　　他尝试另外创业，与妻子共同创办 Cuscaden Capital——一家注册于英属维尔京群岛的创投基金。Cuscaden 投资的对象之一，是美国机能饮料公司 Celsius，并成为该公司共同董事长。他在香港与洛杉矶两头跑，因为他妻子席蒙斯在洛杉矶比佛利公园，买了一栋两千五百万美元豪宅。这栋豪宅占地两万平方呎，从大门口沿着一条两旁种着橄榄树的通道前进，就会抵达有七个卧房的主建物。同样住在这一带的还有知名歌手洛·史都华（Rod Stewart）与演员丹佐·华盛顿（Denzel Washington）。二○一八年初，席蒙斯在 Instagram 上传了一张她与老公一起滑雪的照片，不过其实当时莱斯纳正在被美国调查局紧追不放。

　　调查局已经查获一马公司的卢爱璇，过去曾经汇到莱斯纳私人账户的大笔资金，但不清楚汇款的原因。而且，莱斯纳似乎与刘特佐身边的人都有往来，例如《华尔街日报》在二○一七年十一月报导，莱斯纳曾经打算和刘特佐在泰国的一位伙伴，联手买下毛里求斯（Mauritius）一家小银行，但被当地主管机关否决。

刘特佐在毛里求斯银行併购事件中扮演什么角色，目前并不清楚，我们也不知道莱斯纳是否有和刘特佐保持联系。随着政府的侦查愈来愈深入，他也从此不见踪影。有人曾在曼谷与上海看过他，但他的同伙已经不再像过去那样轻易地联系他，因为他总是居无定所，神出鬼没。

二〇一七年初，新加坡禁止莱斯纳在该国从事金融业活动；几个月后，美国金管局（Financial Industry Regulatory Authority）也宣布禁止他从事证券产业；不久之后，美国也在二〇一九年初禁止莱斯纳与吴崇华两人从事银行业；莱斯纳还被罚款一百四十万美元。接着，二〇一七年八月，司法部抛出震撼弹：它们即将对一马案展开刑事侦查。

米兰达·可儿的珠宝、里奥纳度的名画，全还给人民

司法部先前的行动，主要目的是查扣非法资金所取得的资产，并不是要将犯罪者繩之以法。除了最早公布的之外，后来司法部陆续针对其他资产展开查扣行动，包括刘特佐的豪华游艇「平静号」、红岩电影公司拥有的《阿呆与阿瓜：贱招拆招》与《家有两个爸》两部电影权利金、刘特佐送给米兰达·可儿的八百万美元珠宝、送给里奥纳度的一千三百万美元名画。但这一连串追讨资产行动，都是在为接下来的重头戏——刑事侦查——暖身。

二〇一八年夏天，司法部已经掌握足够证据逮捕莱斯纳。

他在当年六月十日被捕，并且很快就与政府达成认罪协商。两个月之后，莱斯纳承认洗钱与违反外国反贿赂法、协助掏空一马公司，并归还四千三百七十万美元。目前莱斯纳仍继续与美国司法部合作，但接下来的问题是：其他高盛主管能否置身事外？二〇一八年十一月，司法部首度公开莱斯纳的认罪内容，并且起诉吴崇华。吴崇华旋即在马来西亚落网，于二〇一九年五月被引渡至美国。司法部也点名安卓亚・维拉是此案共犯，不过并未起诉他。高盛隔天就要他请长假，但他否认自己有任何不法。

二〇〇八年金融危机后的近十年来，虽然有数以百万计的美国人失去工作、生活陷入困境，却只有一位瑞士信贷的高阶主管锒铛入狱。但回到一九八〇与九〇年代，超过一千位银行家因涉入存贷危机（savings and loan crisis）被判有罪。二〇〇六年法院也裁定安隆前执行长肯恩・雷伊（Ken Lay）诈骗罪名成立。今天，司法部不再向个别的白领罪犯究责，而是改与他们所服务的银行协商，从银行身上取得巨额罚款。

例如，二〇一六年，高盛就与联邦检察官在次贷危机案上达成和解，并赔偿了五十亿美元。美国银行、摩根大通银行等华尔街大型银行，总共在和解之后赔偿了超过四百亿美元。在华尔街银行眼中，这笔罚款只是他们做生意的「成本」，并没有吓阻他们，让他们改过自新。

这回，司法部要确认的是高盛是否事先就知道，替一马发行债券的款项会遭到掏空。如果是，依照《银行机密法》可判

处非常重的罚金，就像当年摩根大通银行就因为没有及时阻止马多夫，而赔了二十亿美元。除了司法部之外，联准会、证管会、纽约州金融服务部，也全在调查高盛在一马案的角色。

二〇一八年秋天，在任十余年的高盛执行长贝兰克梵黯然下台。虽然没有迹象显示他曾有任何不法情事，但他的执行长生涯也因此留下了污点。他下台几个月后，高盛表示因为一马案，贝兰克梵必须缴回部分所得。

用现金买房子？钱从哪来？

从二〇一六年公布的《巴拿马文件》（*Panama Papers*）中，我们可以发现超级有钱人如何利用空壳公司藏匿资产。美国已经采取行动，杜绝利用美国房地产洗钱。例如，美国财政部于二〇一六年推出一项试验性规定：所有在曼哈顿或迈阿密等地方用现金购买房地产的买主，都必须向政府申报，那些以空壳公司名义，在迈阿密购买一百万美元以上、在曼哈顿购买三百万美元以上房地产的买家，都是财政部瞄准的对象。而在交易时提供不动产险的保险公司，则必须负起查核责任。这项规定推出的半年期间，财政部就发现大约四分之一的房地产交易有洗钱嫌疑，于是将试验范围扩大到洛杉矶等大城市。

至于卖了很多幅作品给刘特佐的佳士得，则开始要求买家与卖家都须揭露真实身分。虽然目前还无法规范洗钱者的资金流入夜店、赌场与好莱坞，但是美国政府希望藉由一马案杀鸡

傲猴——所有夜店、导演与演员在拿钱时最好三思。

里奥纳度与米兰达·可儿都在二〇一七年自愿将刘特佐所赠送的礼物，交还给美国司法部。就连司法部没有提起的马龙白兰度奥斯卡奖座，里奥纳度也主动归还。当时，里奥纳度手上其实已经有了一座自己以《神鬼猎人》（*The Revenant*）赢来的最佳男主角奖座。

早在二〇一五年初媒体开始报导一马案时，米兰达·可儿已经与刘特佐分手了，她在二〇一七年五月与创办社群媒体Snapchat 的伊凡·斯皮格尔（Evan Spiegel）结婚，从此再也没有与刘特佐联系。

话说美国两位夜店大亨诺亚·泰珀贝格与杰森·史特劳斯，受到刘特佐的协助，这几年经营得不错。二〇一七年二月，Madison Square Garden Company 出资一亿八千一百万美元买下他们的新公司 TAO Group 以及旗下的众多夜店。

红岩电影公司于二〇一八年三月，与司法部达成和解并赔偿了六千万美元。麦克法兰照常出席各种公开场合，包括《恶魔岛》于二〇一七年九月在多伦多国际影展的首映会，他还在Instagram 上传了一张他与该片主角查理·汉纳在红地毯上的合照。

麦克法兰似乎也和刘特佐身边的同伙保持联系，二〇一七年三月，他在吉隆坡附近名胜「黑风洞」上传了一张照片到Instagram。里札则不敢再前往美国，继续留在吉隆坡，打算与纳吉的其中一个儿子合伙创业。

至于刘特佐人在哪里，仍然没有人知道。

为什么很多人持续做坏事？因为他们不必负责

二〇一六年三月二十七日，杨家伟抵达新加坡的瑞士俱乐部。俱乐部所在地是一栋两层楼的英国殖民时期白色豪宅，他穿过大厅走到后方的咖啡馆，等在那里的是与他共谋窃取一马资金的瑞意银行前任老闆凯文·史旺比赖（Kevin Swampillai）。杨家伟告诉史旺比赖，自己已经被新加坡警方逮捕，目前是交保候传中。

杨家伟很怕最后得坐牢，因此拟定了一套脱罪说词：他要史旺比赖一起跟新加坡政府说，一马公司汇到他们账户里的钱，其实是另一位金主要投资的资金。不过，史旺比赖不认为可行。

同一个月，杨家伟透过加密简讯联络傲明集团的荷西·平託，当初刘特佐等人就是利用平託在库拉索成立的基金作为障眼法，掏空一马资金。在加密简讯中，杨家伟要平託将电脑销毁，而且别来新加坡，免得被新加坡政府找去问话。

这是杨家伟犯下的致命错误。因为他并不知道，自己的一举一动都在新加坡警方掌控之中。这封加密简讯也成了他妨碍司法的铁证，没多久，他又被送回牢里去。

新加坡政府也和美国一样，查扣了相关涉案人用一马资金所购买的资产：总共一亿七千七百万美元的房地产与银行存款，其中有一半是属于刘特佐与他的家人。新加坡政府撤销瑞意银

行的执照——成了三十年多来新加坡第一家被勒令关闭的银行。与一马案有关的八家银行，被新加坡金管局罚了约两千万美元，其中被罚最多的是瑞意与安勤两家银行，其他如顾资银行、渣打银行也因为没有适时遏阻洗钱活动而被罚款。对银行业来说，两千万美元实在是小意思。对此，新加坡金管局主席孟文能（Ravi Menon）有一番解释。

「就算你重罚银行几十亿美元，基本上受伤的是股东，并不是董事会与高阶主管、也不是银行里任何一个人。在我看来，这正是为什么很多人持续做坏事，因为他们不必因此负责。」孟文能说。

话虽如此，新加坡自己也没严格到哪去。替刘特佐处理银行往来事务的易有志，后来选择与警方合作，最后以伪造文书与未通报可疑洗钱活动，被判监禁十八个星期，并吐回数百万美元奖金，但新加坡政府允许他保有的奖金更庞大。至于杨家伟，则因干扰证人被判刑监禁三十个月，外加因洗钱等罪名被判刑四年半。

另外还有三人——易有志在瑞意银行的助理、安勤银行新加坡执行长、一名新加坡股票经纪，也轻判监禁数星期。新加坡检方表示要传唤刘特佐到案，可是不知道他人在何处。新加坡中央银行建议检方进一步调查瑞意银行前执行长汉斯彼得·布鲁纳（已于二○一六年三月宣布退休）和凯文·史旺比赖等人，但直到本书中文版付梓之际，新加坡当局仍未对这两人采取法律行动。

瑞士检方也展开对一马案的调查，主要瞄准的对象是刘特佐与卡登。瑞意银行被瑞士当局要求把九千五百万瑞士法郎违法获利吐出来，这家有一百四十七年历史的银行在二〇一七年宣布结束营业。

至于阿布扎比阿尔巴投资公司旗下的安勤银行，也正在被瑞士当局调查中。曾在二〇一三年质疑刘特佐巨额资金流动、后来仍然放行的执行长伊多尔多·李曼，也和汉斯彼得·布鲁纳一样在二〇一六年退休。但安勤和瑞意银行的命运不同，安勤在缴还两百五十万美元违法获利之后，获准继续营业。

瑞士「金融市场管理局」（Financial Market Supervisory Authority）局长马克·布兰森（Mark Branson）曾经公开表示，愈来愈多洗钱者利用瑞士银行达成目的，因此他特别留意来自新兴国家的有钱人。「洗钱，虽然是一种没有受害者的犯罪行为，却让犯罪者可以因违法而赚到钱，变相鼓励贪污与滥权。」布兰森说。

无论是美国、新加坡或瑞士，要展现对抗白领犯罪的决心，靠的是具体行动，而不是说说而已。

五一

有人锒铛入狱，有人逍遥法外

阿布扎比，2016 年 8 月

　　二〇一六年秋天，阿布扎比警方逮捕了卡登，那是该国警方史无前例的一项行动。多年以来，行径嚣张的卡登似乎无所不能，一声令下就能移动数十亿美元。能有这样的权势，全靠着他与曼苏尔亲王的关系。

　　美国司法部的证据，已经让莫哈默亲王不能不采取行动。全世界都看到卡登在一马案中的角色，让阿布扎比脸上无光，必须有人为此付出代价。于是，卡登与阿末·巴达维双双被羁押，资产全被冻结。

　　二〇一九年初卡登接受《华尔街日报》采访时表示，他只是曼苏尔亲王的代罪羔羊。他说警方为了逼他认罪、交出财产，将他铐在窗户上一整天。「这些交易都是我做的没错，但我是代表阿布扎比政府，」他说：「而他们现在把所有罪名都加在我头上。」至于阿末·巴达维，命运就很难说了。（编按：据《华尔街日报》报导，阿布扎比于二〇一九年六月以「金融犯罪」判卡登监禁十五年，判阿末·巴达维监禁十年，且须赔偿

三亿欧元；不过，阿布扎比当局表示此案与一马案无关。）

人在曼谷与上海的刘特佐，原本不断与阿布扎比保持协商，希望让大事化小。随着卡登被捕，这个希望也破灭了。而且双方开始对于谁该负责支付一马公司债券的利息闹翻，由于这批债券由阿布扎比的 IPIC 提供担保，因此当一马公司付不出钱，阿布扎比就得代偿，否则连阿布扎比自己的债信也会受牵连。

没有人知道，被刘特佐与卡登掏空的钱到底该由谁赔偿。虽然阿布扎比认为这不是他们捅的楼子，但也无法轻易脱身，因为一马公司的三十五亿美元债券都是由 IPIC 提供担保。后来，阿布扎比当局决定不再被这起丑闻纠缠，提拨三十五亿美元代偿，同时将原本资产高达七百亿美元、长达三十二年历史的 IPIC 主权基金，并入穆巴达拉基金。多年来，高盛、摩根史坦利等华尔街银行靠着与 IPIC 往来，赚得饱饱的，如今，这家主权基金就这样灰飞烟灭。

至于穆巴达拉基金执行长、同样和刘特佐来往过的哈尔敦，随着 IPIC 并入之后，势力更为庞大。阿布扎比持续和一马公司交涉，讨论后续债务如何解决。有人寄望由中国大陆出资，协助一马公司度过难关，不过这个想法后来证明行不通。原本一家中国大陆国营企业打算承接一马公司的土地，但在二〇一七年初被中国国家主席习近平否决，显示中国大陆也不愿捲入一马案蹚浑水。

刘特佐一度想掩盖与 PSI 相关的弊案，最后也没成功。二〇一七年十一月，图尔基王子的父亲、阿布都拉国王去世后，

新上任的国王以贪污之名逮捕了多位王储与官员，其中包括图尔基王子。而随着图尔基王子入狱，刘特佐再受重击。

PSI 涉入一马案的内情，也是瑞士警方调查的重点。就在图尔基王子入狱期间，二〇一六年十二月，朱士託在泰国被提前释放，并返回他的家乡日内瓦。为了一吐怨气，他在瑞士对欧霸、玛浩尼与保罗·费尼根提告，瑞士检方也于二〇一八年五月正式对欧霸与玛浩尼提出刑事告诉。

一封神秘的电子邮件……

二〇一七年六月，布莱利·霍普的信箱收到一封不寻常的电子邮件，发件人是一个自称「Global Leaks」的单位，表示已骇入阿联驻美国大使欧泰巴的电子邮件信箱，并主动提供相关内容给霍普。

「我们手上有非常爆炸性的独家内幕。」信件上说。

从这封电子邮件的网址 global-leaks@inbox.ru 看来，似乎是从俄罗斯寄出的，但这个组织的实际所在地仍是个谜。其实，该组织将资料提供给多家国际媒体，动机非常明确：修理欧泰巴。他们在邮件上直接点出欧泰巴大使在中东政坛扮演的角色，包括他在二〇一七年六月如何试图孤立波斯湾上的小国卡塔尔（Qatar）。

但霍普其实更想知道的，是与欧泰巴有关的其他内幕。于是，他请 global leaks 在欧泰巴的资料中搜寻与「刘特佐」和一

马公司相关的内容。搜寻到的结果，非常惊人。

根据这些电子邮件，可以看出欧泰巴与刘特佐之间的密切关系，以及他从一马公司拿了多少好处。而且我们也发现自从《华尔街日报》与《砂拉越报告》的报导刊出后，尽管刘特佐气急败坏地不断设法联络他，欧泰巴却从此切断与刘特佐之间的联系。

虽然阿布扎比认为，这些电子邮件并不可信，幕后黑客是欧泰巴在中东的政敌，却从未表示这些电子邮件经过变造。至今欧泰巴仍然活跃于政坛，没有受一马案牵连。

一枚等待引爆的定时炸弹……

纳吉表现得彷佛一马案从没发生过。他已经将一马公司董事会解散，直接交由财政部监管（他自己兼任财政部长）。德勤会计师事务所也表示，不再担任一马公司会计师，二〇一三与二〇一四年的财报也不再可信。这起丑闻代价之高，将影响未来几代的马来西亚人民。

穆迪公司（Moody's）估计，政府将被迫偿还一马所欠下高达七十五亿美元的债务，相当于该国 GDP 的二‧五％。外国投资者抛售马来西亚持股，造成短短几个月之间，马币重贬超过三成。

一马的债务中有一半是美元，当马币兑美元重贬，意味着债务负担更沉重。当初成立一马公司，政府声称将创造就业机

会，如今却反而为国家财政带来庞大恶果。许多债务还要几年才到期，换言之，一马债务是一枚等待引爆的定时炸弹。

许多马来西亚人民受够了国家走到这步田地，人才纷纷外移到美国、英国、新加坡或澳洲，短期内不太可能回流。

在美国司法部揭发罗斯玛收受刘特佐高达三千万美元的珠宝后，罗斯玛对西方国家非常反感，并且继续用一马公司的钱从事慈善活动来包装自己的形象。二〇一六年九月，联合国教科文组织举办的晚宴上原本要颁发「领袖典范奖」（Lead by Example award）给罗斯玛，但在《华尔街日报》向该组织询问后，临时取消了这项颁奖。

马来西亚转而投向中国大陆怀抱。二〇一六年，纳吉访问北京期间在《人民日报》发表了一篇投书，表示西方殖民列强别再对曾经被它们殖民、剥削的国家指指点点。数周后，在一场亚太国家高峰会上（纳吉也有出席），即将卸任的奥巴马发表的演说中语带玄机地说：「如果一个国家的政府要迫害自己的人民，或是窃取国家发展基金存入瑞士，我们只能尽全力阻止。」

的确，美国的影响力并非无远弗届。尽管美国司法部集中火力展开调查，隐身于曼谷、上海与「平静号」的刘特佐，仍在法外逍遥。

后记

一个现代版的犯罪故事

普吉岛，2017 年 2 月

　　从泰国普吉岛岸边，可以清楚看到「平静号」。附近渔民说，船员最近才上岸采购日用品。

　　联邦调查局说要抓他，新加坡政府也将他的同伙送去坐牢，但我们收到线报，刘特佐将在他的豪华游艇上举行一场派对。

　　我们长时间追踪后发现，这位马来西亚老兄似乎对平静生活完全不感兴趣。没错，从二〇一五年起，他能活动的范围小很多，为了不让西方国家政府抓到他，他大部分时间都待在游艇上，或是曼谷的豪华公寓与香港太古广场的高级饭店里。对刘特佐来说，由军政府统治的泰国很安全。中国大陆视他为某种能左右纳吉的「战略筹码」，也不会动他。他能掌握的资金仍然很庞大，因此出手依旧阔绰。

　　他已经与 Jesselynn 结婚，有了两个月大的儿子。他尽量不让妻儿外出，平常多待在船上或公寓里，偶尔出门逛街或到购物中心吃饭。

　　至于他自己，仍然很不适应如此单调的生活。他很讨厌自

己一个人在家，即便只是短短几分钟。于是他透过伦敦一家仲介公司，找了超过四十名职员在船上，其中有许多西方人，包括小儿科医师、保母与厨师。由于他自己的账户都被冻结了，日常开销都是由 Jesselynn 等其他人支付。

他显然压力很大，睡眠时间比以前更短，而且得戴着「防睡眠呼吸中止」面罩。有一次他带着家人去曼谷逛水族馆，他为了接电话，只花了几分钟就快步走完全场。

政府在抓他，他还有心情在游艇上开派对……

自从二○一五年十一月在韩国外海的晚宴之后，他再也没有办过大型活动。沉寂了一段时间的他，渐渐找回了自信，认为自己不会被打倒，这时候来办一场大型派对，找许多名人来助兴，不失为一个宣告自己复出江湖的好方法。

二○一六年即将结束前夕，他传了许多新年简讯给亲朋好友。「我们在二○一六年遭遇了一场完美风暴，但我们的船长沉着应变，带领忠心耿耿、将生命託付给他的船员们，共同迎战。」刘特佐在微信上写道。这段简讯中的「船长」指的是他自己还是纳吉，我们不得而知，但他的心情倒是显露无遗：他已经准备好，要奋战到底。

这番话，也是对过去围绕他身边的同伙——例如目前躲在香港的薛力仁、跟他一样逃亡中的卢爱璇和唐敬志——的鼓舞。各国政府查得愈紧，他愈得确保这几人站在他这边。

虽然已经无法找上当年最当红的歌手，但一如过去的派对，他还是邀请了几位比较没那么大咖、但仍颇具知名度的艺人，例如尼利（Nelly）、尼欧（Ne-Yo）、妮可・舒辛格（Nicole Scherzinger）等等。

我们本来以为，这场派对会在「平静号」上举行。新加坡已经扣押了他的庞巴迪私人飞机，他必须保护他的游艇不会面临被扣押的命运。这段时间以来，这艘游艇曾开往澳洲外海，船长经常得切断所有对外联系，让外界无法追踪。就在二○一六年十一月，这艘游艇出现在普吉岛，停靠在著名的奥波码头（Ao Po Grand Marina）。

这是工作，刘特佐只是付钱的人

我们在二○一七年二月抵达奥波码头时，「平静号」已经在数天前离岸，不过并未走远，停在距离岸边不远处。我们原本想尽办法要登上游艇，希望能亲眼目睹这场派对，结果发现，我们的情报错了，派对不是在游艇上举行，而是在曼谷。

位于昭彼耶河滨的安凡尼河景饭店，离市区车程约一个多小时。刘特佐刻意选择这里作为开派对的场地，就是要避免引人注目。

其中一位替他安排这场派对的人，正是过去曾替美国两位夜店大亨泰珀贝格与史特劳斯工作、目前自行创业的爱波・麦丹尼尔（April McDaniel），因此她知道刘特佐的处境，非常

理解他为什么要保密。

「发生了这么多事，他们要格外谨慎。」麦丹尼尔告诉几位宾客。

虽然司法部采取了行动，媒体也有很多报导，但前去表演的艺人，都不在乎刘特佐过去干过什么事。对他们而言，这是工作，刘特佐是付钱的人。

知名乐团「小野猫」（Pussycat Dolls）前主唱妮可·舒辛格，预计当天将在晚宴后为大约五十位宾客演唱。她抵达曼谷后一走出机场，就有司机开着豪华礼车接她，而且刘特佐还安排了警察一路护送她到饭店。

宾客一一入座后，刘特佐在史威兹·毕兹的陪伴下出场。多年来，两人总是形影不离。在场还有刘特佐的家人、泰国当地富商、中国大陆企业主管以及一些名人。吃完晚餐，大约九点左右，刘特佐从吧台拿了一杯 Patrón 龙舌兰，向大家敬酒。

和二〇一二年在拉斯维加斯那场生日派对比起来，这一晚当然逊色得多。没有里奥纳度，没有布兰妮，但照样吸引了很多人前来，其中当然包括始终在他身边帮忙的史威兹·毕兹。史威兹·毕兹拿起麦克风，大声吆喝大伙儿一起干杯，接着 DJ 把音乐声量调高，引导宾客到另一个大厅。

表面上，这是刘特佐哥哥刘特升的生日派对。一位知名华人歌手张静颖在台上带领全场唱〈生日快乐歌〉，几位身材姣好的模特儿将生日蛋糕送到刘特佐一家人面前。紧接着，妮可·舒辛格上台唱了三首歌，接着换尼利与尼欧上场表演了两小

时。

　　大约午夜时分，热闹登场的是日本著名辣妹舞团CyberJapan，只见辣妹们边跳边脱到只剩下比基尼。接着，刘特佐花钱请来的模特儿跳入泳池里，还邀请大家一起下水同欢。

　　刘特佐手上拿着一杯威士忌，脸上带着微笑看着这一切。

捐钱给特朗普，请司法部撤案

　　三个月后，美国亚裔名媛尼奇·戴维斯（Nickie Lum Davis）写了一封电子邮件给刚刚被任命为共和党全国大会副财务长的加州富商艾略特·布莱蒂（Elliott Broidy），两人即将一起飞往曼谷见刘特佐，「让我们展开一场刺激的赚钱之旅吧！」她写道。

　　身材壮硕的布莱蒂，其实过去的纪录不怎么光彩。二〇〇九年，他承认自己送了一百万美元给纽约州退休基金的高阶主管，而该退休基金则投资了他的公司两亿五千万美元。认罪的同时，他退还一千八百万美元给纽约州政府，最后逃过了牢狱之灾。他与特朗普是多年好友，因此当特朗普在二〇一六年当选总统后，他也跟着由黑翻红。

　　戴维斯的前夫是位犹太人，因此在美国犹太人的政治聚会中认识了布莱蒂。有意思的是，戴维斯自己的背景也充满争议，她的双亲吉恩与诺拉（Nora and Gene Lum）曾为比尔·柯林顿总统提供非法外国政治献金，两人在一九九七向美国司法部

认罪。另外，吉恩还因逃漏税被判刑两年，诺拉则在中途之家待了五个月、在家服刑五个月。从普林斯顿大学毕业后，戴维斯除了替政治人物募款，也曾想投入娱乐界，可惜没成功，并在二〇一二年申请破产。

二〇一六年底，赚钱的机会上门了。捎来这个机会的人，就是普瑞斯。这位饶舌歌手告诉她，有位名叫刘特佐的朋友需要帮忙：司法部正在调查刘特佐，如果有人能成功游说特朗普下令司法部撤销此案，刘特佐愿意付很高的酬劳。于是，戴维斯找上布莱蒂，布莱蒂也很想利用自己与白宫的关系，狠狠捞一笔。因此在二〇一七年三月，布莱蒂妻子的律师事务所拟了一份给刘特佐的草约，根据这份草约，如果成功让特朗普撤案，刘特佐要付给布莱蒂高达七千五百万美元（不过最后双方是否真有签约，我们无法确定）。

两个月后，普瑞斯带着戴维斯与布莱蒂飞往曼谷与刘特佐碰面，讨论如何帮刘特佐脱困。见面之后，布莱蒂有点保留，决定不与高度争议性的刘特佐直接交易，要求双方之间必须有个中间人。普瑞斯同意担任这个中间人，并在美国特拉华州设立了好几家公司。

与此同时，普瑞斯有位老友正好在司法部工作，名叫乔治·希金波坦（George Higginbotham）。四十岁出头的希金波坦并未参与侦办一马案，但熟知逃避政府追查的门道。倘若能帮刘特佐搞定司法部，普瑞斯与希金波坦的获利更惊人。依据法院资料显示，如果特朗普撤销一马案，刘特佐将付给普瑞斯开

设在特拉华的公司高达三亿美元。

一趟失望的美国行，刘特佐痛失「平静号」

根据司法部于二〇一八年底公布的档案，就在与戴维斯、布莱蒂于曼谷见面后没多久，刘特佐就从香港一家空壳公司将八百五十万美元，汇入普瑞斯的特拉华公司账户。接着，普瑞斯再将超过六百万美元转入布莱蒂妻子的律师事务所；该事务所收到款项后，又汇出一百五十万美元给戴维斯的公司。二〇一七年十二月，戴维斯的丈夫拉瑞（Larry Davis）捐款十万美元——据称是用刘特佐的钱——给「特朗普胜利」（Trump Victory，一个替特朗普竞选连任募款的组织）。

布莱蒂也没闲着。纳吉预计在同年九月访问美国与特朗普见面，布莱蒂试图安排司法部有影响力的人一起参加，同时也写信给当时的白宫幕僚长约翰·凯利（John Kelly），希望他安排特朗普与纳吉打一场高尔夫球。这正是纳吉此刻所需要的曝光：展现他的国际人脉。不过，布莱蒂夫妇后来透过律师，否认他们曾经与特朗普或任何白宫、司法部官员谈过刘特佐案。

九月十二日，特朗普在白宫接见纳吉。双方在椭圆办公室旁的内阁会议厅（Cabinet Room）会面，很显然纳吉又想用钱来摆平问题。面对记者发表谈话时，纳吉提到贸易的重要性，表示将向美国采购波音飞机与奇异电器的飞机引擎。这段话，彷佛在暗示特朗普如果能撤销一马案，马来西亚将是他的好助

力。「我们这趟访问，带来非常有价值的商业提案。」纳吉说话时，媒体的镁光灯此起彼落。

然而，这趟美国之行对纳吉一点帮助也没有。纳吉最终还是没能和特朗普打高尔夫球，美国的司法部也不像马来西亚的司法机关那么容易就范，几个礼拜后，检察总长杰弗瑞·赛辛斯（Jeff Sessions）在一场演讲中，形容一马案是「最恶劣的窃盗统治」，等于是在宣布司法部绝对不会放过一马案。

联邦调查局一直紧追不舍。二〇一八年二月，刘特佐终于踏错了重要的一步。

他的「平静号」从泰国外海南下印度尼西亚峇厘岛，联邦调查局探员劳勃·修齐林（Robert Heuchling）见机不可失，立即飞往印度尼西亚，说服印度尼西亚政府将这艘豪华游艇扣押。就这样，刘特佐用一马公司的钱所购买的昂贵资产，全都落入政府手中。

目前看起来，刘特佐无法用钱摆平华盛顿，但他仍不放弃，先后聘用了几位与特朗普有关系的律师继续奋战，例如曾经带领特朗普交接小组的前纽泽西州州长克利斯·克里斯帝（Chris Christie）、曾经担任特朗普委任律师的马克·卡索维兹（Marc Kasowitz）与特朗普顾问之一鲍比·布契斐尔（Bobby Burchfield）等。

就算在美国踢到铁板，刘特佐觉得有马来西亚最有权力的人——纳吉——相挺，大势仍有可为。但这回，他的算盘又打错了。

一万两千件珠宝、五百六十七个名牌包……在她家

二〇一八年五月十日凌晨两点，人在家中的纳吉与罗斯玛——以及数字贴身助理——非常震惊。随着开票结果陆续传来，在场的人心情全跌落谷底，尽管选前花了这么多钱、进行了这么多政治操作，他所领导的政党还是被人民唾弃了。这位首相在选前过于自信，完全没有做败选的准备，他与罗斯玛都低估了人民的愤怒。

身边有些人建议纳吉先别认输，或许可以用钱让一些反对党议员倒戈、前来投靠。当时很多人——包括纳吉的家人——都担心，纳吉会动用军队，拒绝移交政权。但最后他显然没有别的选择，只能接受败选的事实。

那是马来西亚史上第一次政党轮替，有人感觉一个新时代的降临，也有人担心国家分裂。新任首相马哈迪在选前一再强调，如果当选，将重启一马案的调查。当选后的首度演说中，他重申这个决心。

「有某些人在协助、煽动首相，导致首相被世界谴责为窃盗统治。」马哈迪说：「这些人一定要被绳之于法。」

选后，纳吉与罗斯玛曾经试图搭乘私人飞机前往印度尼西亚，但消息走漏，群众聚集在机场拦截，马哈迪也下令禁止纳吉夫妇离境。紧接着，反贪污委员会先后传唤了纳吉、罗斯玛与里札，警方搜索纳吉夫妇位于吉隆坡的住家，起出一万两千件珠宝、五百六十七个名牌包、四百二十三只手表与相当于两

千八百万美元的现金——总计高达两亿七千四百万美元的财物。

二〇一八年七月三日下午两点三十分——距离《华尔街日报》揭发纳吉秘密账户中收到六亿八千一百万美元后整整三年——反贪污委员会从纳吉的豪宅中将他逮捕。隔天，纳吉出庭面对指控，一边在警察的护送下进入法庭，一边对周围的支持者微笑挥手。身为前任首相，他免于戴上手铐，也不必穿橘色犯人标准服装。

当天，穿着深蓝色西装、深红色领带的纳吉，站着聆听法官宣布他被起诉的罪名：滥权与三项背信罪，每一项罪名最高可判刑二十年。他辩称自己无罪，最后以一百万元马币交保。到了年底，罗斯玛被捕，里札也被调查中。纳吉的官司在二〇一九年四月开始审理，看来会持续一段时间。

至于刘特佐，这次大选结果对他而言是重重的一击。选举当天，他人在泰国，原本打算当晚开香槟庆祝，没想到开票结果纳吉落败，刘特佐赶紧逃到澳门，与家人在万豪酒店（Marriott）会合。一整个晚上，全家人急得如热锅上的蚂蚁：刘特佐会被通缉吗？

当时一起在澳门的，有他的妻子 Jesselynn（当时已经生了两个儿子）、他的父母、兄弟、胖子 Eric，大家都很焦虑。刘特佐要大家特别小心，进出饭店一律改走较不引人注意的侧门。

刘特佐开始规画逃亡。新加坡早在二〇一六年就透过国际刑警组织对他发布了红色通缉令，只是泰国与中国大陆没有配合执行。如今，倘若马来西亚也通缉他，而且向北京施压要求

将他引渡回马来西亚，他就麻烦大了。

他们全家人离开澳门前往香港，然后再到深圳，最后又回到香港。他让妻子 Jesselynn 代表他加入「香港游艇会」，而他自己则打算另外买一艘一百二十呎长的游艇。自从丑闻被揭发以来，他没法再去拉斯维加斯、伦敦与纽约，如今他唯一的选择，就是继续躲到中国大陆某个角落。

北京不把他交出来，是有原因的。二〇一八年八月，马哈迪参访中国大陆后宣布将取消与中国大陆国营企业合作的基础建设（例如东海岸铁路计划），这些计划是先前为了填补一马公司的财务黑洞，在刘特佐的仲介下谈定的。当《华尔街日报》在头版大幅报导这项秘密交易的细节后，让中国共产党脸上无光。马哈迪的北京之行结束的几天之后，马来西亚警方指控刘特佐涉嫌洗钱。中国大陆政府则回应，不会将刘特佐交出，但会与马来西亚继续谈判重启合作。三个月后，美国司法部正式起诉刘特佐洗钱与贿赂，同时宣布莱斯纳已经认罪。过了几天，司法部公布什金波坦也俯首认罪了。

发律师函警告书店，不能上架这本书！

刘特佐会不会面临司法审判？贪污现象已经行之有年，多年来许多贪污的国家领袖不断中饱私囊，纳吉只是其中之一而已，除了他之外，还有在二〇一一年被「阿拉伯之春」推翻的政治领袖、尼日利亚的撒尼·阿巴嘉、印度尼西亚的苏哈托、

菲律宾的马可仕等等。

但刘特佐是现代版的犯罪故事，他所拿走的钱基本上并不是直接从国库搬走，或是在与政府做生意时上下其手。一马公司被他偷走的钱，是来自国际金融市场；助他一臂之力的，是高盛。

我们的全球金融体系，每天有数以兆计美元在流动，手握庞大资金的投资者都在找寻好的投资机会，也让许多主权基金往往只要募资，就吸引许多投资者抢进。就像一马公司，没有任何良好的成功纪录，也没有象样的计划书，就能取得这么多钱。

刘特佐最聪明的一点，是他发现世界上这些大银行家、大会计师、大律师们都一样，只要你让他们有钱赚，他们就不会来找你麻烦。你当然可以轻易地指责马来西亚太腐败，但别忘了，要不是有伦敦、日内瓦、纽约、洛杉矶、新加坡、香港、阿布扎比等各地的高阶经理人里应外合，这一切弊案都不会发生。刘特佐了解马来西亚，了解西方，也学会了如何玩弄这个金融体系。马来西亚在二〇一八年十二月正式起诉高盛，提供虚假与误导的声明，这项罕见行动，显示马来西亚对全球金融体系的愤怒。

然而，对刘特佐而言，他仍然相信只要给得起钱，就能在西方国家找到可帮他的人。

《鲸吞亿万》英文版在二〇一八年九月上市前几个月，一家受刘特佐委任的英国希林律师事务所（Schillings），发出律

师信给几个国家的网络与实体书店，警告书店如果贩卖这本书，将面临毁谤官司。有些书店被吓到了，但多数书店不理会这项警告。如今一年过去，《鲸吞亿万》也在美国与亚洲登上许多书店排行榜，希林律师事务所并没有采取任何法律行动。到底流亡中、完全被拒于国际金融体系之外的刘特佐，如何付钱给希林律师事务所，目前为止我们仍不得而知。

此刻，纳吉的官司进行中，高盛仍难以脱身，大家茶余饭后都在讨论刘特佐的下落，有人说在上海见过他，也有人说他在台北或香港。

一个曾经如此高调的人，很难想象他能长期隐姓埋名地生活。也许，他砸的钱够多，让他能待在中国大陆久一点，但有一件事可以确定：法网恢恢，他最后势必难逃。

国家图书馆出版品预行编目 (CIP) 资料

鲸吞亿万：一个大马年轻人，行骗华尔街与好莱
坞的真实故事 / Tom Wright, Bradley Hope 着；
林旭英译. -- 初版. -- 台北市：早安财经文化，
2019.09
面； 公分. -- (早安财经讲堂；87S)
译自：Billion dollar whale : the man who fooled Wall
Street, Hollywood, and the world
ISBN 978-986-98005-2-5(平装)

1. 金融犯罪 2. 诈欺罪 3. 美国

548.545   108014584

早安财经讲堂 087S

鲸吞亿万
一个大马年轻人，行骗华尔街与好莱坞的真实故事
Billion Dollar Whale
The Man Who Fooled Wall Street, Hollywood, and the World

作　　者：Tom Wright & Bradley Hope
译　　者：林旭英
封 面 设 计：Bert.design
营 销 企 画：杨佩珍、游荏涵

出 版 发 行：早安财经文化有限公司
　　　　　　早安财经网站：www.goodmorningnet.com
　　　　　　早安财经粉丝专页：http://www.facebook.com/gmpress

　　　　　　读者服务专线：(02) 2368-6840 服务时间：周一至周五 10:00~18:00
　　　　　　24 小时传真服务：(02) 2368-7115
　　　　　　读者服务信箱：service@morningnet.com.tw
发 行 地 区：全球 (不含中國大陸)
初 版 一 刷：2019 年 9 月
初 版 十 七 刷：2023 年 4 月

定　　价：新台幣 (NTD) 450 元　馬幣 (RM) 69.9 元　港幣 (HKD) 150 元
I　S　B　N：978-986-98005-2-5 （平装）